CUBA DESPUÉS DE LA ERA SOVIÉTICA

CENTRO DE ESTUDIOS INTERNACIONALES

CUBA DESPUÉS DE LA ERA SOVIÉTICA

Miguel García Reyes
María Guadalupe López de Llergo y Cornejo

Humberto Garza Elizondo
Director del proyecto

EL COLEGIO DE MÉXICO

338.917291
G2166c

García Reyes, Miguel
Cuba después de la era soviética / Miguel García Reyes, María Guadalupe López de Llergo y Cornejo. Humberto Garza Elizondo, dir.- - México : El Colegio de México, Centro de Estudios Internacionales, 1997.
300 p. ; 21 cm.

ISBN 968-12-0587-1

1. Cuba-Relaciones económicas exteriores-Rusia 2. Rusia-Relaciones económicas exteriores-Cuba 3. Cuba-Política económica-1986- 4. Cuba-Relaciones económicas exteriores-1986- I. López de Llergo y Cornejo, María Guadalupe, coaut. II. Garza Elizondo, Humberto, dir.

Portada de Mónica Diez Martínez
Ilustración: José Mederos Zigler,
Sin título, técnica mixta

Primera reimpresión, 1997
Primera edición, 1994

ISBN 968-12-0587-1 (versión original)
978-968-120-587-4 (versión facsimilar)

Impreso en México/ *Printed in Mexico*

Dedicamos esta investigación a El Colegio de México y a su actual presidente el profesor Mario Ojeda Gómez.

Agradecemos el apoyo y las orientaciones del profesor Humberto Garza Elizondo, cuyos comentarios fueron siempre valiosos para la elaboración de este trabajo.

Agradecemos también al Centro de Estudios Internacionales de El Colegio de México, al profesor René Herrera y al licenciado Luis Alberto Palma su decidido respaldo a nuestra labor académica.

ÍNDICE

ÍNDICE DE CUADROS

PRESENTACIÓN

Una de las consecuencias inmediatas del fin de la guerra fría fue la retirada casi abrupta de la debilitada Unión Soviética de aquellas áreas y países en los que ejercía una influencia dominante: Europa central, el sudeste asiático, Angola y Etiopía en África, y Cuba en América Latina.

El abandono por parte de la URSS de sus exaliados socialistas se dio en el marco del *nuevo pensamiento* en política exterior, uno de los pilares de la *Perestroika* de Mijail Gorbachov, en el cual se señala que la URSS debería replantear sus prioridades e intereses en el mundo, pero principalmente con sus aliados ideológicos. Ante el desgaste que le causaban sus abundantes gastos militares y su atraso tecnológico con respecto a Occidente, la potencia socialista no tuvo otra alternativa que alejarse, a partir de 1986, de sus antiguos aliados, y promover un acercamiento gradual pero sistemático con los países capitalistas industrializados, en los cuales esperaba encontrar los recursos frescos que requería para continuar con su proceso de modernización económica.

La nueva diplomacia soviética, orientada ahora más por los intereses concretos que por la ideología, afectó sobremanera las relaciones con sus aliados pero sobre todo con los países socialistas subdesarrollados como Vietnam, Angola, Corea del Norte y Cuba, los cuales recibieron una ayuda abundante durante varias décadas a cambio de lealtad a las directrices de la metrópoli, sobre todo en el terreno militar. La retirada de la URSS de sus áreas de influencia se inició formalmente en el invierno de 1989 en Europa central, a raíz de la "revolución de terciopelo", lo cual, a su vez, permitió la salida del bloque soviético de países como Checoslovaquia, Hungría, Polonia y República Democrática Alemana.

Esta orientación continuó en 1990 cuando Mijail Gorbachov anunció la decisión de su gobierno de acabar con las transacciones económicas que se realizaban en el seno del Consejo de Ayuda Mutua Económica (CAME), en rublos transferibles, una moneda que sólo tenía valor dentro de esa organización. Obedeciendo a la lógica de sus nuevos intereses económicos, Moscú comunicó a sus exaliados su interés en realizar futuras operaciones comerciales sólo en divisas duras y a precios internacionales, lo cual afectaba principalmente a los países más pobres como Cuba y Vietnam. Si bien la decisión soviética de abandonar los viejos esquemas del comercio subsidiado dentro de CAME no sorprendió a los países socialistas europeos, que ya lo esperaban y que por lo tanto se estaban preparando para asumir sus nuevas responsabilidades, no ocurrió lo mismo con los países subdesarrollados que giraban alrededor de la Unión Soviética.

Esto dio lugar a que en la penúltima reunión del CAME, en julio de 1990, las delegaciones de Cuba, Vietnam y otros países socialistas subdesarrollados pidieran a los soviéticos retardar su decisión de acabar con la organización. Tal petición fue escuchada gracias a la intervención de académicos y políticos del centro del espectro político soviético, que recomendaron a Gorbachov alargar un año más la ayuda a los aliados pobres. En esta decisión influyeron Leonid Abalkin, Nicolai Petrakov, Abel Aganbeguian y otros más, quienes opinaban que en ese tiempo era preferible para la URSS sumar y no dividir apoyos. Sin embargo, en julio de 1991, en Budapest, la URSS, de común acuerdo con sus exaliados europeos, dio por terminadas las actividades del CAME, una organización que reguló durante poco más de tres décadas las relaciones económicas en el bloque socialista.

Uno de los países que resintió de manera inmediata los efectos de la desaparición del CAME fue Cuba, que desde 1974 ingresó a dicha organización en calidad de miembro activo. Acostumbrada a los subsidios y a los precios preferenciales que le otorgaban la URSS y los países socialistas europeos, Cuba tuvo que enfrentarse a graves problemas, que se agudizaban en la medida en que se agotaba el trato privilegiado. Carente de una infraestructura productiva y de una política comercial diversificadora, Cuba no tuvo otra opción que adaptar sus vínculos económicos a las nuevas condiciones internacionales. Ante la retirada de la URSS y Europa central, países con los que mantenía 85% de su comercio internacional y, por otra parte, ante el bloqueo comercial estadunidense, Cuba buscó nuevos aliados en el mundo capitalista.

En respuesta a la desaparición del CAME, el gobierno de Fidel Castro puso en práctica la quinta estrategia de desarrollo económico en la historia de la revolución cubana. Después de la Rectificación de los Errores y Profundización del Socialismo (antítesis de la *Perestroika* de Gorbachov), la nueva estrategia de desarrollo tuvo como elementos principales la apertura económica, la promoción de la industria de la exportación (productos con mayor valor agregado, como la biotecnología y la electrónica) y, sobre todo, el impulso al turismo de enclave (para extranjeros). Todo esto se realizó dentro del llamado Programa Especial en Tiempos de Paz, que imponía austeridad económica a la población.

Sin embargo, a finales de 1991, ante el abandono casi total por parte de la URSS —que en diciembre de ese año desapareció para dejar su lugar a la Comunidad de Estados Independientes—, Cuba vio como su economía se resquebrajaba, y como peligraban con ello los avances logrados por el gobierno de Castro a partir de 1959.

Sin el petróleo, sin las máquinas, herramienta, y sin los alimentos que antes le enviaban tanto la URSS como los países socialistas europeos, el gobierno cubano también se vio en la necesidad de promover la entrada de capitales extranjeros, incluidos aquellos provenientes de los países de América Latina que ahora, en las nuevas condiciones de abandono, volvía a ser el "territorio natural" de Cuba.

La Habana ha seguido esta estrategia con base en el decreto ley número 50, una legislación que surgió en 1982 para regular las inversiones extranjeras en la isla. Esta ley vio la luz por vez primera cuando la URSS, bajo el mandato de Yuri Andropov, recomendó a sus aliados del Tercer Mundo adecuar sus economías a las nuevas condiciones que empezaban a surgir en el campo socialista. Sin embargo, en la práctica, el gobierno cubano archivó dicho decreto ley y sólo lo desempolvó cuando vio que la URSS estaba realmente dispuesta a cumplir sus amenazas de retirarse de la isla, ahora que Moscú comprendía la necesidad de acercarse a otros países que contaran con recursos financieros y tecnológicos, que le permitieran sacar adelante su *Perestroika*. Con el uso de la Ley sobre Inversiones Extranjeras, la revolución cubana no sólo cambió su discurso político, hasta ese entonces retórico y agresivo contra el imperialismo, sino también su línea de acción, que a partir de ese momento buscó en el entorno internacional nuevos socios comerciales sin importar su ideología.

No obstante, la respuesta de terceros países dejó mucho qué desear. Influyeron, por un lado, las presiones estadunidenses, la inseguridad política en la isla y la escasa experiencia de los cubanos en el libre comercio, y, por otro, la competencia de otros mercados en América Latina que ofrecen mayores garantías a la inversión foránea. Estos factores provocaron no sólo un mayor aislamiento de Cuba sino también el agravamiento de su situación político-económica, la cual no ha desembocado en conflictos sociales debido más que nada al estricto control político-militar que sobre la sociedad cubana ejerce el gobierno de Castro. No obstante, es poco probable que este control autoritario por parte de los castristas continúe después de que la crisis económica ocasione el fin del Programa Especial en Tiempos de Paz y la puesta en práctica de la "opción cero", una estrategia económica que habrá de disminuir a un mínimo la actividad económica en la isla, ante la ausencia de combustible y recursos económicos.

Si esta situación llega a presentarse, el gobierno de Castro tendrá pocas posibilidades de sobrevivir en el marco de la Revolución, y tendrá entonces que permitir que una coalición de comunistas, reformadores y exiliados cubanos, como sucedió con sus similares en Europa central, sean los encargados de dirigir un nuevo proyecto político-económico más pragmático. Ante este complejo horizonte es necesario contar hoy en día con investigaciones que nos permitan aclarar las causas del derrumbe económico en Cuba y ubicar en su justa dimensión a todos los actores del actual drama cubano.

En el pasado, la ausencia de información privilegiada sobre las relaciones Cuba-URSS, provocó el maniqueísmo presente en los estudios que sobre el tema se hicieron tanto en Cuba como en el extranjero. Hoy en día, la búsqueda de la verdad y de la objetividad empieza a ser posible al tener acceso a las fuentes primarias que sobre el tema están apareciendo en la antigua Unión Soviética, en Europa central y en la misma Cuba; en esta última se realiza como resultado de la decisión del gobierno de llevar a cabo su propia *Glasnost*.

La presente publicación tiene como objetivo ofrecer al lector, sea estudiante, académico o empresario, una visión realista de lo que sucedió y está sucediendo en la isla del Caribe. Con datos obtenidos de los archivos del desaparecido gobierno soviético, que dieron a conocer el Instituto de Estudios de América Latina y, en general, la prensa soviética, esta investigación se esfuerza por reflejar la naturaleza y el contenido de las relaciones entre La Habana y Moscú en los pasados treinta años.

Asimismo, se ofrece una segunda imagen de la Cuba postsoviética diferente de la primera, que es de crisis y agonía. Esta otra imagen tiene que ver con las oportunidades que el gobierno de Castro (y el de su eventual sucesor) ofrecen al inversionista extranjero, incluido el mexicano. Con base en la información que ofrecen tanto el gobierno cubano como el ruso, en esta publicación se presenta un panorama de las oportunidades que existen actualmente para invertir en la isla.

Sin intentar competir con las investigaciones que sobre este mismo tema se han realizado en los círculos académicos y empresariales de Estados Unidos y Europa, la que nosotros ofrecemos busca reflejar de manera fiel la situación en Cuba desde una perspectiva latinoamericana, que no por mantener una actitud solidaria, deja de tener también intereses muy bien definidos frente al drama cubano.

HUMBERTO GARZA ELIZONDO

INTRODUCCIÓN

Según los últimos acontecimientos internacionales, el orden establecido por las potencias triunfantes en los primeros años de la segunda posguerra, caracterizado por la bipolaridad, está llegando a su fin.

Todo parece indicar que para finales de este milenio predominarán en el sistema internacional la multipolaridad, la regionalización de la economía y la hegemonía militar de Estados Unidos.

En este sentido, se puede decir que se trata de un orden profundamente interdependiente en donde cada uno de los actores, ya sea de manera individual o en grupo, tienen ante sí el reto de elaborar estrategias político-económicas eficaces que les permitan coexistir de manera pacífica y lucrativa con el resto de las naciones del planeta.

Es inevitable que en estas nuevas condiciones de multipolaridad los países de la Comunidad Europea, así como Japón y Estados Unidos, se preparen para avanzar en un proceso de integración con sus vecinos próximos. Su propósito es el de constituir sus respectivas asociaciones de libre comercio para poder enfrentar en el futuro los retos que les depara una próxima lucha de bloques. Estas naciones líderes seguramente serán las que determinen en el próximo siglo las perspectivas de la comunidad internacional en su conjunto.

A su vez, las naciones en vías de desarrollo, las cuales atraviesan por una situación altamente vulnerable, debido al deterioro económico que tuvieron en la década de los ochenta, tratan de adecuarse a los imperativos del actual sistema internacional, con el objetivo de complementar sus ventajas comparativas, entre ellas mismas y con los países más desarrollados.

Este es el caso de las naciones de América Latina, África, Europa oriental y Asia. En el caso de las latinoamericanas, la mayoría de ellas busca los mecanismos más justos y equilibrados para conformar con Estados Unidos y Canadá un bloque económico continental. Por su parte, las naciones de África y Europa oriental (incluida la Comunidad de Estados Independientes, CEI) tratan afanosamente de acercarse a la Europa comunitaria de 1993 con la intención de beneficiarse de las estructuras de este gran mercado. Por último, los países subdesarrollados de Asia, como China, Vietnam, Indonesia y la parte oriental de la Federación Rusa ven en Japón y en general en la Cuenca del Pacífico, un espacio donde pueden, en el futuro, desarrollar sus planes de crecimiento económico basado en la cooperación multilateral.

Estos signos indican que en el próximo siglo ninguna nación del planeta, incluidas las industrializadas, podrá alcanzar estadios superiores de desarrollo económico sin la intervención o la ayuda de otras naciones o grupos de países.

Uno de los elementos que permitió en los últimos años la consolidación de la tendencia hacia la regionalización (globalización) de la economía internacional fue sin duda el desmoronamiento del mundo socialista.

A fines de 1989, mientras que el capitalismo avanzaba con paso firme hacia la conformación de bloques comerciales, el mundo socialista se preparaba para seguir la misma línea. La caída del muro de Berlín marcó el inició de la larga marcha que deben realizar las naciones exsocialistas, incluida la CEI, para integrarse al mundo occidental (capitalista).

Actualmente son pocas las naciones que insisten en permanecer al margen de la política internacional de integración de bloques. Esto se debe ya sea al autoritarismo de sus regímenes o a la escasa experiencia que tienen en cuestiones de economía de mercado. Corea del Norte, Vietnam, Cuba y algunas naciones africanas, tanto de la parte árabe como de la subsahariana, se encuentran en esta situación.

En el caso de Cuba, que es el país que analizamos en esta investigación, las causas de su marginación (aislamiento) de la comunidad internacional pueden ser de dos tipos: internas y externas.

Entre las primeras, las de origen interno, tenemos la actitud prepotente del régimen cubano que no permite una apertura política, capaz de relajar las tensiones acumuladas en la isla desde hace muchos años, pero que aumentaron en los últimos meses de manera dramática a raíz de la terrible crisis económica que abate a la sociedad cubana.

Otra causa interna del aislamiento cubano es la negativa de los militares y burócratas isleños (principalmente los que hicieron la revolución) a conceder más libertades políticas. Esta reacción es una respuesta a sus temores de que pueda pasar en Cuba lo que ocurrió en la Unión Soviética, una vez que Mijail Gorbachov, en sus intentos por modernizar el "socialismo real" de su país, aplicó en forma paralela reformas políticas y cambios económicos. Los dirigentes cubanos saben que las facilidades políticas que otorgó Gorbachov a los opositores del socialismo soviético fueron, finalmente, las mismas que lo obligaron a renunciar en diciembre de 1991 a la presidencia de un país que en la realidad ya no existía.

Una tercera razón que explica la mínima integración de Cuba a la comunidad internacional es la posición acentuadamente procastrista que han adoptado algunos sectores de la población isleña, en especial el juvenil. En la actualidad, aún gran número de jóvenes cubanos, sobre todo de la raza negra, al haber nacido después del movimiento revolucionario de 1959, y haber adquirido el *status* de favorecidos del régimen, ahora no quieren perder ese privilegio en caso de un cambio en las estructuras políticas en su país.

Por otra parte, entre los factores externos que influyen en la marginación de Cuba respecto del resto de las naciones del planeta están el doble bloqueo a que es sometida la isla y la escasa presencia de Cuba en los mercados internacionales.

Por lo que se refiere al primer factor, el referente al doble bloqueo que aplican a Cuba Estados Unidos, su enemigo tradicional, y la Comunidad de Estados Independientes, su nueva enemiga, las consecuencias de este proceso represivo se incrementan ante el trato indiferente que le brindan al régimen de Castro tanto las naciones desarrolladas de Europa occidental como los países latinoamericanos.

Las primeras, las naciones eurooccidentales, en particular España, soslayan la trágica situación que vive Cuba, aduciendo que entre sus prioridades de política exterior está la de conformar a partir de 1993 los Estados Unidos de Europa. De igual manera, las naciones latinoamericanas tampoco prestan atención a los reclamos de Castro, en los que se pide ayuda urgente para mitigar los efectos de la actual crisis económica. Al igual que sus homólogas europeas, las naciones de América Latina justifican su acción señalando que se encuentran muy ocupadas tratando de consolidar la democracia en la región y en la formación de un bloque comercial que las una al bloque norteamericano que forman México, Estados Unidos y Canadá.

Así, estas causas o factores internos y externos, al empezar a converger a partir de 1986 en la sociedad cubana, han originado una crisis económica extrema que se recrudeció en octubre de 1990, cuando Castro Ruz estableció el "periodo especial en tiempos de paz".

Sin embargo, y a pesar de la tozudez del mandatario cubano de mantener cerradas las puertas de la isla a la democracia liberal, en los últimos meses mucho ha avanzado el régimen castrista en lo referente a la liberalización de la economía local, sobre todo después del IV Congreso del PCC en octubre de 1991 y de la Asamblea Nacional del Poder Popular que se celebró en julio de 1992.

Consciente de la necesidad que tiene Cuba de los capitales y las tecnologías extranjeras para sacar adelante su nueva estrategia de desarrollo económico, que se basa en la diversificación de los socios comerciales (ante el retiro de la URSS, su socio principal) y en la producción de bienes elaborados con alto valor agregado para la exportación, Castro se decidió por abrir la economía de su país a las inversiones extranjeras con la intención de sentar las bases de una economía mixta más adecuada a las condiciones actuales. La nueva estrategia de desarrolllo cubano persigue el doble propósito de acelerar la industrialización de la isla y la reactivación del campo cubano.

El nuevo esquema de convivencia con los extranjeros que está tratando de sacar adelante el pueblo cubano tiene su fundamento en la complementariedad de las ventajas comparativas. Este concepto permite que las naciones menos desarrolladas utilicen los capitales y las tecnologías de punta de las naciones más desarrolladas y a su vez ofrezcan a sus socios ventajas comparativas como mano de obra abundante, materias primas, mercados de consumo y una posición geográfica estratégica.

La razón de esta nueva forma de colaborar entre pobres y ricos tiene dos vertientes: una de ellas es la insuficiencia, por parte de los países subdesarrollados, de recursos financieros propios para apoyar sus estrategias de desarrollo y la otra es el interés que tienen los inversionistas de los países industrializados de aprovechar, en forma creciente, las ventajas que les ofrecen sus contrapartes menos desarrollados.

Este mecanismo de cooperación hace posible que hoy en día los países más industrializados aprovechen las oportunidades que les brindan las naciones del Tercer Mundo para aumentar sus utilidades y a su vez canalicen sus capitales y tecnologías con el objetivo de acrecentar los beneficios sociales en los países anfitriones.

Esta tendencia a la colaboración multilateral entre pobres y ricos empezó a funcionar a partir de la década de los setenta, cuando algunas naciones capitalistas subdesarrolladas como México, Brasil, Corea del Sur y otras adoptaron estrategias de desarrollo que promovieron el establecimiento de modelos de industrialización orientados a la exportación. Esta nueva estrategia de desarrollo permitió a algunas naciones como Taiwán, Hong Kong, Corea del Sur y Singapur alcanzar en pocos años, elevados niveles de industrialización. Posteriormente, su nuevo *status* les permitiría a estos países de industrialización reciente (PIR) representar el papel que tuvieron antes sus promotores, como Japón, Estados Unidos y Alemania Federal.

Hay que señalar que años después algunos países socialistas emularon al mundo subindustrializado capitalista y fomentaron también la atracción de las inversiones extranjeras en sus economías respectivas. Tal es el caso de China (1979), Hungría (1972), Bulgaria (1980), Checoslovaquia (1986), Polonia (1986) y Rumania (1971). Más tarde, en 1990, después del derrumbe del bloque socialista, la ex Unión Soviética, Mongolia y Vietnam, también facilitaron el acceso de las inversiones extranjeras dentro de sus economías en transición.

Actualmente estos países son el foco de atención del capital extranjero, el cual busca un campo fértil para incrementar sus utilidades. América Latina se enmarca en este proceso de competencia por atraer las inversiones foráneas, siendo Europa oriental uno de sus principales rivales.

Así, con el ímpetu que adquirió la economía de mercado (el neoliberalismo) en la década de los ochenta, la mayoría de los países socialistas empezaron a abrir sus economías, poniendo énfasis en la captación de capitales y tecnologías extranjeras.

China es el caso más evidente de este giro de las naciones socialistas hacia el mercado. Hoy en día cuenta con seis Zonas Económicas Especiales que sirven de prototipo para establecer futuros centros urbanos que vivirán bajo un régimen de economía de libre mercado.

En otras naciones aún socialistas como Cuba, Corea del Norte y Vietnam, a pesar de la reticencia de sus gobernantes para aceptar mayor apertura económica, el hecho de que la liberalización de la economía sea una condición *sine qua non* para que estos países se integren a los circuitos financieros internacionales está obligando a los líderes de estas naciones a aflojar las riendas de la economía.

En lo que respecta a Cuba, desde 1982, bajo la asesoría de los soviéticos, los dirigentes castristas pusieron en vigor un marco jurídico llamado Decreto-Ley Número 50, con el propósito de atraer flujos de capital y tecnologías de punta extranjeros.

A partir de abril de 1986, este proceso de apertura económica perdió impulso cuando la cúpula gobernante decidió establecer en la isla del Caribe el Proceso de Rectificación y Profundización del Socialismo. A través de dicha campaña, y con el fin de resolver los problemas de la ineficiencia productiva, corrupción y mal uso de los recursos que les enviaban sus aliados socialistas, el Partido Comunista Cubano (PCC) y las organizaciones oficiales de masas, aplicaron una serie de medidas políticas y económicas que en lugar de impulsar el avance de la economía cubana, la detuvieron.

Sin embargo, con la desaparición del bloque socialista, a partir de 1989, Cuba volvió a liberar la economía, una vez que la mayoría de sus aliados socialistas decidieron transitar hacia una economía de libre mercado y a una democracia de tipo liberal. Pero a diferencia de Gorbachov en la URSS, Fidel Castro en Cuba no soltó los controles políticos, lo que ocasionó una acumulación de tensiones que amenaza con explotar en cualquier momento. En la URSS, Gorbachov, en sus intentos por modernizar el socialismo real, permitió la actividad de los opositores a la planificación centralizada y a la democracia tipo social. Esta medida, que para muchos no fue bien pensada por el líder soviético, posteriormente se dirigió contra el padre de la *Perestroika*.

Por eso actualmente, ante el temor de cambios políticos radicales que puedan darse en la isla con motivo de una guerra civil o una improbable invasión estadunidense, los empresarios extranjeros ven con cautela su participación en la economía cubana.

En cierto modo, el retardo en la llegada de ayuda externa, que deberá sustituir a la que antes le brindaba el desaparecido bloque socialista, es uno de los factores principales de la agudización de la crisis de la economía cubana.

Desde nuestra perspectiva, y esto tratamos de demostrar en esta investigación, la crisis económica en Cuba surgió a raíz del retiro del apoyo que antes le brindaba de manera abundante el Kremlin al gobierno de Castro Ruz. Después de haber efectuado en el pasado 85% de su comercio total con el CAME (70% con la URSS) y de realizar 95% de sus operaciones en divisas con los países socialistas, consideramos que Cuba perdió su principal fuente de apoyo económico y político con la desaparición del bloque soviético.

Como veremos más adelante, esta dependencia de Cuba respecto de la URSS se manifestó durante treinta años en el programa de asistencia soviética a la isla, el cual no consistió en préstamos directos sino en subsidios indirectos a través de precios preferenciales para el intercambio de productos básicos como azúcar, níquel y petróleo.

Por esta razón, cuando en 1989 la URSS empezó a disminuir sus envíos de crudo a Cuba aduciendo problemas en su producción local y anunció su intención de suspender el pago de precios preferenciales por el azúcar y el níquel cubanos, la economía de la isla empezó a declinar.

Así, para 1991 Cuba recibió únicamente 8 millones de toneladas de petróleo provenientes de la URSS de las 13 millones de toneladas que enviaba cada año. Para 1992 se esperaba que la CEI enviara a su exsocio latinoamericano solamente 6 millones de toneladas de petróleo.

Por lo que se refiere al área del azúcar, las operaciones bilaterales también cambiaron. Según los medios de comunicación rusos, en enero de este año la Federación Rusa adquirió un millón de toneladas de azúcar cubana que pagó con el envío de 2.5 millones de toneladas de petróleo. Esto representa cerca de un tercio del precio que la URSS solía pagar por el producto. Además se notificó al régimen cubano que, en lo sucesivo, un alto porcentaje de los suministros de petróleo se realizarían con base en los precios del mercado mundial.

Hacia mediados de 1992, la proporción del intercambio de los productos tradicionales entre La Habana y Moscú fue todavía menos bondadosa para Cuba: a cambio de una tonelada de azúcar, la isla recibió 1.7 toneladas de crudo ruso. De tal modo, si el gobierno de Castro recibía 13 millones de toneladas anuales de petróleo soviético con el pago de 2 millones de toneladas de azúcar, en la actualidad tendría que vender 7.2 millones de toneladas del producto para adquirir aquella cantidad de petróleo ruso. Esto significa que Cuba tendrá que gastar 750 millones de dólares para importar sólo 6 millones de toneladas de crudo a precios del mercado mundial.

Otra esfera del intercambio comercial Cuba-URSS que se vio fuertemente afectada es la exportación del azúcar cubana. Según un reporte económico de 1985, la URSS compraba el azúcar cubana a un precio siete veces superior al del mercado mundial. De acuerdo con Nikolai Shmeliov, economista ruso y exdiputado popular de la URSS, su país pagaba 1 400 dólares por tonelada de azúcar (850 rublos) mientras que el precio en el mercado mundial era de sólo 211 dólares por tonelada. Esto derivó en un sobrepago soviético que alcanzó los 11 500 millones de dólares entre 1976 y 1982. Así pues, la cancelación del subsidio soviético al precio del azúcar, existente desde 1976, ocasionó grandes pérdidas a la economía cubana que, según Castro, ascienden a los 2 500 millones de dólares. En otras palabras, Cuba recibe una cuarta parte de los ingresos que acumulaba por concepto de las exportaciones azucareras.

En resumen, se puede decir que entre los problemas a los cuales se enfrenta actualmente la economía cubana se encuentran: la suspensión de los subsidios soviéticos a las compras de azúcar y metales; el descenso de los precios del azúcar en los mercados mundiales; la disminución en la cuarta parte de las entregas de crudo; el recorte de los créditos procedentes de la URSS; la reducción de 50% de las importaciones que recibía del mundo exsocialista, y la carga de su deuda externa que asciende a 32 mil millones de dólares, de los cuales 24 mil millones fueron contraídos con la Unión Soviética (75 mil millones según versiones recientes de fuentes rusas) y 8 mil millones con Occidente.

De esta manera, a lo largo de 1990, los cubanos vieron el deterioro paulatino de su nivel de vida, con importantes restricciones en alimento, transporte, otros bienes de consumo y servicios. Esta problemática desembocó en la necesidad de asumir, a partir del último trimestre de 1990, la primera fase del "periodo especial en tiempos de paz", el cual consiste en un conjunto de medidas económicas de austeridad implementadas con el propósito de restringir los niveles de consumo de la población y de la actividad económica. El gobierno cubano se propone con esto hacer un uso más racional de los limitados bienes de consumo y energéticos con que cuenta su economía. En caso de que la crisis se agudice, Cuba pondrá en práctica un plan de contingencia denominado "opción cero": cero energía, cero electricidad, cero transporte.

A pesar de este programa de restructuración, comprobaremos que los indicadores económicos reflejan una severa crisis en la mayoría de los sectores de la economía. En este sentido, la economista Olga Paniushkina, de la Academia de Ciencias de Rusia, llegó a asegurar que en 1989 el producto nacional bruto cayó en 10% y que solamente en los primeros seis meses de 1991 esta caída fue de 20%: esto significó una reducción de 24% en la producción industrial; una disminución de 50% en el procesamiento del petróleo; 25% menos en la producción del acero, y una baja de 20% en la producción del níquel. De continuar esta tendencia negativa, se considera que la economía cubana podría llegar a paralizarse.

Actualmente, las medidas restrictivas se manifiestan en la eliminación de 120 de los llamados autobuses ruteros y de 700 taxis, así como en la importación de 750 mil bicicletas de China; en otras palabras, las rutas de transporte se han reducido en 40% y el tráfico ferroviario en 38%. Estas cifras contrastan crudamente con la opinión del embajador de Cuba en México, José Fernández de Cossío, quien aseguró que en 1991 la economía cubana creció en un 17% y que para 1992 se estimaba un crecimiento del 40 por ciento.

Con toda esta carga negativa de la economía doméstica, y en un esfuerzo por salvar el enclave socialista, el gobierno busca ahora a toda costa la rápida recapitalización de la economía de la isla con base en las inversiones extranjeras, principalmente de América Latina.

Por último, consideramos que esta crisis económica y las presiones del capital internacional, que busca nuevos terrenos para su valorización y reproducción, han sido los factores determinantes del replanteamiento de la política económica del gobierno cubano.

Así, durante el IV Congreso del Partido Comunista Cubano, celebrado en octubre de 1991 con el propósito de disminuir tensiones con Occidente y hacer más atractivo el mercado cubano a las inversiones extranjeras, la dirigencia castrista propuso la democratización parcial del sistema y reiteró su invitación al capital extranjero a participar en el proceso de rectificación de la economía cubana.

Asimismo, la cúpula gobernante emprendió una campaña publicitaria dirigida al exterior con el firme propósito de aumentar los flujos de inversión extranjera en la isla. Finalmente, las propuestas de enmienda a la Constitución de 1976 en el área económica lanzadas durante el IV Congreso fueron aprobadas en la Asamblea Nacional del Poder Popular celebrada en julio de 1992.

Gracias al proceso de apertura económica y a las facilidades brindadas por las autoridades cubanas, a partir de 1991 las inversiones extranjeras muestran un incremento. En la actualidad existe un total de 50 asociaciones económicas entre entidades cubanas y extranjeras, y se contempla el establecimiento de otras 120 empresas mixtas que se encuentran en avanzado proceso de negociación en ramas como el turismo, la biotecnología, la metalurgia, el transporte, el sector agrícola, la industria de la alimentación y las telecomunicaciones, entre otras.

En este contexto, consideramos que la inversión extranjera puede convertirse en un factor dinamizador del desarrollo económico de Cuba. La tendencia al aumento de la participación del capital extranjero en la economía cubana será determinante –tal como lo es en el caso de otros países subdesarrollados– para mejorar las deterioradas perspectivas de la economía cubana.

Pondremos de manifiesto que es un hecho que el número de empresas mixtas se ha incrementado; sin embargo, su participación en el producto social global de Cuba todavía no es evidente, pues la severa crisis económica continúa causando estragos hasta la fecha. Los especialistas consideran que las inversiones extranjeras actuales darán fruto en el mediano plazo, es decir, hasta dentro de dos o tres años.

Por último, resulta francamente indispensable tomar en cuenta que la renuencia del régimen cubano a transformar su modelo de desarrollo basado en el socialismo real se presenta como un fuerte obstáculo para el inversionista. Por su incapacidad para adecuarse a los actuales imperativos mundiales de productividad y competividad económica, el socialismo real perdió vigencia entre los principales exaliados de Cuba, situación que el régimen de la isla parece negar. Asimismo, el escaso conocimiento de las características del mercado cubano y la incertidumbre por el futuro político del gobierno de Fidel Castro son otras causas que explican la incipiente participación extranjera en la economía de la isla.

En el presente trabajo tomamos como punto de partida el hecho de que Cuba padece actualmente la crisis económica más severa de su historia desde el triunfo de la Revolución en 1959. Tal aseveración sólo puede realizarse una vez efectuado el estudio previo de la evolución económica de la etapa comprendida entre 1959 y 1985. En este sentido, en el primer capítulo, "Estrategias económicas", procedemos al análisis de cuatro de las cinco estrategias económicas que implementó el régimen castrista en la isla. En el segundo capítulo hacemos una crónica de los hechos que produjeron el deterioro en las relaciones entre la URSS y Cuba, elemento que desde nuestro punto de vista es determinante en la aparición de la crisis cubana. Consideramos que es importante contar con este tipo de material ya que, hasta el momento, no se han utilizado a toda su capacidad las fuentes exsoviéticas que comentan los pormenores de este proceso de alejamiento entre Moscú y La Habana y que se acentúa en la década de los ochenta.

En el tercer capítulo, "Crisis económica y la nueva estrategia de desarrollo", se pretende proporcionar un marco de referencia sobre el estado actual de la economía cubana y los elementos de la nueva estrategia de desarrollo que ha implementado el gobierno cubano a partir de octubre de 1990 para disminuir los efectos de la crisis económica y recapitalizar la economía local. Todo esto dentro del "periodo especial en tiempos de paz".

Para superar la crisis, el gobierno de Castro otorgó un mayor impulso a la inversión extranjera en aras de la revitalización de su deteriorada economía, al grado de que se pretende convertir al instrumento en el factor dinamizador de esta economía. Otras cuestiones como las oportunidades de inversión, las áreas potenciales y los obstáculos que limitan el flujo de capitales a Cuba también se revisan.

Nuestra investigación propone llenar el vacío informativo que existe en México sobre el tema, así como alentar el estudio sistemático de las posibilidades de inversión en ese país. Cabe añadir que la encrucijada política a la que se enfrenta el gobierno castrista no forma propiamente parte de los objetivos que nos hemos planteado en el presente estudio. Sin embargo, resulta evidente que la interrelación entre las cuestiones de orden político y económico nos obliga a condicionar las perspectivas concretas de la inversión extranjera. En este marco, el factor confianza adquiere su verdadera dimensión. Si el régimen logra avanzar en el proceso de las reformas políticas que eviten la inestabilidad, es probable que los programas de atracción de capital cobren un impulso definitivo.

I. ESTRATEGIAS ECONÓMICAS EN CUBA

A partir de 1959, y hasta la fecha, el gobierno revolucionario de Cuba, encabezado por el comandante Fidel Castro Ruz, ha puesto en práctica en la isla una serie de estrategias de desarrollo económico, las cuales han tenido el propósito de mejorar la situación socioeconómica de la población local.

A lo largo de sus 33 años de existencia, la revolución cubana ha establecido en la isla del Caribe un total de cinco estrategias de desarrollo económico. Todas ellas, en su momento, sirvieron para ajustar la economía de Cuba a las necesidades del entorno nacional y a las condiciones del exterior. Estas estrategias son: *1)* la industrialización intensiva con énfasis en la producción de máquinas-herramientas; *2)* la zafra de los 10 millones de toneladas de azúcar; *3)* la industrialización con base en el modelo económico soviético de planificación centralizada; *4)* la rectificación de los errores y desviaciones y profundización del socialismo, y *5)* la apertura económica y el impulso al turismo y la industria de exportación.

Cada una de estas estrategias económicas, en su tiempo, con excepción de la última –que se implementó durante el actual "periodo especial en tiempos de paz" de máxima austeridad–, permitieron al gobierno revolucionario mantener un proyecto de nación, que ahora se desmorona ante el retiro intempestivo, a partir de 1991, del apoyo de los países exsocialistas.

La primera estrategia económica en la Cuba revolucionaria, que intentó una industrialización acelerada en la isla, con énfasis en la producción de bienes de capital, se estableció entre 1959 y 1962, precisamente cuando la revolución cubana abandonaba sus principios nacionalistas y se convertía al socialismo.[1] Este giro en

[1] Peter John Shearman, *Cuba: Soviet Surrogate or Maverick Ally?*, University of Kansas, 1987, UMI, Dissertation Information Service, Ann Arbor, Michigan, p. 31.

los lineamientos del proceso revolucionario cubano recibe el nombre característico de sovietización.[2] De manera paralela a este proceso de industrialización, la revolución inició los trabajos necesarios para llevar a cabo la reforma agraria, el aumento de la capacidad de compra de los campesinos y obreros, la búsqueda de nuevos mercados externos y la nacionalización de los principales sectores de la economía.

Para lograr sus propósitos en esta primera estrategia de desarrollo económico, que se sintetiza en la eliminación del modelo monocultivador y monoexportador cubano y en la diversificación de su economía mediante la industrialización, el nuevo régimen instrumentó un conjunto de directrices económicas que trataron de destruir antes que nada el viejo orden y establecer uno más adecuado a las exigencias del cambio. Esto se realizó a través de las expropiaciones masivas, la prohibición del éxodo hacia el extranjero de las clases media y alta y la disminución de los vínculos de Cuba con Estados Unidos, nación que según grupos mayoritarios de cubanos en el poder, era la causante de todas las tragedias en la isla.

Sin embargo, los esfuerzos del gobierno cubano por sacar adelante la estrategia de industrialización acelerada en la isla

[2] Por cuestiones de metodología, en este libro consideraremos que el proceso de sovietización de Cuba se inicia de manera formal el 2 de diciembre de 1961, precisamente cuando Fidel Castro, en un discurso ante la TV cubana, se declara marxista-leninista y advierte que la revolución cubana es socialista y antiimperialista. Sin embargo, de manera informal, el proceso de sovietización de la isla se inicia el 16 de abril de 1961, en vísperas de la malograda invasión de la Bahía de Cochinos, cuando Castro Ruz reconoce por primera vez la "contextura socialista de la revolución cubana". Al día siguiente el periódico *Revolución* sacó un titular que decía: "¡Viva nuestra revolución socialista!", en tanto que la revista *Hoy*, señaló: "La URSS nos ayudará". En los días siguientes, la revista *Hoy* se refirió tímidamente a la revolución "patriótica, democrática y socialista", y el 28 de abril anunció que el "pueblo esperaba declaraciones de Fidel", y aseveró que "Cuba continuará construyendo su socialismo". Hay que aclarar que algunos autores, como el economista cubano José Luis Rodríguez y James Petras consideran respectivamente que la "sovietización" de Cuba o la "industrialización socialista en Cuba" se inicia en los primeros meses de 1970, precisamente cuando el gobierno cubano decidió abandonar la estrategia económica de los 10 millones de toneladas de azúcar y determinó adoptar el modelo económico soviético basado en la planificación centralizada y el método extensivo de trabajo. Sin embargo, como ya lo hemos señalado, en nuestra investigación la sovietización de Cuba se inicia en diciembre de 1961.

llegaron a su fin en 1962. Hay que destacar que esta política de industrialización intensiva impuesta por Castro en Cuba a partir de 1959 fue similar a la que aplicó José Stalin en la URSS a fines de los años veinte. En 1928, a la muerte de la NEP (la nueva política económica de Lenin), el dictador georgiano puso en marcha en la naciente potencia socialista un programa de industrialización intensiva, con prioridad en la industria pesada y en la militarización de la sociedad.

Con la derrota a cuestas, en sus intentos por industrializar el país, el gobierno cubano decidió volver al esquema monocultivador y monoexportador de azúcar que tenía Cuba antes de la revolución. El objetivo principal del nuevo modelo de desarrollo, que de hecho se convirtió en la segunda estrategia económica en Cuba, fue que la nación del Caribe tuviera para fines de los sesenta una zafra anual promedio de 10 millones de toneladas. Para lograr esta meta, el gobierno castrista resolvió abandonar las ideas "burguesas" que había utilizado durante la industrialización frustrada y volvió a las consignas revolucionarias del Che Guevara y Mao Zedong, las cuales exigían de los sectores obrero y campesino una mayor disciplina y más desapego por los premios materiales. Al mismo tiempo, para complementar los principios sinoguevaristas que había implementado en la sociedad cubana, el gobierno de Castro decidió estudiar los postulados tradicionales del marxismo-leninismo que en esencia exigían el control y la centralización de todos los sectores por parte del Estado.

En esa época, Ernesto Che Guevara señaló con mucho tino que las medidas aprobadas por el gobierno cubano provocarían "la reacción de parte de quien domina en más de 75% de nuestro intercambio comercial y nuestro mercado".[3]

A fines de 1969, con un nuevo fracaso a cuestas, al no poder llegar a su meta de producir 10 millones de toneladas de azúcar, Fidel Castro desechó esta segunda estrategia y decidió implantar en la economía cubana el modelo soviético de planificacion centralizada.

Como veremos en el capítulo II, el hecho de que la Unión Soviética haya considerado como de enorme beneficio para ella y

[3] Blanca Torres Ramírez, *Las relaciones cubano-soviéticas (1959-1968)*, México, El Colegio de México, 1969, p. 6.

en general para el bloque soviético el vincularse más estrechamente a la economía de Cuba, la llevó a canalizar más recursos humanos y económicos a la isla para que ésta pudiera iniciar la implementación del modelo económico vigente en el resto de los países socialistas.

La respuesta del gobierno de Castro al apoyo masivo que empezó a recibir por parte de la URSS no se hizo esperar; en pocos meses la economía cubana adoptó el modelo económico de la URSS, arrancando de hecho el proceso de "industrialización socialista". Para principios de la década de los setenta, el modelo soviético (socialismo real) impuesto en 1928 en la URSS por José Stalin y reformado después por los gobiernos de Nikita Krushchev y de Leonid Brezhnev y Alexander Kosiguin, respectivamente, dominaba por completo en la Cuba revolucionaria.

Durante los 15 años que vivió la sociedad cubana bajo este modelo, la economía local creció de manera sorprendente. En 1972, el apoyo que brindaba la URSS a Cuba se fortaleció cuando la isla pasó a formar parte del Consejo de Ayuda Mutua Económica, CAME, como socio titular. El CAME era el órgano regidor de las actividades económicas en el mundo socialista.

Así, fue evidente que durante esta tercera estrategia de desarrollo económico, los vínculos comerciales, políticos y militares entre Moscú y La Habana se estrecharon y complementaron profundamente.

Como veremos más adelante, fue tan alta la dependendencia que adquirió Cuba de sus aliados soviéticos en esos 15 años, que a finales de los ochenta, al deteriorarse las relaciones entre ambos países, con motivo del fin de la guerra fría y el tránsito de la URSS a la economía de mercado y la democracia liberal, la economía de Cuba inició su caída, la cual continúa hasta la fecha.

En 1986, ante la creciente indisciplina y corrupción que señoreaba en la nación caribeña socialista, y también ante las exigencias de los soviéticos que pedían un uso más eficiente y racional de los recursos que le enviaban, Cuba tuvo que introducir una nueva estrategia de desarrollo económico que denominó "Rectificación de los errores y desviaciones y profundización del socialismo". Esta estrategia arrancó en 1986, casi al mismo tiempo que la *Perestroika* de Mijail Gorbachov en la URSS.

Si bien en un principio la rectificación intentó retomar los elementos progresistas de la *Perestroika* de Mijail Gorbachov, finalmente, por presiones de grupos internos y del mismo Fidel Castro, se convirtió en la antítesis de las reformas que se estaban aplicando en el resto del bloque socialista. En síntesis, la nueva estrategia de rectificación negó cualquier apertura política y disminuyó el avance económico en la sociedad cubana.

Probablemente la negativa de Castro para abrir las puertas de su país a los cambios que se estaban sucediendo de manera vertiginosa en el mundo socialista sirvió de catalizador para la aparición en la isla de una crisis económica a partir de 1986, la cual se recrudeció a fines de 1990.

En octubre de 1986, ante el retiro del apoyo que le brindaban sus exaliados de Europa oriental y la URSS, el gobierno cubano implementó una quinta y última estrategia de desarrollo: la apertura económica y el impulso al turismo y la industria de exportación.

Esta nueva estrategia se introdujo en el marco de un programa económico de máxima austeridad denominado "periodo especial en tiempos de paz", que es el programa que preparó el gobierno de Castro a principios de los ochenta con el propósito de enfrentar una posible invasión por parte de Estados Unidos, sobre todo después de que Ronald Reagan dio a conocer su famoso "Documento de Santa Fe". Por esta razón, el nombre original de este programa fue el de "periodo especial en tiempos de guerra".

En esta última estrategia de desarrollo económico, ante el retiro casi total del apoyo de las naciones exsocialistas, el gobierno de la isla decidió inhibir el crecimiento de algunas de las áreas no prioritarias de su economía y poner énfasis en el desarrollo de otros sectores que pueden ser de vital importancia para la sobrevivencia de la sociedad cubana: el turismo y la industria de la exportación. Entre los lineamientos de esta quinta estrategia económica se contempla el congelamiento del crecimiento de algunas áreas importantes de la economía cubana como la salud, la educación y la construcción. La idea es la de utilizar todos los recursos que se liberan en estos sectores (recursos humanos y materiales) para canalizarlos a actividades productivas más lucrativas para Cuba desde el punto de vista de la captación de divisas. Éste es el caso de áreas como el turismo (de descanso y el de salud) y el de la manufactura de bienes de consumo para la exportación con alto valor agregado: informática, biotecnología, químico-farmacéutica y electrónica

Desde la perspectiva del gobierno de Castro, estas dos áreas de la economía cubana, junto con el actual programa alimentario que está en vigencia en la isla (a pesar de los pocos recursos energéticos de Cuba), permitirán a la nación caribeña superar, en un corto plazo (de dos a tres años), los efectos de la crisis económica que vive como resultado del doble bloqueo al que es sometida por parte de Estados Unidos y la antigua Unión Soviética (actualmente conocida como la Comunidad de Estados Independientes).

Sin embargo, es evidente que a más de dos años de puesta en vigor esta última y nueva estrategia de desarrollo económico en la isla del Caribe (de octubre de 1990 a octubre de 1992), la economía cubana no logra recuperarse sino que por el contrario se sigue hundiendo. Lo anterior lo han reconocido en varias ocasiones tanto el líder máximo cubano Fidel Castro como algunos funcionarios de menor nivel de ese país.

Actualmente todo parece indicar que son mínimas las oportunidades que tiene Cuba para salir de su crisis económica. A la ausencia del apoyo económico y moral que antes le prestaban las naciones exsocialistas, se suman la deuda externa del gobierno de Castro, la cual alcanza un monto de 31 mil millones de dólares, y el bloqueo estadunidense que amenaza con endurecerse con una nueva ley patrocinada por el diputado demócrata Robert Torricelli.

INDUSTRIALIZACIÓN INTENSIVA. TRANSICIÓN CUBANA DE ESTADOS UNIDOS A LA URSS (1959-1962)

Durante casi sesenta años, es decir, desde que Cuba se independizó de España en 1898, Estados Unidos jugó un papel primordial en la isla. En este sentido, el 1 de enero de 1959, cuando Fidel Castro salió victorioso de la Sierra Maestra hacia La Habana, Cuba se caracterizaba por su base agrícola de carácter extensivo, su escaso desarrollo industrial concentrado en la rama azucarera y su acentuada dependencia del comercio exterior, sobre todo con respecto a Estados Unidos. Los inversionistas de ese país controlaban una tercera parte de los servicios públicos (ferrocarriles, correo, telégrafos, etc.), más del 30% de la industria azucarera, poseían alrededor del 22% de la tierra cubana, proveían el 90% de la capacidad eléctrica y dominaban los sectores de la manufactura y minería, en particular la planta procesadora de níquel ubicada en Nícaro.[4]

A raíz de la política de "cubanización" emprendida en la década de los cincuenta, los inversionistas estadunidenses formaron empresas mixtas junto con empresarios cubanos y con el gobierno vía el Banco de Desarrollo de Cuba.[5] De este modo, el capital estadunidense participó activamente en la producción de acero, la exploración petrolera, el procesamiento de níquel y cobre, la cinematografía, la hotelería y la construcción de barcos.

De gran contundencia resultan los siguientes datos que ponen de manifiesto la abrumadora presencia de Estados Unidos en la isla: en 1958, el azúcar y sus subproductos representaban 81% del total de las exportaciones cubanas y 60% se destinaba a Estados Unidos; en otras palabras, 38% del azúcar consumida en ese país era abastecida por Cuba,[6] 67% del total de las exportaciones se dirigían a Estados Unidos, mientras que 70% de las importaciones provenían del mismo.[7] Según datos de la Junta Central de Planificación (Juceplán), esto significa que de 84% del intercambio comercial que Cuba realizaba con países capitalistas desarrollados, 69% del total dependía sólo de Estados Unidos, 15% de Europa, el 6% del resto de América, 1% de la URSS y 9% de los demás países.[8]

Pero a partir del triunfo de la Revolución, el 1 de enero de 1959, en la mente de los nuevos gobernantes cubanos empezó a estar latente la idea de abandonar gradualmente el esquema capi-

[4] Business International Corporation, Cuba: At the Turning Point, Nueva York, Business International Corp., julio de 1977, pp. 15-27.

[5] La "cubanización" tuvo por objetivo expandir la propiedad cubana de la industria azucarera en detrimento de la extranjera. El resultado fue que 75% de los cañaverales pertenecía a firmas locales y 60% de la producción dependía del capital nacional.

[6] Business International Corporation, *op. cit.*, p. 19.

[7] José Luis Rodríguez, *Dos ensayos sobre la economía cubana*, La Habana, Editorial Ciencias Sociales, 1984, p. 55.

[8] Óscar Pino Santos y Osvaldo Martínez, *Relaciones económicas de Cuba con los países miembros del* CAME, Proyecto CEPAL/UNCTAD, noviembre de 1979, p. 10.

talista, el cual era una herencia del régimen anterior, y poner en práctica un programa más nacionalista que fuera capaz de brindar ayuda a los grupos más necesitados de la sociedad cubana, los cuales habían sido explotados durante los regímenes anteriores al de Castro.

Entre los líderes revolucionarios había la certeza de que tal cambio en el rumbo económico de la nación conllevaría a la ruptura con Estados Unidos, principal socio comercial de Cuba hasta la revolución. Sin embargo, entre Fidel Castro y el Che Guevara, puntales del movimiento armado que transformó a Cuba, existieron diferencias en cuanto al momento en que debía llevarse a cabo la ruptura con el poderoso vecino del norte.

En los primeros meses de la revolución, al contrario de la negativa del Che Guevara de acercarse a Estados Unidos, Fidel Castro expresó de manera inteligente en varias ocasiones y en especial durante un viaje que realizó a Nueva York en abril de 1959, que su gobierno mantendría buenas relaciones con ese país, ya que la Casa Blanca le había dado el reconocimiento de dirigente principal de la isla. Incluso, el nuevo gobernante hizo hincapié en que no se confiscarían propiedades estadunidenses, sino que se promovería la inversión extranjera y respetarían las concesiones al capital extranjero conferidas en 1945.[9]

Pero no obstante estas promesas de Castro a Estados Unidos, en 1960 la economía cubana empezó a adquirir características muy diferentes a las que tenía a principios de 1959. Alrededor de 85% de la capacidad industrial se había socializado; industrias estratégicas como la del azúcar, la refinación de petróleo, los teléfonos y la fuerza eléctrica estaban bajo el control del Estado, así como 92% del sector transportes y 80% del sector de la construcción. Con la reforma agraria de 1959, 41% de las tierras cultivables formaron parte de las recién creadas granjas estatales. Más tarde, en 1963, se avanzó en una segunda etapa del programa de las expropiaciones,[10] cuyos resultados fueron los siguientes: 80% de

[9] *Ibid.*, p. 8.

[10] Finalmente, en 1968, la nacionalización de la propiedad privada fue llevada a sus últimas consecuencias dentro de la llamada ofensiva revolucionaria: los sectores industrial, de la construcción, transporte y comercio interno-externo en su totalidad pasaron al control estatal.

la tierra pasó a manos del Estado y 20% restante se repartió entre campesinos cooperativizados (12%) y campesinos individuales (8 por ciento).[11]

Asimismo, a principios de los sesenta el desempleo visible tendió a desaparecer junto con el empleo casual o la "población marginal" autoempleada o el "sector informal". Ante la imposibilidad de extender rápidamente las oportunidades de trabajo en las actividades productivas, el pleno empleo se facilitó con la absorción ocupacional en la construcción de presas y obras públicas, en campañas de alfabetización y salud, gracias al aumento del número de trabajadores en las nóminas en algunas fábricas y a la sensible ampliación del contingente militar.[12] Según datos de Meza-Lago, el desempleo constituyó 12% de la fuerza laboral en 1958 y alcanzó un máximo de 20% a principios de 1960; sin embargo, declinó hasta lograr un mínimo de 1.3% en 1970.[13]

A la meta del pleno empleo se añadió una rápida redistribución de los ingresos con base en el principio de la equidad. Aumentaron los salarios mínimos y las pensiones, se redujeron las tarifas de alquiler de la vivienda, del agua y la luz, además de que se expandieron los servicios sociales gratuitos suministrados por el Estado. En este sentido, estimaciones sobre la distribución del ingreso sugieren que en los primeros años de la Revolución, 20% del ingreso fue transferido de los grupos más ricos a los más pobres de la población.[14]

A raíz del aumento en los salarios, se elevó la presión de la demanda sobre la oferta de bienes de consumo. Estos últimos comenzaron a ser insuficientes, hasta que se llegó al extremo de la escasez. Tal inadecuación entre la oferta (menor) y la demanda (mayor) fue, en gran parte, el resultado lógico de dos situaciones que se presentaron en los primeros años del triunfo

[11] María Cristina Zamora (ed.), *Rectificación. Fidel Castro (selección temática 1986-1990)*, La Habana, Editora Política, 1990, pp. 231 y 235.

[12] CEPAL, *Cuba: estilo de desarrollo y políticas sociales*, México, Siglo XXI, 1980, pp. 51 y 64.

[13] Carmelo Meza-Lago, *La economía en Cuba socialista*, Madrid, Editorial Playor, 1983, p. 283.

[14] *Ibid.*, p. 287.

revolucionario: el débil aumento de la producción debido a la restructuración económica interna y la imposibilidad de incrementar las importaciones ante la falta de divisas.

Frente a las necesidades inmediatas del nuevo régimen, en los primeros meses de la Revolución se sacrificó la demanda de bienes de consumo duraderos con el fin de ahorrar la mayor parte de los recursos externos. En forma paralela, se concedió gran importancia al programa de inversiones destinadas a crear y ampliar la infraestructura de los servicios sociales, tales como salud, educación y deportes.

De esta manera, con el propósito de consolidar el proyecto nacionalista de la Revolución, el nuevo régimen decidió poner en marcha la primera estrategia de desarrollo, cuyo objetivo inmediato fue la industrialización acelerada, en particular con respecto a la industria pesada.

Dentro de esta estrategia, el grupo en el poder trató también de sustituir importaciones, procedimiento común en América Latina en los años de la segunda posguerra, y diversificar la agricultura con la consecuente disminución de la importancia relativa del azúcar en el comercio exterior. De manera más clara, el gobierno revolucionario tuvo como primera meta reducir la dependencia económica del azúcar a través de una política económica de industrialización a gran escala. En este sentido, se consideró que era posible modificar significativamente y a corto plazo la estructura económica del país.

Los países socialistas, en especial la Unión Soviética, se aprestaron a brindar apoyo económico a Cuba a fin de que pusiera en práctica, dentro de su proyecto revolucionario de tipo nacionalista, un programa de desarrollo industrial. Para ello, en febrero de 1960, Cuba y la URSS firmaron los primeros convenios comerciales y sobre créditos: la Unión Soviética ofreció 100 millones de dólares a un plazo de 12 años y con un interés de 2% anual. La ayuda económica soviética se dirigió al desarrollo de la industria eléctrica, metalúrgica, a la construcción de maquinaria (bienes de capital) y al pago de la ayuda técnica proporcionada. Además, la URSS se comprometió a comprar un millón de toneladas anuales de azúcar durante los siguientes cuatro años (1960-1964) a cambio de seis millones de barriles de petróleo al año, lo que permitiría a la isla satisfacer en un tercio sus necesidades de hidrocarburos.[15]

En el marco de la guerra fría, para Moscú resultaba atractivo desarrollar no sólo estrechas relaciones económicas con Cuba, un país situado a sólo 90 millas de las costas de Florida, en Estados Unidos, sino también relaciones que respondieran a sus intereses de tipo estratégico-militar en el hemisferio occidental. De este modo, Krushchev lograba establecer un enclave de carácter antiimperialista justamente dentro de la zona de influencia estadunidense. Más tarde, se pretendía que el nuevo régimen adoptara la doctrina marxista-leninista, para convertirse entonces en el primer Estado latinoamericano capaz de contener la avanzada del poderío estadunidense. Se estimaba que, en un futuro, Cuba sería el trampolín para "iniciar nuevas aventuras políticas en otras áreas del continente, una vez que se lograba limitar la acción de Estados Unidos".[16] Así pues, Cuba ofrecía grandes ventajas a la URSS en un momento en que la lucha política y estratégica entre ambas potencias estaba en plena confrontación. En este sentido, Blasier afirma que "Cuba sería el símbolo de la continua vitalidad del movimiento comunista, enalteciendo el prestigio mundial de la URSS".[17]

Al tiempo en que los soviéticos enviaron su petróleo a la isla, el régimen cubano suspendió el pago a los abastecedores estadunidenses e ingleses del crudo. Unas semanas después, la llegada a Cuba del petróleo soviético, la subsecuente necesidad de refinarlo en las compañías ubicadas en la isla –Esso Standard Oil, Shell, Texas Oil– y la negativa por parte de éstas a hacerlo, derivó en una profunda crisis entre Washington y La Habana. A partir de entonces se desencadenaron una serie de enérgicas medidas cubanas y severas reacciones estadunidenses que culminaron en 1962 con el embargo total hacia Cuba.

Frente a esta situación, la cámara baja de Estados Unidos aprobó a principios del mes de marzo de 1960 una propuesta en la

[15] B. Torres Ramírez, *op. cit.*, p. 27.

[16] Cole Blasier, "Moscow's Retreat from Cuba", *Problemas Internacionales*, vol. XL, núm. 6, Washington, US Information Agency, noviembre-diciembre de 1991, p. 92.

[17] *Ibid.*, pp. 92 y 93.

que se otorgaba al presidente la autoridad para recortar, a su discreción, las cuotas de azúcar cubana. En respuesta, el gobierno cubano acusó a su homólogo estadunidense de "transformar su actitud hostil hacia Cuba en acción directa y declarado apoyo a la agresión". Expresó su agradecimiento por la ayuda prestada a Cuba por los "países socialistas" y concluyó diciendo: "En estos momentos necesitamos todavía más su solidaridad, y estamos seguros de que la tendremos."[18] En respuesta a este señalamiento, la URSS estableció relaciones diplomáticas con Cuba el 7 de mayo de 1960, durante una visita que realizó a Moscú el político cubano Blas Roca.

Para continuar con su política antiimperialista, el 28 de julio de ese año Castro efectuó la nacionalización de las compañías estadunidenses, incluidas las petroleras. Estados Unidos reaccionó con el recorte total de la cuota de azúcar para ese año (1960), la cual ascendía a 700 000 toneladas. Fue entonces cuando la URSS y China se comprometieron a comprar la mayor parte de la misma.

Un mes más tarde, en agosto de 1960, Castro nacionalizó otras seis empresas estadunidenses. Entre éstas se encontraban la compañía de teléfonos, propiedad de la ITT; la compañía de luz, propiedad de Ebasco, y propiedades de la United Fruit Co. Para octubre, el régimen cubano expropió el resto de las propiedades e inversiones estadunidenses con un valor total de 2 mil millones de dólares[19] (bancos, ferrocarriles, destiladoras, plantas azucareras, manufactureras de textiles, constructoras, etc.); asimismo, expropió los bienes de los empresarios cubanos.[20] Ese

[18] Andrés Suárez, "Castro entre Moscú y Pequín", *Problemas del comunismo*, vol. X, núms. 4-5, julio-octubre de 1963, United States Information Agency, Washington, p. 20.

[19] George Thomas Kurian, *Encyclopedia of the Third World*, vol. 1, 3a.ed., Nueva York, Facts on File Inc, 1987, p. 527; Business International Corporation, *op. cit.*, p. 15. Las inversiones de Estados Unidos expropiadas por el régimen cubano ascendieron a mil millones de dólares según Margaret Doxey, *Economic Sanctions and International Enforcement*, 2a. ed., Nueva York, Oxford University Press, 1980, p. 35.

[20] Business International Corporation, *op. cit.*, pp. 15-27; Jaime Suchlicki, "Cuba and the United States" en Georges Fauriol y Eva Loser, *Cuba: The International Dimension*, Nueva Jersey, Transaction Publishers, 1990, pp. 43-47; B. Torres Ramírez, *op. cit.*, pp. 24-37.

mismo octubre de 1960, Eisenhower decretó el embargo sobre las exportaciones estadunidenses hacia Cuba, con la excepción de alimentos y medicinas. La planta industrial cubana, dependiente en 90% de la maquinaria estadunidense, fue sin duda el sector más afectado por esta medida.[21] Esta escalada en la tensión entre ambos países se selló cuando el gobierno de Estados Unidos decidió romper las relaciones diplomáticas en enero de 1961.

La incorporación de Cuba a la comunidad socialista, como ya lo hemos señalado, fue anunciada de manera formal en diciembre de 1961, cuando Castro hizo pública su afiliación marxista-leninista y definió a la revolución cubana como un movimiento socialista y antiimperialista. En cierta manera, este viraje de la revolución cubana es el producto de la política de presión que sobre Cuba ejercía en esos momentos el gobierno estadunidense. En el marco de los actos anticastristas, la Casa Blanca permitió el entrenamiento de decenas de exiliados cubanos, radicados en Miami para que invadieran la isla. El desembarco de los contrarrevolucionarios cubanos se llevó a cabo en abril de 1961, con el apoyo de algunas agencias de seguridad nacional de Estados Unidos.

La situación política interna en Cuba, que por cierto no era del todo estable, hizo pensar que los invasores triunfarían. Sin embargo, los resultados del desembarco de contrarrevolucionarios en la Bahía de Cochinos concluyó con la derrota de la expedición. Esto permitió a Castro Ruz consolidar su prestigio y posición.

Los resultados negativos de la empresa anticubana enfurecieron más al gobierno de Estados Unidos, que emprendió nuevas campañas anticubanas; recurrió a otros métodos para desestabilizar el gobierno revolucionario: aislar a Castro y procurar el estrangulamiento de la economía cubana. Para ello, Washington se basó en la instrumentación de medidas políticas y económicas más severas. En cuanto a las primeras, Estados Unidos logró que Cuba fuera excluida de la Organización de Estados Americanos (OEA) en enero de 1962.[22] En lo que respecta a las medidas económicas, en febrero de 1962, Kennedy extendió el embargo

[21] Andrew Zimbalist y Claes Brundenuis, *The Cuban Economy*, Baltimore, The Johns Hopkins University Press, 1989, p. 77.

[22] Más tarde, en 1964, la OEA votó por la suspensión de las relaciones comerciales y diplomáticas con Cuba, situación en la que sólo México se negó a participar.

a las importaciones cubanas procedentes de Cuba o de un país tercero.[23] Asimismo, estableció que los barcos que llegaran a la isla no tendrían entrada a los puertos estadunidenses sin un permiso oficial.[24]

Hay que puntualizar que fue precisamente la política económica de Washington hacia Cuba, desde octubre de 1960 hasta febrero de 1962, lo que provocó el drástico cambio de la distribución geográfica del comercio cubano. El intercambio comercial se volcó hacia el bloque socialista y se establecieron los primeros vínculos económicos con países situados a una distancia cinco veces mayor que la existente con el tradicional mercado estadunidense. Solamente en 1961, las exportaciones de Cuba a los países socialistas representaron 73% del total, mientras que las importaciones fueron equivalentes a 70% del intercambio comercial global de la isla. En contraste, Estados Unidos adqui-

[23] M. Doxey, *op. cit.*, p. 35; A. Zimbalist y C. Brundenuis, *op. cit.*, p. 77.

[24] Finalmente, en 1963, el gobierno estadunidense prohibió las transacciones en dólares con este país y congeló los bienes y activos cubanos situados en Estados Unidos.

En esta forma, el bloqueo estadunidense adquiría un carácter multilateral: las exportaciones estadunidenses a Cuba estaban prohibidas; las subsidiarias de ese país no podían comerciar con la isla; cualquier país que mantuviera relaciones comerciales con Cuba se enfrentaba a sanciones económicas por parte de Estados Unidos, y por último, las importaciones cubanas que provinieran de la isla o de un tercer país no tenían acceso al mercado estadunidense.

Cabe destacar que esta situación de franca enemistad prevaleció hasta la primavera de 1975, cuando hubo un intento por normalizar las relaciones entre Washington y La Habana. El gran logro de ese año fue que Estados Unidos decidió levantar la aplicación del embargo en lo que respecta a un país tercero. Esta modificación permitió el surgimiento de nuevas condiciones comerciales: las subsidiarias de corporaciones estadunidenses localizadas en territorio extranjero tuvieron acceso al comercio con Cuba. Sin embargo, el presidente Ford suspendió tal esfuerzo debido a la intervención cubano-soviética en Angola en 1976.

Hacia 1977, durante la administración Carter, hubo otro breve periodo de acercamiento entre ambas naciones. Fue entonces cuando se levantó la prohibición para que el turismo estadunidense viajara a la isla. En forma paralela, Moscú y Washington iniciaron las negociaciones del control de armas que culminó con la firma del acuerdo SALT II por parte de Carter y Brezhnev en el verano de 1979. Sin embargo, entre 1977-1978, militares cubanos y soviéticos intervinieron en Etiopía, lo cual no sólo causó el retroceso en la normalización de relaciones entre Cuba y Estados Unidos, sino que además afectó el proceso de negociación del SALT II. El Senado estadunidense se negó definitivamente a ratificar dicho acuerdo tras la invasión soviética de 1979 en Afganistán.

rió 4.8% de las exportaciones cubanas y abasteció 3.7% del total de las importaciones.[25] Esas primeras pero intensas relaciones con los países socialistas favorecieron el conocimiento mutuo de los mercados, sistemas comerciales y de pagos, estructuras productivas, etc., al tiempo que evitaron la asfixia económica de Cuba, la cual sufrió un embargo total estadunidense a partir del 3 de febrero de 1962 (véase el cuadro I.1).

CUADRO I.1
Distribución del intercambio comercial total cubano por grupos de países (*porcentajes*)

	1958	*1965*	*1970*
Países capitalistas	84	17	25
Exportación	87	15	21
Importación	82	19	28
CAME	1	62	64
Exportación	2	67	65
Importación	2	61	63
Otros*	15	21	11

* Incluye China y países en vías de desarrollo.
Fuente: *Anuario Estadístico de Cuba, 1982*, p. 317 citado por Julio Díaz Vázquez, *Cuba y el CAME*, La Habana, Editorial Ciencias Sociales, 1988, p. 33 y J. Pérez-López, *op. cit.*, p. 316.

Como señalamos anteriormente, a partir de febrero de 1960, Cuba comenzó a recibir mayor apoyo de la URSS a través de la firma de protocolos anuales para el suministro de mercancías, principalmente petróleo, pero también en lo relativo a la adquisición de equipo manufacturero y compra de cuotas fijas de azúcar. También tomó gran importancia la preparación de cuadros: arribaron a la isla 150 técnicos soviéticos y partieron hacia la URSS más de mil estudiantes cubanos. Para finales de ese año, la mayor parte del petróleo recibido por Cuba provino de la URSS y en 1961 esta potencia ocupó el primer lugar en el comercio exterior de Cuba con una participación superior a 45% del total.[26]

[25] Jorge Pérez-López, "Cuba's Foreign Economic Relationships" en Georges Fauriol, *op. cit.*, p. 317.
[26] B. Torres Ramírez, *op. cit.*, p. 41.

Así, mientras que en 1958 Estados Unidos era el principal socio comercial de Cuba debido a que el 69% del intercambio comercial total cubano dependía de la potencia capitalista, en 1970 la participación de la URSS en el intercambio comercial de Cuba ascendió a 52%.[27] Las cifras siguientes ilustran el rápido incremento de las relaciones comerciales con la potencia socialista.

CUADRO I.2a
Relaciones comerciales de Cuba con la Unión Soviética
(millones de rublos)

Año	*Importaciones*	*Exportaciones*
1960	67	93
1961	285	281
1962	210	330

Fuente: *Yearbook of International Trade Statistics, 1966*, United Nations, Nueva York, p. 834, citado por Blanca Torres Ramírez, *op. cit.*, p. 42.

Si comparamos estas cantidades de intercambio comercial que presentaron la Unión Soviética y Cuba a principios de los sesenta con las que tuvieron ambas naciones antes de la revolución cubana, podremos tener una idea de la gran importancia que empezó a tomar la URSS en la economía de la isla después del triunfo de la revolución de Castro (véase cuadro I.2b).

Cabe destacar que 80% de las exportaciones cubanas hacia la URSS estaban constituidas por azúcar, y el resto por níquel y tabaco. En cambio, la Unión Soviética exportaba hacia la isla todo tipo de productos: petróleo, fábricas completas, trigo, camiones, refacciones, artículos manufacturados, productos químicos, alimentos y bebidas, etcétera.

Además de la Unión Soviética, resulta necesario mencionar el papel que desempeñaron otros países socialistas en el sustancial aumento del comercio de Cuba y el mundo socialista. Checoslovaquia ayudó en el desarrollo de la industria eléctrica y, junto con los soviéticos, proporcionó asistencia técnica para poner en funcionamiento las dos fábricas cubanas de níquel, Nícaro y Moa. Por su

[27] Comité Estatal de Estadísticas (CEE), *Cuba en cifras 1989*, La Habana, CEE, 1990, p. 99.

parte, la República Democrática Alemana (RDA) colaboró en el desarrollo de la industria del cemento. Cuba adquirió alrededor de cien plantas pequeñas provenientes de Checoslovaquia y la RDA.

CUADRO I.2b
Relaciones comerciales de Cuba con la Unión Soviética
(miles de pesos cubanos)

Año	*Importación*	*Exportación*
1940	441 000	–
1945	1 447 000	4 259 146
1946	7 015 000	186 290
1947	900 000	5 752 000
1948	7 435 000	–
1949	2 619 000	80 000
1950	2 473 000	–
1951	2 626 000	40 000
1952	649 000	–
1953	–	763 499
1954	8 716 000	808 463
1955	119 000	36 416 312
1956	271 000	14 223 391
1957	1 147 000	41 981 000
1958	1 678 000	14 077 008

Fuente: Ángel García y Piotr Mironchuk, *Raíces de las relaciones cubano-soviéticas*, Editorial de Ciencias Sociales, 1988, La Habana, p. 139.

En agosto de 1961, Ernesto Guevara anunció el monto de los créditos provenientes de los países socialistas: URSS, 200 millones de dólares; China, 60; Checoslovaquia, 40; Rumania, 15; Hungría, 15; Polonia, 12; RDA, 10; Bulgaria, 5. Esto significa que el total de los créditos concedidos a Cuba por el mundo socialista para su desarrollo industrial era, a mediados de 1961, de 357 millones de dólares.[28] Luego entonces, estos países proporcionaban a Cuba el 50% del capital para su programa de inversiones industriales del quinquenio 1961-1965.

Sin embargo, en octubre de 1962, en vísperas de la conclusión de esta primera estrategia económica, la luna de miel entre Moscú y La Habana se interrumpió de manera violenta. El motivo: la crisis

[28] B. Torres Ramírez, *op. cit.*, p. 40.

de los misiles, un suceso en el que se vieron involucrados los gobiernos de Cuba, la URSS y Estados Unidos. Para algunos especialistas en relaciones Cuba-URSS, el *affair* de los misiles soviéticos en Cuba se inició el 9 de julio de 1960, cuando el líder soviético Nikita Krushchev señaló de manera figurada, en uno de sus discursos, que los "artilleros soviéticos, en el caso de necesidad, estarían dispuestos a apoyar al pueblo cubano con el poderío de fuego de sus cohetes, si las fuerzas agresoras del Pentágono osaban emprender una intervención contra Cuba". Al día siguiente, Castro agradeció el respaldo de Krushchev, y advirtió que el proceder del gobernante soviético era "totalmente espontáneo" y que los cohetes en cuestión eran verdaderos y no meramente simbólicos.[29]

Este apoyo de Krushchev a Cuba —que en esos momentos era más simbólico que real, ya que en el fondo lo que buscaba la URSS era la distensión con Washington—, permitió a Fidel Castro vanagloriarse por el hecho de que los "cohetes que por tanto tiempo había soñado, venían en camino", y de que Rusia y China lo reconocieran como el líder máximo de la revolución socialista cubana.

Con la intención de mitigar su exabrupto, el líder soviético anunció días después que su país estaba dispuesto a otorgar a Cuba, para su defensa, todo tipo de armas convencionales.

A la luz de esta declaración, Castro Ruz vio como un acto natural la decisión de Nikita Krushchev de enviar misiles a la isla del Caribe para protegerla de las amenazas estadunidenses. Sin embargo, algunos asesores del presidente Kennedy comprendieron que la verdadera razón por la que la URSS enviaba misiles a Cuba no era tanto para resguardar a la isla del peligro yanqui como para alcanzar un balance de armas estratégicas con Estados Unidos, precisamente en esta región del Caribe.

Así las cosas, el 16 de octubre de 1962, poco después de las seis de la mañana, la Casa Blanca recibió las primeras fotografías tomadas a bordo de un U-2 estadunidense, en las cuales se podía observar que los soviéticos estaban instalando en suelo cubano

[29] A. Suárez, *op. cit.*, p. 20.

misiles tierra-tierra (con capacidad para transportar cabezas nucleares) capaces de alcanzar territorio estadunidense.[30]

Este hecho marcó el principio de un enfrentamiento entre las dos grandes potencias atómicas, las cuales utilizaban a Cuba como su rehén político, y al mismo tiempo colocaban a la humanidad al borde de la hecatombe nuclear.

La confirmación de la instalación de misiles en Cuba determinó que, el 22 de octubre por la noche, el presidente Kennedy dispusiera un bloqueo marítimo a Cuba, con el fin de impedir la llegada de más barcos soviéticos cargados con misiles y cabezas nucleares.

En su discurso de esa noche, ante la audiencia estadunidense, el presidente Kennedy recalcó que el bloqueo era sólo el paso incial ya que se contemplaba también, en caso de agresión o frustración de éste, una ulterior acción militar. Esto obligó al secretario de Defensa estadunidense Robert McNamara a precisar en un informe confidencial que se requerirían 250 mil hombres, 2 mil vuelos contra los objetivos de Cuba y 90 mil marineros y soldados aerotransportados como tropa de invasión para atacar la isla.

En una carta que dirigió el presidente Kennedy a Krushchev, el mandatario estadunidense le indicaba a su homólogo soviético que la URSS debería acatar el bloqueo que legalmente había establecido la Casa Blanca contra Cuba ya que su país no deseaba hacer fuego contra ningún barco soviético.

El 27 de octubre, durante los momentos más álgidos de la crisis, y ante la presión de la flota estadunidense, 20 barcos soviéticos tuvieron que detenerse en el borde de la línea de bloqueo, para evitar el inicio de la conflagración.

Finalmente, la crisis de los misiles concluyó, una vez que Estados Unidos aceptó retirar sus armas nucleares tácticas de Turquía y disminuir su presencia en Berlín, a cambio de que la URSS retirara sus misiles nucleares de Cuba.

Por su parte Fidel Castro, aun después de que Krushchev aceptara el retiro de los misiles de suelo cubano, dejando con esto muy mal parado al líder de ese país, reiteró su fe en la URSS, y

[30] Robert F. Kennedy, *Trece días: la crisis de Cuba*, Madrid, Plaza & Janés Editores, 1978.

se refirió a ésta calificándola como "firme, serena y cargada de razones".

Más tarde, cuando se puso en claro que Cuba había sido abandonada por Krushchev, Castro ordenó derribar cualquier avión intruso, tratando con esto de impedir que su imagen se siguiera deteriorando.

De esta manera, durante la crisis de los misiles, Moscú descubrió que aunque Washington no era partidario de una intervención militar directa en contra de Castro, sí estaba determinado a excluir la presencia militar soviética en la región y a imponer además severos límites a las actividades soviéticas.[31]

Las relaciones entre La Habana y Moscú se enfriaron aún más a raíz del discurso que pronunció Castro el 2 de enero de 1963, con motivo del aniversario del triunfo de la revolución. En su alocución, Castro censuró el "conformismo", la "política de esperar indefinidamente para emprender una revolución", la factibilidad del "camino pacífico hacia el socialismo", y el olvido por parte de Moscú de la revolucionaria Segunda Declaración de La Habana.

Sin embargo y sopesando las desventajas que le traería una ruptura con la URSS, el 8 de febrero de 1963 Castro Ruz "disculpó" a los soviéticos por su acción negativa a los intereses cubanos y accedió a concertar un nuevo convenio comercial con su metrópoli, a través del cual obtendría un crédito a largo plazo en "condiciones favorables" para contrarrestar el déficit de la balanza de pagos proveniente de su incapacidad para cubrir las importaciones soviéticas.

Finalmente, la reconciliación entre La Habana y Moscú llegó a su culminación con la visita de Fidel Castro a la URSS. El comunicado oficial que se emitió al término de la estadía oficial del líder cubano a Moscú y el discurso que éste pronunció al volver a La Habana sirvieron por igual para confirmar la reanudación de los vínculos de amistad entre las dos naciones socialistas.

[31] Humberto Garza Elizondo, *La política exterior de la Unión Soviética*, reporte de investigación del Centro de Estudios Internacionales de El Colegio de México, abril de 1978, p. 47 (inédito).

HACIA LA ZAFRA DE LOS 10 MILLONES DE TONELADAS (1963-1970)

La estrategia económica de la industrialización y de la sustitución de importaciones que Castro implementó en 1959 no logró los objetivos planeados. El intento de crear una base nacional de materias primas y de medios de producción en forma rápida se manifestó en esos momentos como una tarea irrealizable. Entre los principales obstáculos estaban: la falta de personal capacitado, la necesidad de materias primas importadas —varias de ellas provenientes del mundo capitalista— y la insuficiencia del monto de las inversiones reales.

Como resultado de esa estrategia, se relegó la producción de azúcar al orientar la mayor parte del capital hacia las industrias eléctrica, metalúrgica, del cemento y refinación del petróleo. El país gastó la mayoría de sus recursos en la importación de equipo pesado, bienes de capital y hasta fábricas enteras provenientes del bloque soviético. Es necesario señalar además que las condiciones locales no eran las adecuadas para el funcionamiento de esa maquinaria. Por ejemplo, dos plantas de cemento importadas de Checoslovaquia requerían grandes cantidades de petróleo y agua, ambos elementos escasos en la isla; por su parte, los tractores utilizados en Siberia resultaron inadecuados en el trópico.[32]

Esto tuvo pésimas consecuencias debido a que se descuidó a la industria existente. Como resultado se obtuvo un nivel de producción por debajo de la capacidad instalada y un descenso en los niveles de producción agrícola, al grado de que hasta se introdujo el racionamiento alimentario. El fracaso de la estrategia industrializadora de principios de los sesenta se manifiesta en el producto social global (PSG) de -8% de 1962 y de -1.1% de 1963.[33]

[32] Business International Corp., *op. cit.*, p. 25.

[33] El producto social global (PSG) corresponde al valor de los bienes producidos y de los servicios productivos prestados en el país durante el año en que se informa. El PSG excluye los servicios clasificados como no productivos, tales como: comunales, de vivienda, educación, arte, deportes, defensa, salud pública, administrativos y otros que clasifican como parte del consumo no productivo. El PSG corresponde a la producción del sector estatal, de las cooperativas agropecuarias, así como de las entidades privadas que clasifican en los sectores agropecuario, transporte y comunicaciones. Fuente: Comité Estatal de Estadísticas, *Anuario Estadístico de Cuba 1989*,

En los hechos, el sector externo seguía siendo el eslabón clave en el proceso de reproducción. La economía cubana era todavía una economía exportadora tradicional, profundamente dependiente del comercio internacional. Los esfuerzos realizados entre 1959 y 1963 para disminuir el peso del principal producto exportador sobre la economía cubana, resultaron inútiles (véase el cuadro I.3).

CUADRO I.3
Porcentaje del azúcar en el total de las exportaciones cubanas

Año	*Porcentaje*
1958	81
1961	85
1965	86
1966	85
1970	77

Fuente: *Anuario Estadístico de Cuba, 1981*, citado por Naufal Tuena, *La construcción económica del socialismo en Cuba*, México, Instituto de Investigaciones Económicas, UNAM, 1987, p. 108.

Solamente en la década 1949-1958, alrededor de 36% de su PNB era generado por exportaciones de azúcar, tabaco y minerales.[34] Era imposible realizar un cambio tan profundo en la estructura económica del país en sólo tres años, esto es, abandonar el modelo de monoproducción y monoexportación para transitar hacia la producción de bienes manufacturados.

De tal modo, se dejó a un lado la estrategia industrializadora y, a partir de 1963, se consideró a la producción azucarera como rama decisiva en la evolución económica del país. Los líderes movilizaron a la población para cumplir con esta nueva estrategia de desarrollo económico, el objetivo era producir 10 millones de toneladas de azúcar para 1970. Durante esos siete años (1963-1970), se destinó una enorme cantidad de recursos humanos y financieros a este sector, lo que supuso el abandono de otros aspectos económicos de importancia. A manera de ejemplifica-

La Habana, CEE, p. 81. Este indicador tiende a sobreestimar el valor de la actividad económica debido a que contabiliza doblemente los ingresos de varios sectores. Business International Corp., *op. cit.*, p. 33.

[34] Carmelo Meza-Lago, *op. cit.*, p. 16.

ción, las siguientes cifras ilustran el incremento del porcentaje del azúcar en el total de las exportaciones cubanas, como consecuencia del modelo adoptado hasta 1970 (véase el cuadro I.3).

Asimismo, hacia 1966 se promovieron las ideas del Che Guevara con el propósito de formar a un "hombre nuevo" con plena conciencia revolucionaria, cuya motivación fueran los incentivos morales y no los materiales, el trabajo voluntario y el bienestar social.

Si bien es cierto que la meta de la zafra de los 10 millones de toneladas era inalcanzable en parte por cuestiones técnicas –falta de planeación, insuficiente mano de obra calificada a causa de la emigración de profesionistas y la ausencia de una base productiva eficiente–, la centralización económica que se tradujo en ineficiencia burocrática y el sistema de incentivos al estilo del Che Guevara fueron factores que mermaron la consecución de dicho objetivo.[35] Esto último se debe a que la política de eliminar los incentivos materiales en favor de los morales generó un relajamiento en la disciplina laboral y el subsecuente ausentismo.

Por otra parte, la inestabilidad del mercado mundial azucarero imponía serias limitantes a las exportaciones cubanas y por consiguiente a los ingresos del país. Parte de la solución provino de la firma de un convenio con la Unión Soviética (1964), por medio del cual ésta se comprometía a comprar 24 millones de toneladas métricas de azúcar entre 1965-1970 a un precio estable, asegurando un volumen de venta de 3 millones de pesos.[36] El país mostró una recuperación económica entre 1964-1965; sin embargo, la eficiencia económica descendió en general durante los años restantes de esa década (véase el cuadro I.4). Esto se debió a los desequilibrios que generó la estrategia instrumentada desde 1963, para la cual el azúcar era el elemento clave del desarrollo cubano.

Rumbo al final de la década, el producto nacional bruto per cápita había declinado en un 15% en comparación con los años previos al régimen de Castro.[37] Asimismo, en ese periodo, el PSG observó tasas de crecimiento negativo, llegando al -1.3% en 1969.

[35] Frank T. Fitzgerald, "The Reform of the Cuban Economy, 1976-86: Organization, Incentives and Patterns of Behaviour", *Journal of Latin American Studies*, vol. 21, part 2, Cambridge, Cambridge University Press, mayo de 1989, p. 284.

[36] J. L. Rodríguez, *Dos ensayos sobre la economía cubana*, *op. cit.*, p. 100.

[37] G. T. Kurian, *op. cit.*, p. 524.

(véase el cuadro I.4) Se alcanzó una producción de 8.5 millones de toneladas de azúcar en 1970, pero no los 10 millones originalmente planeados.

CUADRO I.4
El Producto Social Global (PSG) de 1960-1970

Año	*Porcentaje*
1962*	-8.0
1963	-1.0
1964	7.3
1965	4.9
1966	-1.0
1967	–
1968	1.6
1969	-1.3

*1962 fue el año de más aguda crisis económica dentro del periodo 1959-1975. En su reporte del Primer Congreso del PCC, Castro señaló que el crecimiento promedio anual del PSG entre 1961-1965 fue de 1.9%. Si 1961 fue un buen año económico con un crecimiento aproximado de 4.5%, entonces el crecimiento estimado para 1962 sería de -8%.

Fuente: Juceplán, *Boletín Estadístico 1966*, *Anuario Estadístico de Cuba 1973 y 74*, Comité Estatal de Estadística 1975, citado por Blasier, Cole, *Cuba in the World*, Pittsburgh, University of Pittsburgh Press, 1979, p. 170.

El régimen de Castro creyó que la sola exportación de este producto solucionaría los problemas de la balanza de pagos y que con el tiempo la isla lograría la independencia económica de la potencia euroasiática. Sin embargo, el fracaso del objetivo planteado para 1970 de llegar a los 10 millones de toneladas de azúcar "dejó a Fidel en manos de la URSS y lo obligó a aceptar la intervención de ésta en las esferas de decisión de política interna e internacional".[38]

INDUSTRIALIZACIÓN CON BASE EN EL MODELO SOVIÉTICO DE PLANIFICACIÓN CENTRALIZADA (1971-1985)

A partir de los resultados de la zafra de 1970 se emprendió un análisis crítico del programa de desarrollo económico puesto en

[38] Alberto Recarte, *Cuba: economía y poder (1959-1980)*, Madrid, Alianza Editorial, 1980, p. 54.

práctica entre 1963-1970, que consideró a la industria azucarera como el sector capaz de garantizar el financiamiento externo e interno. La imposibilidad de obtener los 10 millones de toneladas de azúcar sirvió como un catalizador para el gobierno cubano, que se vio en la necesidad de acelerar el cambio en la política económica y poner en práctica un proceso multifacético de renovación. De tal forma, el régimen tuvo que reconocer los profundos desequilibrios causados por esa estrategia y optar, en forma inmediata, por un nuevo modelo económico de desarrollo. En consecuencia, La Habana reanudó sus estrechas relaciones con Moscú para mejorar en el quinquenio 1970-1975 la dirección económica en general y restablecer el equilibrio perdido en años anteriores. Incluso, Castro invitó a expertos soviéticos para que revitalizaran el cuerpo cubano de planeación, la Junta Central de Planificación (Juceplán).[39] Desde entonces, los planes y objetivos de la isla se delinearon en concierto con las necesidades del bloque soviético.

Con el propósito de impulsar el crecimiento económico cubano, en 1972 se firmaron cinco convenios con la URSS que incluyeron la renegociación de la deuda externa, el financiamiento del déficit en el comercio exterior hasta 1975, la colaboración económica y técnica, el suministro mutuo de mercancías y los mecanismos de regulación de precios de las exportaciones e importaciones. Sobre este último punto cabe destacar que en 1975 se estableció un nuevo mecanismo para fijar precios llamado de base deslizante, por medio del cual se buscó un equilibrio en los precios de productos importados y exportados por Cuba. Se estableció un precio mínimo de 500 rublos transferibles –unidad de cuenta no convertible a ninguna de las monedas duras– por tonelada de azúcar, y los incrementos en este precio fueron proporcionales al aumento de los precios de los productos exportados por la URSS a Cuba.[40]

Fue así como en el quinquenio 1970-1975 Cuba inició una fase de industrialización donde se procuró incrementar la eficiencia del sector

[39] Juceplán se organizó en 1960 y preparó planes anuales desde 1962. A partir de 1970, la planificación comenzó a realizarse con base en proyecciones económicas para el periodo 1970-1980. No fue sino hasta 1975 cuando Juceplán preparó el primer plan de mediano plazo para el quinquenio 1976-1980 en coordinación con los planes de los miembros restantes del CAME.

[40] CEPAL, *op. cit.*, pp. 183 y 185.

no azucarero e intensificar la mecanización del sector agrícola. Durante estos cinco años se sentaron las bases para lograr ese cambio de estrategia. No obstante, en los hechos, el azúcar continuó desempeñando un papel prioritario en la economía cubana, tal y como se ilustra en el cuadro I.5. Cabe mencionar que fue hasta 1976 cuando el modelo industrializador manifestó sus más claros resultados.

CUADRO I.5
Porcentaje de las exportaciones cubanas por productos: 1959-1988

Año	*Azúcar*	*Minerales*	*Tabaco*
1959	75.0	3.0	9.0
1965	85.8	7.4	4.7
1970	76.9	16.7	3.2
1975	89.9	4.7	1.8
1980	83.7	4.9	0.9
1981	79.1	7.9	1.3
1982	77.2	6.1	2.1
1983	74.0	5.4	1.9
1984	75.2	5.5	1.0
1985	74.5	5.1	1.5
1986	77.0	5.9	1.5
1987	74.3	6.1	1.7
1988	74.6	8.2	1.8

Fuente: Carmelo Meza-Lago, "Economic Effects of the Soviet/Eastern European Crisis on Cuba", *Paper for the Andrew W. Mellon Project on Eastern Europe and Cuba*, University of Pittsburgh, abril de 1992, p. 14a.

En este marco, consideramos oportuna la manera en que Naufal Tuena caracteriza el periodo 1970-1975. Según el autor, se trata de la culminación del proceso de modernización agrícola, así como del establecimiento de las condiciones para la industrialización. El énfasis seguía puesto sobre el sector azucarero con un especial impulso a los derivados del azúcar, y no sólo a las exportaciones del azúcar cruda. El objetivo para el primer quinquenio de los setenta era "crear las bases materiales de la construcción socialista, lo que marcaba la entradada a la primera fase del proceso de industrialización".[41]

[41] Georgina Naufal Tuena, *La construcción económica del socialismo en Cuba*, México, Instituto de Investigaciones Económicas de la UNAM, 1987, p. 65.

El cambio de estrategia a partir de 1970 no significaba que antes no hubiera existido apoyo al sector industrial, ni que ahora se pretendiera abandonar al sector agropecuario en aras de la industrialización. Por el contrario, se trataba de impulsar un proceso homogéneo de modernización de la estructura productiva apoyándose en los sectores clave de la economía.

La supervisión del nuevo modelo de desarrollo estuvo bajo la égida de los soviéticos, quienes veían a Cuba como un mercado seguro para sus productos y una fuente de materias primas. En este sentido, resulta de gran interés la forma en que se distribuyó la asistencia de la URSS entre 1960-1973 en los distintos sectores de la economía cubana. Si bien se atendió al objetivo de impulsar el desarrollo industrial de la isla, es un hecho que el capital también se destinó a las áreas estratégicas de mayor interés para la gran potencia. Así pues, 76% de la ayuda soviética se dirigió a la industria, 5.2% a la agricultura, 8.3% a investigaciones geológicas, 8.2% al transporte y la comunicación, 1.9% a la educación y salud.[42] Cole Blasier señala que es probable que la asistencia a la industria azucarera haya quedado incluida dentro del 76% de la ayuda al sector industrial.

La estrategia para impulsar la industrialización del país se acentuó en las resoluciones del Primer Congreso del PCC celebrado en 1975, donde se establecieron los lineamientos generales a desarrollar durante el quinquenio 1976-1980. Se planeó llevar a cabo el llamado Desarrollo Programado Industrial Gradual, que si bien proseguía con la tarea de modernizar la industria azucarera y de níquel con el fin de ampliar las exportaciones, también enfatizaba el aumento de las capacidades industriales para la producción de bienes de consumo (industria alimentaria y textil), para la construcción y la ampliación de la infraestructura económica del país.

La forma en que se distribuyeron las inversiones en los sectores industrial y agropecuario durante 1971-1975, 1976-1980 y 1981-1985 pone de manifiesto el énfasis del gobierno cubano para alcanzar los objetivos de industrialización. Si durante 1959-1970 se destinó en promedio un 34% del total de las inversiones al sector

[42] Cole Blasier y Carmelo Meza-Lago (eds.), "Comecon in Cuban Development" en *Cuba in the World*, Pittsburgh, University of Pittsburgh Press, 1979, p. 230.

agrícola y un 20% al industrial,[43] resulta evidente que la estrategia de desarrollo en aquellos años se centró en el sector azucarero. Como señalamos anteriormente, entre 1971 y 1975 se establecieron las bases para dar un giro hacia la industrialización, cuyos primeros resultados se manifiestan en el siguiente quinquenio (véase el cuadro I.6).

Estas cifras ilustran el cambio en la estructura de las inversiones a favor de la industrialización en 1976, aun cuando la estrategia se haya realizado desde principios del quinquenio anterior, en 1971. Así pues, mientras que en 1971-1975 se destinó 29% de las inversiones totales al sector agrícola y 21% al sector industrial, la proporción de las inversiones sobre dichos sectores varió en forma notable durante 1976-1980. Fue entonces cuando el porcentaje de las inversiones totales al sector agrícola cayó a 19%, en tanto que en la industria aumentó a 35 por ciento.

CUADRO I.6
Distribución de las inversiones totales y crecimiento en los sectores industrial y agrícola *(porcentajes)*

	1971-1975	*1976-1980*	*1981-1985*
Sector Industrial:			
Inversión	21.0	35.0	36.0
Crecimiento	8.7	2.7	8.6
Sector Agropecuario			
Inversión	29.0	19.0	23.0
Crecimiento	2.5	4.0	2.7

Fuentes: 1971-1975, CEPAL, *Cuba: estilo de desarrollo...*, p. 188. 1976-1980, Zimbalist, *Cuban Political Economy*, p. 141. 1981-1986, Informe Central al Tercer Congreso del PCC, *Anuario Estadístico de Cuba 1986, 1988, 1989.*

De 1970 a 1980, según Zimbalist, gracias a esta estrategia, la producción total de la industria creció en 80%, mientras la agricultura aumentó en 27%. Sin embargo, y a pesar de este cambio, la isla no logró disminuir su dependencia sobre las exportaciones de azúcar (véase el cuadro I.7).

[43] G. Naufal Tuena, *op. cit.*, p. 113.

CUADRO I.7
Porcentaje del azúcar en el total de las exportaciones

1975	90	1982	77.0
1976	88	1983	74.0
1979	84	1984	75.5
1980	83	1985	74.5
1981	79	1989	73.2

Fuente: Comité Estatal de Estadísticas, *Anuario Estadístico de Cuba, 1988 y 1989,* citado por Zimbalist, *Cuban Political Economy*, pp. 7 y 141.

La adopción de esta nueva estrategia a favor de la industria no fue sencilla. Para lograr su viabilidad, el gobierno cubano instrumentó una política económica distinta a la del periodo anterior y que prevaleció hasta 1985. Ésta consistió en la "liberalización" de la economía, a través de la utilización de ciertos mecanismos de mercado (incentivos materiales, estabilidad), mercados privados de consumo y mayor autonomía administrativa-ministerial dentro del patrón de planificación central.

A diferencia de los sesenta, las autoridades confiaron en que los incentivos materiales serían más eficaces para lograr un aumento de la productividad. En 1973, el principio de "a cada quien conforme a su trabajo" fue promulgado oficialmente como base de un sistema rectificado de incentivos: las escalas oficiales de salarios fueron ampliadas con el fin de marcar una diferencia a favor de los empleos que requiriesen de mayores niveles de habilidad y responsabilidad.

La decisión más significativa de la estrategia de la "liberalización económica" fue la institución del Sistema de Dirección y Planificación de la Economía (SDPE) aprobado en el Primer Congreso del PCC en 1975, pero que no comenzó a implantarse hasta 1978.[44] El SDPE conjugó la dirección económica centralizada con un nivel de autonomía de las empresas, utilizando ciertos criterios monetarios. Dentro de sus funciones se encuentran las siguientes: disminuir la planeación económica central; conformar empresas relativamente autónomas con la responsabilidad de obtener ganancias dentro de los límites fijados por los controles de precios y créditos; delegar mayor autoridad a los gerentes de las empresas

[44] Cabe señalar que el SDPE fue dotado de un carácter similar al de las reformas que impulsó Alexander Kosigin en la Unión Soviética en 1965.

estatales; introducir el concepto de rentabilidad como medida del desempeño empresarial; establecer un plan para el autofinanciamiento de las empresas; incorporar a la toma de decisiones de la planta productiva conceptos como la contabilidad de costos y controles de inventario, y finalmente, fortalecer los incentivos materiales para los trabajadores.[45]

En forma simultánea, se suavizaron muchas restricciones contra el autoempleo. Para 1980 había surgido un grupo de pequeños fabricantes, un incipiente sector de construcción de viviendas, así como los mercados agrícolas y artesanales libres.

La "liberalización" parcial de la economía dio como resultado tasas de crecimiento elevadas, a diferencia de las obtenidas en la década de los sesenta cuando la economía estaba hipercentralizada bajo el modelo "guevarista"[46] (véase el cuadro I.8).

CUADRO I.8

El Producto Social Global (PSG) de 1970 a 1985

1970	*1971*	*1972*	*1973*	*1974*	*1975*	*1976*	*1977*
15.4%	7.3%	16.2%	14.4%	12.5%	12.0%	1.2%	3.9%

1978	*1979*	*1980*	*1981*	*1982*	*1983*	*1984*	*1985*
11.2%	3.8%	4.8%	15.0%	4.0%	5.0%	7.5%	4.4%

Fuentes: CEPAL, citado por Andrés Serbin, *et al.*, *El Caribe hacia el 2000*, Venezuela, Nueva Sociedad, 1991, p. 337. Sobre la base de cifras oficiales de *Granma*, 15 de abril de 1984 y 12 de febrero de 1989.

Resulta necesario reconocer que el alto ritmo de crecimiento de la economía cubana durante la primera mitad de los setenta no

[45] Dennis M. Hanratty, "Perspectivas discrepantes sobre la Cuba de Castro", *Problemas Internacionales*, vol. XXXVIII, núm. 5, Washington, US Information Agency, septiembre-octubre de 1989, p. 114.

[46] El propósito de este modelo fue forjar el Estado comunista por medio de la planeación eficiente y la elevada conciencia social. Guevara consideró que la concentración de toda la información de los productos y recursos cubanos en computadoras de origen soviético permitiría la casi perfecta alocación de los recursos del país. Sin embargo, el periodo estuvo marcado por la improvisación económica, la excesiva centralización de la economía y el descenso en los niveles de crecimiento manifestados en el PSG.

se debió únicamente a la "liberalización"; el alza en los precios mundiales del azúcar, así como los fijados en el mercado socialista durante 1973 y 1974 jugaron un papel determinante sobre dicho crecimiento. El alza de precios en el principal producto de exportación influyó de manera positiva sobre la economía de Cuba. Según datos de la CEPAL, en 1972 la libra de azúcar en el mercado mundial costaba 7.27 centavos de dólar; en 1973, 9.45, y en 1974, 29.66 centavos. El auge en el precio del azúcar aumentó los ingresos en divisas. La isla tuvo entonces fondos disponibles para adquirir insumos importados en los mercados occidentales, lo que benefició a varios sectores de la economía del país.[47]

El aumento en el precio del azúcar coincidió con un incremento en la cantidad exportada. De tal forma, en 1974 la participación del azúcar en el valor total de las exportaciones cubanas se elevó de 80% a 90%. Por otra parte, ante el hecho de que el precio del azúcar en Occidente superó al del mercado socialista, se modificó la distribución geográfica de las exportaciones, aumentando las ventas a los países de economías de mercado. Como lo indica el cuadro I.9, las exportaciones a Occidente aumentaron de 26% a 40% en sólo tres años. Con ello, Cuba tuvo la oportunidad de obtener mayores ingresos en divisas, pero sólo durante el breve periodo del auge azucarero. Una vez que comenzó la caída del precio mundial del azúcar a partir de 1975, el comercio cubano volvió a reorientarse principalmente hacia la URSS. Las exportaciones de azúcar cubana hacia ese país habían disminuido hasta 36% en 1973. En este sentido, cabe afirmar que el intercambio comercial con Moscú se caracterizó por una relación de proporción inversa a los precios mundiales del azúcar (véase el cuadro I.9).

Sin embargo, la coyuntura económica favorable cambió en 1975. Un año antes, la libra de azúcar alcanzó un precio de 29.66 centavos de dólar y en 1975 el precio descendió a 20.37 centavos de dólar. En otras palabras, el precio mundial del azúcar declinó en una cuarta parte de su nivel anterior en cuestión de un año. El precio internacional del azúcar bajó en forma sucesiva hasta que en 1978 una libra de azúcar costaba 7.80 ctvs. de dólar. Como consecuencia, se efectuaron recortes en los planes que requerían

[47] CEPAL, *op. cit.*, pp. 40 y 41.

insumos importados, ya que los ingresos en divisas provenientes del azúcar se utilizaban para promover otros sectores económicos. Así pues, la tasa de crecimiento anual del PSG descendió a un nivel muy inferior al registrado en los inicios de los setenta. Si en 1975 el PSG ascendió a 12%, en 1976 bajó a 1.2 por ciento (véase el cuadro I.8).

Cuadro I.9
Porcentaje de la distribución del comercio cubano con el exterior: 1965-1989

	1965	*1970*	*1975*	*1980*	*1985*	*1988*	*1989*
Países socialistas	77.2	71.9	59.9	75.8	86.3	87.1	83.2
CAME	61.7	63.8	56.4	71.6	83.1	83.6	78.9
URSS	48.2	51.7	48.0	60.0	70.5	69.1	64.7
Resto de países socialistas	13.5	12.1	8.4	11.6	12.6	14.5	14.2
Economías de mercado	22.8	28.1	40.1	24.2	13.7	12.9	16.8

Fuente: Carmelo Meza-Lago, "Economic Effects of the Soviet/Eastern European Crisis on Cuba", *Paper for the Andrew W. Mellon Project on Eastern Europe and Cuba*, University of Pittsburgh, abril de 1992, p. 7a.

La consolidación de una mejor coordinación con los países socialistas evitó un desequilibrio más profundo en la economía cubana. En particular, cabe resaltar que los subsidios soviéticos alcanzaron proporciones increíbles: en 1978, el azúcar vendida a la Unión Soviética se cotizó a 40.78 centavos de dólar por libra, mientras que el precio del mercado mundial era de 7.80 centavos de dólar.[48] En este sentido, en el cuadro I.9 observamos la manera en que el intercambio entre Cuba y la URSS tomaba su curso tradicional conforme los precios mundiales del azúcar caían y la isla ya no podía obtener mayores divisas a través del intercambio comercial con Occidente.

Dentro del proceso de renovación implementado en 1970, se contempló también una reforma administrativa. En este sentido, tal restructuración consistió en el llamado proceso "centra-

[48] *Ibid.*, pp. 74-81.

lista democrático", es decir, en la implantación de una nueva división político-administrativa del país. Anteriormente, la nación estaba dividida en provincias, regiones y municipios; a partir de entonces se suprimió la división regional y se establecieron 14 provincias y 169 municipios. El objetivo era definir áreas de trabajo y niveles de responsabilidad, establecer mejores vínculos entre las decisiones y su puesta en marcha, dar paso a una mayor descentralización, así como aumentar la participación desde abajo. Como parte de este proceso, entre 1970 y 1973 se reconstituyeron los sindicatos que prácticamente habían desaparecido a finales de los sesenta.

Asimismo, en 1976, se crearon los Órganos del Poder Popular (OPP) que dieron lugar a las elecciones locales para las Asambleas Municipales. Las asambleas Provincial y Nacional del Poder Popular se generaron a partir de las Asambleas Municipales, única instancia en donde se permitió el voto directo. Diversas funciones relacionadas con el consumo y el bienestar de la población quedaron subordinadas a los órganos locales del poder popular, tales como 75% de las empresas de comercio y gastronomía, 86% de las unidades de educación y 50% de las de salud pública.[49]

Finalmente, dentro de este proceso de reforma, en los años setenta se introdujeron las normas laborales con el propósito de impulsar el desarrollo económico y evitar la ineficiencia laboral. Asimismo, entre 1975-1976, se aprobó la primera Constitución socialista del país, sellando en forma definitiva el conocido proceso de la institucionalización del Estado socialista.[50]

De manera paralela a la "liberalización" de la economía y a la reforma administrativa instrumentadas en los setenta, el régimen aplicó una serie de medidas destinadas a combatir las desviaciones de las políticas internas aplicadas a principios de los sesenta y solicitó a la URSS mayor apoyo económico y asesoría administrativa. La asistencia económica de la potencia se reflejó en la importación cubana de bienes de capital soviético, lo cual

[49] *Ibid.*, p. 176.
[50] La consolidación del Estado socialista se logró con la vigencia de la primera Constitución socialista cubana de 1976, misma que sustituyó la Carta Magna anterior en vigor desde 1940.

fue fundamental para impulsar la estrategia industrializadora (véase el cuadro I. 10).

CUADRO I. 10
Importaciones cubanas de bienes de capital
(en millones de pesos cubanos)

País	*1970*	*1975*	*1980*	*1985*	*1987*
Total de importaciones	48 087	191 064	535 470	733 808	720 110
URSS	25 001	64 959	382 321	484 965	490 287
Alemania Democrática	–	2 219	–	–	–
Checoslovaquia	7 555	8 492	34 263	34 668	59 207
Rumania	–	–	–	3 227	169
Alemania Federal	–	7 269	102	1 723	2 244
Japón	382	10 090	3 387	10 294	5 628

Fuente: *Anuario Estadístico de Cuba 1985 y 1987*, citado por Bekarevich Alexander, *Unión Soviética y Cuba: cooperación económica (1970-1980)*, Instituto de América Latina, Moscú, Editorial Nauka, 1990, p. 190.

Dentro de las políticas que tuvieron desviaciones y que coadyuvaron a una baja en los niveles de productividad está la del pleno empleo, la cual originó problemas persistentes de escasa motivación y de ausentismo por parte de la fuerza de trabajo. Esto fue el resultado de la política aplicada en los sesenta para disminuir el desempleo, misma que se instrumentó a expensas de una marcada reducción de la productividad laboral. Fue entonces cuando Cuba implementó fórmulas de disciplina laboral muy diferentes a las de países capitalistas con el fin de fortalecer una disciplina de trabajo conforme con los valores ideológicos socialistas. Entre éstas, destacan las siguientes: la cooperación, la ayuda mutua, la trasmisión de experiencias, el desarrollo sociopolítico, técnico y cultural de los trabajadores, el trabajo voluntario.[51]

Otra consecuencia de la política de pleno empleo es que en ciertos sectores de la economía se produjo una sobrepoblación laboral mientras que en otros la mano de obra fue escasa. Así, la agricultura cañera resultó muy afectada, ya que gran parte de los

[51] CEPAL, *op. cit.*, pp. 53 y 54.

cortadores se desplazaron hacia otros sectores productivos. De tal forma, mientras que en el área rural la carencia de mano de obra obligó a acudir al trabajo voluntario, en otros sectores una parte de la población en edad de trabajar se mantenía ociosa.

En este marco, a principios de los setenta las políticas previas de igualdad fueron criticadas como errores idealistas y se implantaron políticas distributivas más realistas que tomaron en cuenta la productividad laboral. Se adoptaron diversas medidas correctivas, tales como la ley contra la vagancia (1971), que dio resultados inmediatos al disminuir el desempleo voluntario en casi dos terceras partes.[52] Asimismo, la tasa de productividad general se recuperó vigorosamente entre 1971-1975, pero declinó nuevamente entre 1976-1980 debido a la ineficacia en la aplicación de normas de trabajo.[53]

El aumento en los salarios como consecuencia de la redistribución de los ingresos, medida aplicada en los sesenta, fue otra de las políticas que tuvo consecuencias negativas para la economía cubana. El ingreso acumulado en forma de cuentas de ahorro y de circulante ascendió a 3 mil millones de pesos cubanos en 1970. Este exceso de liquidez, resultante de la escasez de productos a comprar en el mercado, derivó en el ausentismo, el relajamiento laboral, la pérdida de eficacia de los controles económicos y la subsecuente baja en la productividad. Para hacer frente a estos desajustes, la restructuración del sistema de precios adquirió prioridad dentro de la reorganización económica implementada en los setenta. Este nuevo sistema de precios "era indispensable para la reanudación de las relaciones de compra-venta entre las empresas, la valoración de los costos y la evaluación de la eficiencia".[54]

De tal forma, en 1971, se aplicó una política de precios más congruente con los costos. Se mantuvo inalterable el precio de la canasta básica, al tiempo que se amplió la disponibilidad (oferta) de productos con precios más altos en el mercado libre. Esto permitió captar una porción del circulante excesivo. Asimismo, se logró dar una dimensión más real a la escala de salarios, es decir,

[52] *Ibid., p. 179.*
[53] C. Meza-Lago, *op. cit.*, p. 284.
[54] CEPAL, *op. cit.*, p. 186.

éstos fueron vistos como un incentivo material, propiciando la participación del trabajador en el incremento de la productividad. En consecuencia, disminuyó el mercado negro que había surgido en los sesenta, alentado por los excedentes monetarios. También fue posible acercarse al equilibrio entre la demanda potencial, representada por el exceso de liquidez surgido a raíz del aumento de los salarios, y la oferta disponible de bienes y servicios.[55]

Dentro del contexto de mayor dependencia cubana hacia la URSS, los soviéticos incrementaron notablemente su asistencia en sectores clave de la economía de la isla, con el fin de integrarla en forma más intensa al campo socialista. El tono de las más estrechas relaciones bilaterales se reguló a través de la Comisión Intergubernamental Cubano-Soviética para la Cooperación Económica, Científica y Tecnológica. Esta comisión fue creada en diciembre de 1970, una vez que mejoraron las relaciones entre ambos países a raíz del apoyo brindado por Castro a la intervención soviética en Checoslovaquia en 1968. La primera reunión se celebró en La Habana en septiembre de 1971; más tarde, los encuentros anuales se realizaron en forma alternativa en ambas capitales. Cabe señalar que la Comisión Cubano-Soviética desapareció el 22 de diciembre de 1991, cuando se creó la Comunidad de Estados Independientes (CEI).

Por la importancia de la asistencia soviética sobre determinados sectores de la economía cubana, a continuación mencionaremos algunos rubros que recibieron más atención en el marco de la cooperación bilateral Cuba-URSS.

Sector agrícola/industria azucarera

Sin lugar a dudas, el sector que recibió mayor asistencia fue la industria azucarera, en todas sus etapas: plantación, cultivo, zafra, procesamiento y transporte. Especial importancia se otorgó a la mecanización de la zafra. En 1970, 15% del corte y el alza de la caña de azúcar era manual, 83% de la cosecha era semimecanizada (corte manual y alza mecanizada) y sólo 2% estaba totalmente mecanizada. Para finales de 1975, las proporciones eran las siguientes: 4% del corte y alza de caña de azúcar era manual; 71% de la cosecha

[55] *Ibid.*, pp. 77 y 179.

era semimecanizada, y 25% de la cosecha estaba mecanizada. En 1983, 52% de la corta de caña de azúcar se realizó con maquinaria, y en 1988 el nivel de mecanización aumentó a 63%, cuando sabemos que en 1970 sólo 2% de la zafra se realizaba con equipo pesado.[56]

La modernización y ampliación de los cañaverales existentes fue una segunda prioridad dentro del sector azucarero. Cuando Castro ascendió al poder, la mayoría de los cañaverales databan desde antes de la gran depresión de 1929. En 1965 se estableció un acuerdo de cooperación con varios países socialistas para renovar las fábricas azucareras. Para 1980, el equipo obsoleto se logró reducir a 50% y para 1986 disminuyó hasta 36%. Esto fue posible gracias a que más de 10% de las exportaciones soviéticas a Cuba estuvieron compuestas por maquinaria para la industria azucarera. Para 1987, Cuba era el segundo productor mundial de azúcar al proveer 25% de la producción mundial.[57]

De gran importancia fue el impulso que recibió la producción de cítricos. Según fuentes cubanas, antes de 1959 se destinaban 12 mil hectáreas para el cultivo de cítricos; en 1967, aumentó esta extensión de tierra a 24 mil hectáreas y en 1989 se utilizaron 180 mil hectáreas. Así pues, en 1988 Cuba pasó a ser el cuarto país exportador de cítricos en el mundo.[58]

En términos generales, la asistencia de la URSS en el sector agrícola se centró en la irrigación y el mejoramiento de la tierra con el uso de fertilizantes. Al respecto cabe señalar que, entre 1986-1990, 91% de los abonos y 94% de los granos utilizados en Cuba provenían de la URSS. Topógrafos soviéticos realizaron estudios sobre los recursos hidráulicos del país y diseñaron la construcción de 95 presas. Según fuentes soviéticas, la capacidad de agua en las presas cubanas se incrementó en más de 7.5 veces entre 1959 y 1973, al tiempo que la tierra cultivable con riego aumentó más de siete veces.[59]

[56] Ivan Petushkov, *Desarrollo integral de la industria azucarera de Cuba*, citado por G. Naufal Tuena, *op. cit.*, p. 103; y A. Zimbalist y C. Brundenius, *op. cit.*, p. 91.

[57] A. Zimbalist y C. Brundenuis, *op. cit.*, p. 89; The Economist Intelligence Unit, *Cuba, Country Profile 1990-1991*, Londres, noviembre de 1990, p. 16; Kurian, *op. cit.*, p. 526.

[58] "Empresarios españoles no temen invertir en Cuba", *Granma*, 15 de enero de 1989, p. 15.

[59] C. Blasier, *op. cit.*, p. 237.

Industria pesquera

La colaboración soviética-cubana en este sector fue especialmente exitosa, quizá debido a que las empresas pesqueras soviéticas se especializaban al tiempo que asistían esta área cubana. Como resultado de un acuerdo firmado entre ambos países en 1963, la URSS participó en la construcción de una gran base pesquera en el puerto de La Habana con instalaciones de refrigeración, almacenamiento, muelles secos para la reparación de barcos y facilidades de radio. A cambio, la isla ofreció servicio a las flotas soviéticas por un periodo de diez años. En 1972, el puerto era la base de 39 barcos pesqueros propios.

Los cubanos comenzaron a explorar no sólo aguas locales, sino también el Golfo de México, la parte occidental del Atlántico y puntos lejanos en el Caribe. Fue entre 1963-1973 cuando se crearon las Flotas del Golfo, de la Plataforma, Flota Camaronera del Caribe, Flota Camaronera de Cienfuegos, Flota Camaronera del Mariel y Flota Cooperativa. Éstas proporcionaban 88% del total de las exportaciones cubanas de productos marinos. El número de barcos cubanos aumentó rápidamente; la mayoría eran manufacturados por los soviéticos. En 1973 se llevó a cabo una renovación de la flota pesquera: aumentó la calidad y especialización en la extracción. Para 1981, existían 25 flotas, lo que situaba a Cuba en el octavo lugar mundial.

En este marco, el crecimiento de la extracción de productos marinos fue constante: en 1958, se pescaron 22 mil toneladas; en 1970, 106 mil toneladas; en 1975, 144 mil toneladas; en 1980, 186 mil toneladas; en 1985, 220 mil toneladas, y en 1986, 244 mil toneladas.[60]

Industria de la alimentación

La colaboración en esta área se inició conforme al acuerdo de abril de 1981. Entre 1981-1985 la URSS otorgó ayuda financiera para la construcción de tres complejos alimenticios: Perla y José Echeve-

[60] Alexander Bekarevich y Nikolai Kurajev, *Unión Soviética y Cuba: cooperación económica (1970-1980)*, Moscú, Instituto de América Latina, Editorial Nauka, 1990, p. 49.

rría en La Habana y Franco Pais en Santiago de Cuba. La industria del procesamiento de alimentos es la más grande del país: contabiliza 38% del valor agregado del total de las manufacturas cubanas.

Sector eléctrico

En 1960 ambos países firmaron un acuerdo para que la URSS proporcionara ayuda técnica para la construcción de electroestancias con base en petróleo con una potencia de 300 mil kilowatts. Entre 1962 y 1969 se construyeron dos plantas generadoras de luz en Mariel y Santiago de Cuba. Para 1970, ambas plantas generaron 40% de la electricidad total del país. En 1972, 1976 y 1981 se firmaron nuevos acuerdos de colaboración técnica-económica en esta área.

Casi toda la electricidad en Cuba se genera con termoeléctricas; éstas funcionan con base en el petróleo (tres millones de toneladas) suministrado por la URSS. Cabe destacar que antes del triunfo de la revolución, la producción de energía eléctrica era de 327 mil kilowatts; para mediados de los ochenta, ascendía a 850 mil megawatts. Esto significa que la generación de energía eléctrica aumentó unas 20 veces en los pasados 25 años, lográndose que alrededor de 95% de las casas cubanas posean electricidad.[61]

En 1967, Cuba y la URSS firmaron un acuerdo de cooperación en el campo de la energía atómica. La primera central nucleoeléctrica comenzó a construirse en Juragua en 1981 y se planeó que para 1994 estaría concluida la instalación con cuatro reactores. El objetivo era que la planta abasteciera el 20% del total de la energía del país, al tiempo que se ahorrarían 2.5 millones de toneladas de petróleo anuales. Sin embargo, en la actualidad, las instalaciones no están en operación.

Industria refinadora de petróleo

Antes de la revolución, Cuba tenía cuatro refinadoras que procesaban más de cinco millones de toneladas de petróleo anuales,

[61] *Ibid.*, p. 57; y The Economist Intelligence Unit, *Cuba: Country Profile 1990-1991*, p. 21.

además de tres pequeñas plantas: todas ellas controladas por el capital extranjero. En abril de 1960 se invitó a especialistas soviéticos que estudiaron la situación de la industria y recomendaron la construcción de una refinería con capacidad para procesar entre 1.5 y 2 millones de toneladas al año.

Sin embargo, la colaboración en esta área hasta 1970 fue limitada, aun cuando se preparaban cuadros cubanos en Moscú. En 1971 se firmó un acuerdo para que se llevara a cabo la modernización de las tres pequeñas refinerías con el fin de que su capacidad aumentara a siete millones de toneladas anuales. Entre 1976-1981 se firmó un acuerdo que elevó el nivel de la colaboración entre ambos países en el área: además de procesar el crudo, la isla también pudo almacenar petróleo en depósitos localizados a lo largo del territorio. También se construyeron puertos de embarque y desembarque del crudo. En los últimos años, comenzó la construcción de importantes proyectos conjuntos, tales como: la nueva planta refinadora para el procesamiento de seis millones de toneladas de petróleo anuales, ubicada en Cienfuegos (1980); el Combinado de Materiales Lubricantes en Santiago de Cuba (1980-1984); la construcción de un puerto para el almacenamiento del crudo en Matanzas (1985-1989); un gasómetro (almacenamiento de gas) en Marianao que comenzó a funcionar en 1980, etcétera.[62]

La escasez de yacimientos de petróleo en la isla obligó a que se importara alrededor de 95% del combustible que se consume en Cuba. En 1989, el país produjo sólo 6% de sus requerimientos de petróleo y el resto fue suministrado por la URSS. Según fuentes soviéticas, el 100% del petróleo y gas utilizado en Cuba durante 1986-1990 provino de la URSS.

Industria del níquel

Después del azúcar, el níquel ocupa el segundo lugar de importancia dentro de las exportaciones cubanas. Cuando el gobierno de Castro nacionalizó las plantas de Nícaro y Bahía Moa, las plantas procesadoras del metal estuvieron cerradas durante seis meses

[62] A. Bekarevich, *op. cit.*, pp. 59-64.

hasta que en 1961 se firmó un acuerdo con la URSS para recibir especialistas, equipo, refacciones y materiales con el fin de reiniciar la operación de las minas. Más tarde, en 1972 se pactó aumentar la cooperación técnica en ambas plantas; posteriormente, en 1976 y 1981 se firmaron nuevos acuerdos para impulsar la modernización de las instalaciones existentes, con lo cual se logró que en ciertos años la producción alcanzara las 40 mil toneladas. Asimismo, con la ayuda de la URSS se instaló en 1985 un combinado minero metalúrgico de nombre "Che Guevara" en Punta Gorda. Hacia 1988, se planeó la creación de una cuarta planta en Holguín llamada "Las Camariocas" cuya capacidad total alcanzaría las 30 mil toneladas anuales. Cabe mencionar que Cuba ocupa el cuarto lugar en reservas mundiales de níquel, yacimientos que no se encuentran a mucha profundidad.[63]

Comunicaciones y transportes

Especialistas soviéticos se involucraron profundamente en el desarrollo de las comunicaciones en Cuba. Con base en el acuerdo de 1962 se estableció contacto telefónico y telegráfico directo entre Moscú y La Habana. En los setenta, en coolaboración con los soviéticos, se incrementó la producción de televisores y radios. En cuanto al transporte, asesores soviéticos participaron en la construcción de carreteras, puentes, aeropuertos y vías de ferrocarril. Al respecto, fuentes soviéticas indican que, en el quinquenio 1986-1990, 37% de los autobuses y 70% de los automotores de carga provinieron de la URSS.[64]

Otros sectores de la economía cubana que también recibieron apoyo soviético son la industria química, la industria ligera, de la construcción, del papel, salud, además de la preparación de cuadros profesionales.

El incremento del intercambio comercial y el sustancial aumento de los subsidios soviéticos durante el periodo 1973-1989 dan cuenta de la estrecha colaboración existente entre la Unión Soviética de Brezhnev y la Cuba de Fidel Castro. A manera de ejempli-

[63] Datos obtenidos de CEPAL, *op. cit.*, p. 189; y A. Bekarevich, *op. cit.*, p. 77.
[64] A. Bekarevich, *op. cit.*, p. 9.

ficación, el cuadro I.11 ilustra la forma en que se fueron profundizando los vínculos comerciales entre ambos países:

CUADRO I.11
Exportaciones-importaciones de la URSS a Cuba
(***millones de rublos***)

Año	*Exportaciones*	*Importaciones*
1973	680	430
1979	2 110	2 100
1983	3 400	2 700
1986	3 800	3 800
1988	3 700	3 837
1989	3 800	3 849

Fuente: *Comercio Exterior de la URSS, 1973-1987*; *Relaciones Económicas Exteriores de la URSS, 1988 y 1989,* citado por A. Bekarevich, *op. cit.*, pp. 192 y 201.

El hecho de que las cifras en rublos en el sector de importaciones soviéticas de productos cubanos se asemeje a las de las exportaciones soviéticas a Cuba podría deberse al hecho de que la potencia socialista pagó precios subsidiados en la compra de productos cubanos, como en el caso del azúcar, cítricos, tabaco, níquel, productos petroquímicos, además de vender su petróleo a precios menores que los del mercado mundial. Además, entre ambos países, Cuba tuvo términos favorables de intercambio que le permitieron aumentar el precio de sus productos exportables al ritmo que lo hacían las importaciones soviéticas.

De acuerdo con Kurian, las estimaciones del Departamento de Comercio de EUA, informan que la ayuda a Cuba constituyó la mitad de todo el apoyo soviético a países extranjeros.[65] Por su parte, Cole Blasier ofrece cifras menos abrumadoras al señalar que la ayuda a Cuba estaba incluida dentro de las dos terceras partes de la asistencia soviética a los países socialistas (la tercera parte restante de la asistencia soviética se destinaba a los países no socialistas en vías de desarrollo). Según Blasier, de 1966 a 1974 Cuba recibió 4% del total de la ayuda brindada por la Unión Soviética.[66]

[65] G. Thomas Kurian, *op. cit.*, p. 525.
[66] C. Blasier, *op. cit.*, p. 231.

Así pues, es un hecho que Cuba fue la nación en vías de desarrollo que recibió mayor ayuda soviética que cualquier otro país del mundo subdesarrollado fuera de la región europea. Tal es el caso de India y Egipto, naciones favorecidas en alto grado por la asistencia soviética; sin embargo, mientras que entre 1954 y 1975 esos países recibieron créditos y garantías por 2.4 y 2.2 mil millones de dólares respectivamente, Cuba recibió en el periodo 1961-1975, 4 mil millones de dólares bajo el mismo concepto.[67]

En este contexto, cabe señalar que a pesar de que hasta 1972 la ayuda soviética a cuatro países miembros del CAME –Polonia, Bulgaria, RDA y Mongolia– fue mayor que la otorgada a Cuba, en términos de asistencia per cápita, sólo Mongolia y Bulgaria recibieron mayor asistencia que Cuba (véase el cuadro I.11a).

CUADRO I.11a

Volumen del intercambio comercial de la URSS con el resto de las naciones socialistas *(porcentajes)*

País	*1970*	*1975*	*1980*	*1985*	*1986*	*1987*	*1988*
Total	63.2	59.3	59.5	61.6	64.6	64.5	61.6
Bulgaria	13.4	12.1	8.9	10.7	10.4	10.3	9.8
Hungría	2.7	2.8	3.6	3.0	3.2	3.0	2.9
Alemania Democrática	5.7	6.6	6.3	4.8	4.5	5.37	5.0
Cuba	*3.8*	*4.0*	*6.0*	*6.7*	*9.2*	*9.0*	*8.6*
Mongolia	6.7	5.5	11.0	8.6	10.4	10.2	9.7
Polonia	4.8	5.6	4.7	3.8	4.5	4.1	4.2
Rumania	5.4	3.6	3.1	2.7	2.5	2.5	2.4
Checoslovaquia	1.4	2.2	3.8	3.8	3.8	5.8	5.5
Vietnam	2.5	3.9	3.5	4.5	5.9	5.8	5.5
Corea del Norte	4.1	2.7	1.9	3.9	3.6	3.5	3.3
Yugoslavia	1.6	3.2	2.3	2.5	2.3	2.2	2.1
Otras naciones socialistas	11.34	6.9	4.5	6.1	4.3	4.3	4.0

Fuente: *Anuario estadístico de Cuba 1985 y 1987*, citado por Bekarevich Alexander, *Unión Soviética y Cuba: cooperación económica (1970, 1980)*, Instituto de América Latina, Moscú, Editorial Nauka, 1990, p. 189.

[67] *Ibid.*, p. 225.

Esto se debe a que la población cubana en aquellos tiempos era de alrededor 8 millones de habitantes, mientras que Mongolia tenía 2 millones y Bulgaria 7.3. Al respecto cabe mencionar que para 1987 los casi 10 millones de cubanos eran los habitantes de Latinoamérica con mayor deuda per cápita: 484 dólares por habitante en deuda con países socialistas y 147 dólares en deuda per cápita: 484 dólares por habitantes en deuda con países no socialistas.[68]

En esta dinámica, es posible explicar por qué para 1975 el número de proyectos soviéticos culminados en Cuba excedieron al de cualquier país socialista, con excepción de China y Mongolia. Por otra parte, con el fin de alentar el crecimiento económico cubano, la Unión Soviética creó un modelo de cooperación bilateral que ofreció términos favorables de intercambio a la isla. Para ello, la URSS estableció una política de subsidios que involucró a los principales productos de intercambio comercial entre ambos países.

Fue así como en 1975 Moscú y La Habana establecieron un nuevo mecanismo para fijar precios (conocido como de base deslizante). Tras la caída del precio mundial del azúcar, ambos gobiernos acordaron ajustar anualmente los precios bilaterales del producto. Se partió de un precio mínimo de 500 rublos transferibles por tonelada de azúcar, mismo que estaba por encima del precio mundial. Los incrementos en este precio fueron proporcionales al aumento de los precios de los productos que importaba la URSS desde Cuba. Como resultado de este esquema, el precio de las exportaciones cubanas de azúcar a la URSS excedió por un amplio margen al precio mundial.

Según el periódico soviético *Komsomolskaia Pravda*, en 1982, la URSS pagó a Cuba 586 rublos por tonelada de azúcar, mientras que el precio que la potencia socialista pagaba a otros países era de 206 rublos por tonelada.[69] De igual manera, fuentes occidentales revelan el sobrepago de la URSS en estas operaciones. Pérez-López indica que en ese mismo año el precio del azúcar fijado con la URSS fue de 29.9 centavos de dólar la libra; con el resto de los países del CAME fue de 28.9 centavos/libra y con los países capita-

[68] G. Thomas Kurian *op. cit.*, p. 525.

[69] Richard Boudreaux, "Nous n'avons pas le droit de laisser tomber Cuba", *Courrier International*, núm. 76, París, 20 de abril de 1992, p. 5.

listas fue de 7.7 centavos/libra. Mientras tanto, el precio del azúcar en el mercado mundial para ese año era de 7.1 centavos/libra.[70]

Por su parte, la CEPAL indica que en 1983 el precio del azúcar contratado con la URSS fue de 46 centavos; en 1984, 44 centavos; en 1985, 45 centavos, y en 1986, 24 centavos, mientras que el precio mundial era de siete centavos.[71] De la misma forma, Cuba recibió beneficios de los acuerdos negociados con RDA, Bulgaria, Checoslovaquia, Hungría, Polonia y Rumania que garantizaron un precio preferencial a las exportaciones de azúcar cubana.

CUADRO I.12

Subsidios soviéticos estimados a los precios del azúcar cubana *(millones de dólares)*

1961-1967	632	1976	977	1983*	2 875
1970	150	1977	1 428	1984	4 440
1971	56	1978	2 435	1985	4 830
1972	0	1979	2 287	1986	4 195
1973	97	1980	1 165	1987	4 128
1974	0	1981	1 366	1988	3 572
1975	580	1982	2 580	1989	3 000

* A partir de 1983, las cantidades en dólares se dan con base en la cotización de un dólar por 0.60 de rublo.

Fuente: J. Pérez-López, *op. cit.*, p. 319; y Boudreaux, *Courrier International*, núm. 76, París, 20 de abril de 1992, p. 5.

El subsidio que proporcionó la URSS a Cuba también se presentó en la compraventa del petróleo soviético. En 1973, la Unión Soviética protegió a Cuba del embargo petrolero de la OPEP, acontecimiento que originó una fuerte alza en los precios del petróleo, al grado de que éstos casi se cuadruplicaron. El hecho de que Cuba no haya padecido los efectos de la crisis petrolera fue posible gracias a que Moscú y La Habana pactaron un precio fijo en 1971 sobre las ventas del combustible para el quinquenio 1971-1975. La crisis del energético de 1973 le permitió a la URSS

[70] J. Pérez-López, en Georges Fauriol y Eva Loser (eds.), *op. cit.*, "La economía cubana en los ochenta", *Problemas Internacionales*, Washington, US Information Agency, septiembre-octubre de 1986, p. 318.

[71] CEPAL, *Estudio económico de América Latina y el Caribe*, diciembre de 1986, p. 18, citado por J. Pérez-López, *op. cit.*, p. 317.

incrementar los precios de su petróleo en los mercados capitalistas. No obstante, a fines de ese quinquenio (1975) la URSS decidió también aumentar el precio de sus exportaciones petroleras a sus aliados socialistas mediante la siguiente fórmula: el precio del crudo para cada año se fijó con base en el promedio de los precios mundiales registrados en dos o más años precedentes.[72] El resultado fue que a partir de 1975, Cuba debió pagar más por el petróleo soviético, aunque este precio continuó por debajo de los precios del mercado mundial.

El hecho de que Cuba pagara más por el crudo de la URSS no significó ganancias netas al erario soviético, ya que el Kremlin siguió otorgando subsidios a sus exportaciones petroleras dirigidas a la isla, las cuales incluso aumentaron ligeramente de 290 a 362 millones de dólares entre 1975-1976[73] (véase el cuadro I.13).

CUADRO I.13
Subsidios soviéticos al petróleo exportado a Cuba
(millones de dólares)

1974	369	1979	365
1975	290	1980	1 480
1976	362	1981	1 657
1977	328	1982	1 006
1978	165		

Fuente: J. Pérez-López, *op. cit.*, p.317.

Debido a que los precios mundiales del crudo continuaron a la alza hasta principios de los ochenta, la fórmula anterior permitió que Cuba continuara recibiendo beneficios particulares respecto de los altos precios mundiales del crudo.

Sin embargo, a partir de 1985, la isla tuvo que pagar precios más elevados por el energético soviético que de haber consumido petróleo de países capitalistas. Esto se debió a dos factores externos: por una parte, la baja en los precios internacionales del

[72] Pedro Castro Martínez, "El CAME: economía y política", *Comercio Exterior*, vol. 40, núm. 5, México, mayo de 1990, p. 399.

[73] Se estima que en el periodo 1961-1982 la URSS subsidió el intercambio comercial con Cuba en 20.5 mil millones de dólares, donde 68% correspondió a los subsidios del azúcar; 29% a los precios subsidiados del petróleo, y el restante a los precios subsidiados del níquel. Fuente: J. Pérez-López, *op. cit.*, p. 319.

petróleo a principios de 1986 hizo que el mecanismo puesto en práctica por la URSS desde 1975 se revirtiera en contra de Cuba, lo que aceleró la crisis económica de la isla; por otra parte, la restructuración de la economía soviética iniciada por Mijail Gorbachov en marzo de 1985 afectó negativamente las relaciones entre Moscú y La Habana. Esto sucedió en el contexto de la *Perestroika*, cuando economistas soviéticos reformadores, tales como Yuri Chernechenko, Nikolai Shmeliov y Abel Aganbegian, denunciaron el exceso de ayuda económica al Tercer Mundo como una de las causantes de la crisis económica interna soviética. En particular, los reformadores solicitaron la reducción de los subsidios y precios preferenciales hacia los aliados soviéticos.[74]

Fuentes soviéticas aseguran que desde 1985 Cuba pagó por el petróleo de la URSS precios más elevados que los prevalecientes en el mercado mundial. Así, en 1987, la totalidad del sobrepago alcanzó los 1 640 millones de dólares. A principios de 1990, el sobrepago cubano por barril de petróleo suministrado por la URSS fue de 10 dólares.[75]

En este mismo sentido, a diferencia de lo sucedido hasta antes de 1985, a partir de 1986 el comercio bilateral entre Cuba y la URSS fue menos subsidiado por los soviéticos. Esto orilló a Cuba a emprender un proceso de rectificación de los errores y tendencias negativas del socialismo, al tiempo que la isla comenzó a restructurar su economía con el objetivo de disminuir su dependencia frente a la metrópoli socialista. Dentro del nuevo marco de relaciones mutuas en el que se aprecia la clara disminución de los subsidios, la URSS redujo sus entregas de petróleo: de 13 millones de toneladas de petróleo en 1989, a 10 millones en 1990, a 8.6 millones en 1991 y posiblemente a unos 5 o 6 millones en 1992.

También debemos destacar que en el marco de la *Glasnost* (apertura informativa) medios académicos han dado a conocer las cifras del apoyo económico y militar real que durante más de treinta años la URSS proporcionó al régimen revolucionario de Fidel Castro. Por ejemplo, Nikolai Shmeliov señala que "sostener los

[74] Piotr Kormilitsin, "¿Cómo interesar a las empresas soviéticas en colaborar con Cuba?", *América Latina*, núm. 5, Moscú, Editorial Progreso, 1990, pp. 54-57.

[75] Sergo Mikoyan, "La URSS y América Latina", *América Latina*, núm. 7, Moscú, Editorial Progreso, 1991, p. 12.

intereses soviéticos en Cuba costó a la URSS alrededor de 7 500 millones de dólares anuales, de los cuales entre 700 y 800 millones correspondieron al sector militar.[76]

A su vez, Andrei Kortunov afirma que solamente en 1989 la "asistencia soviética a Cuba fue de 12 mil millones de rublos (alrededor de 6 mil millones de dólares), es decir, 1.4% del PIB de la URSS".[77]

Según un economista ruso, en los treinta años de relaciones URSS-Cuba, la gran potencia socialista proporcionó a la isla un promedio de 150 mil millones de dólares para su crecimiento, sin tomar en cuenta la asistencia militar que alcanzó 1 500 millones de dólares anuales.[78]

El monto de la ayuda soviética a Cuba se confirma en fuentes occidentales, tales como el trabajo de Susan Kaufman y el de Georges Fauriol. El primero señala que, aun cuando las cifras estimadas de la asistencia de la Unión Soviética a Cuba varíen, el consenso oscila entre 3.5 y 4.5 mil millones de dólares anuales, además de los 1.5 mil millones de dólares anuales proporcionados en ayuda militar. Esto convirtió a la isla en el país que recibió más ayuda soviética a finales de los ochenta.[79] Por su parte, Fauriol indica que el paquete de ayuda soviética a Cuba ascendió a la suma de 5 mil millones de dólares anuales.[80]

En este sentido, el cubanólogo Cole Blasier asegura que la asistencia soviética al gobierno revolucionario fue equivalente 15-20% del producto social global cubano. Asimismo, el especialista apunta que la URSS invirtió un total de 43 mil millones de dólares en las fuerzas armadas de la isla.[81]

Por todo lo anterior, es posible afirmar que el desarrollo de la economía de Cuba se fincó en gran medida sobre el apoyo proporcionado por la Unión Soviética. De tal modo, la caída del PSG

[76] R. Boudreaux, art. cit., p. 5.

[77] Andrei Kortunov, "Azúcar que sabe amargo", *América Latina*, núm. 4, Moscú, Editorial Progreso, 1990, pp. 31-32.

[78] Boris Sergeiev, "URSS-Cuba: ¿Ayuda unilateral o colaboración equilibrada?", *Moscow Business*, núm. 4, Moscú, 1990, p. 6.

[79] Susan Kaufman Purcell, "Collapsing Cuba", *Foreign Affairs*, vol. 71, núm. 1, 1992, pp. 131 y 142.

[80] G. Fauriol y Eva Loser (eds.), *op. cit.*, p. XV.

[81] Cole Blasier, *op. cit.*, pp. 93 y 94.

cubano a partir de 1986 está íntimamente vinculada con la disminución de la ayuda económica que la URSS brindó a la isla.

El CAME en Cuba

Cuando triunfó el movimiento revolucionario en Cuba en 1959, la URSS no tardó en acercarse al nuevo régimen cubano. En febrero de 1960, el Kremlin y La Habana firmaron los primeros acuerdos comerciales y en mayo de 1961 establecieron relaciones diplomáticas. Esto sucedió poco tiempo después de que Washington y La Habana rompieran vínculos diplomáticos en enero de ese mismo año. Para acercar aún más a Cuba al bloque socialista, la URSS le extendió una invitación para participar –a partir de los primeros meses de 1962– en las reuniones del Consejo de Ayuda Mutua Económica (CAME) en calidad de observador. Como hemos señalado, la orientación geográfica del intercambio comercial entre Cuba y el exterior se dirigió, en cuestión de muy poco tiempo, hacia el bloque socialista.

Fue así como a partir de febrero de 1960 se inició el acercamiento entre dos economías, la cubana y la soviética, lejanas y desconocidas entre ellas mismas. Desde entonces, los vínculos establecidos entre Cuba y la comunidad socialista (el CAME) resultaron claramente positivos para la isla debido más que nada a que estos países estaban dispuestos a compartir su patrimonio con un país que les sería muy útil en cuanto a su cercanía con su principal enemigo: Estados Unidos.

La participación de los gobiernos de países miembros del CAME en el desarrollo económico de Cuba fue básicamente a través de las relaciones bilaterales. Éstas se basaron en acuerdos comerciales y en créditos a largo plazo que estuvieron supervisados por comités conjuntos creados para la cooperación económica y científico-tecnológica. Estas comisiones se crearon a nivel gubernamental con RDA (1964), Bulgaria y Checoslovaquia (1965), Hungría (1966), Rumania (1967), Polonia (1969) y Unión Soviética (1970).[82]

[82] J. Pérez-López, *op. cit.*, p. 317.

El proceso de acercamiento y articulación con las economías del este europeo se desarrolló progresivamente, aun cuando la complementariedad entre estos países y Cuba fuera mínima a causa de sus diferentes esquemas de planificación económica. Mientras que Cuba elaboraba planes anuales, en el este europeo y en la URSS se realizaban cada cinco años. No obstante sus diferencias en cuanto al sistema administrativo, para 1969 existían alrededor de 400 acuerdos bilaterales entre Cuba y los países socialistas, de los cuales 220 eran proyectos de asistencia técnica.[83]

Con el propósito de lograr el acercamiento e igualación de los niveles de desarrollo económico de los países miembros del CAME, los países socialistas industrializados dieron especial atención al crecimiento acelerado y a la elevación de la eficiencia de las economías nacionales de Cuba, Mongolia y Vietnam, las cuales contaban con potenciales productivos muy rezagados, en relación con el nivel de desarrollo económico de los países europeos del CAME. De esta manera, los aliados subdesarrollados adoptaron planes nacionales a largo plazo (quinquenales) y firmaron acuerdos bilaterales y multilaterales con los países más desarrollados del bloque socialista. En 1971 se aprobó el Programa Complejo de Integración Económica Socialista que recogió las medidas económicas y organizativas necesarias para el proceso integracionista, mismo que permitiría "movilizar al máximo y emplear con eficiencia los propios recursos de cada país, así como aprovechar las ventajas de la división internacional socialista del trabajo".[84]

En este sentido y en forma particular, el nivel económico inferior de Cuba en relación con los miembros desarrollados del CAME condicionó su menor grado de participación en la división laboral del bloque socialista. Sin embargo, el hecho de que Cuba contara con un sistema económico y sociopolítico semejante al del resto de los miembros del organismo permitió la coincidencia de enfoques y criterios acerca del desarrollo socioeconómico, insertado éste en una concepción global, a largo plazo y con objetivos

[83] *Idem.*

[84] Julio Díaz Vázquez, *Cuba y el CAME*, La Habana, Editorial Ciencias Sociales, 1988, pp. 14-15.

definidos. De tal manera, para lograr una participación más activa de Cuba dentro del organismo, se acentuó la necesidad de su industrialización, entendida como la transformación de la estructura productiva del país, y sobre todo de la especialización dentro del contexto de la integración socialista.

Para finales de 1972, la isla se integró formalmente al organismo. Desde un inicio se reconoció su condición de país de menor desarrollo y se pusieron en práctica medidas que procuraron elevar su nivel económico por medio de las condiciones "preferenciales" en la colaboración económica. Entre éstas, cabe señalar la concesión de créditos en condiciones ventajosas, la explotación conjunta de materias primas, asistencia técnica en la construcción de empresas, adiestramiento de especialistas, trasmisión de experiencias técnicoproductivas y, sobre todo, los sistemas preferenciales de precios para el azúcar y petróleo.[85]

Dentro del CAME, Cuba encontró grandes oportunidades de crecimiento ante la existencia tanto de un mercado garantizado como de precios estables para la venta y compra de las mercancías necesarias. De tal modo, los países miembros del CAME constituyeron un mercado seguro para la isla, ajeno a la inflación y a la crisis. Por ello, durante casi 20 años, las caídas de los precios del azúcar y del petróleo, los desastres naturales y hasta la depreciación del dólar estadunidense no incidieron mayormente en la economía cubana.

En este marco, el ingreso de Cuba al Consejo de Ayuda Mutua Económica en 1972 influyó de manera determinante sobre los elevados índices de crecimiento de la isla durante la década de los setenta y primera mitad de los ochenta. La inmediata participación de Cuba en el organismo se pone de manifiesto en su Plan Quinquenal 1976-1980. Éste fue el primer programa cubano de cinco años que definió esquemas de cooperación con objetivos a mediano y largo plazo en correspondencia con los planes de los miembros restantes. La armonización entre los planes quinquenales de los miembros del CAME tuvo por objetivo maximizar los resultados al aplicar y desarrollar la división internacional socialista del trabajo.

[85] *Ibid.*, p. 27.

Si bien la mayor parte de la cooperación bilateral de los países ahora exsocialistas con Cuba fue coordinada por la URSS y la asistencia del CAME como organismo regional fue menor a la proporcionada por Moscú, lo cierto es que la intervención de los países de Europa oriental en un nivel bilateral fue clave para lograr el crecimiento sostenido de la economía cubana.

En este contexto, cabe destacar el papel desempeñado por Checoslovaquia desde el momento en que Cuba se integró al bloque socialista. Probablemente se trate de las relaciones económicas más valiosas para la isla debido a que este país facilitó equipo pesado con tecnología de punta, e incluso fábricas completas. En términos concretos, Checoslovaquia brindó asistencia en los sectores de la industria azucarera, minería, modernización y construcción de las plantas de energía hidroeléctrica y termoeléctrica, así como en la construcción de fábricas de ensamblado de tractores, motocicletas, motores, de bienes de consumo tales como refrigeradores, artículos para el hogar, lápices, leche, etcétera.

Otro importante socio comercial fue la RDA, que tuvo una activa participación en Cuba tanto en el sector industrial como en la minería, textiles, cemento, bienes de capital y alimentos. La RDA también satisfizo el grueso de las necesidades de la isla en lo relativo a motores diesel. Éste es uno de los pocos ejemplos en que un país de Europa oriental superó la asistencia de la potencia socialista hacia Cuba. Así pues, junto con Checoslovaquia, la RDA fue de los socios comerciales más importantes de Cuba.

Por su parte, Bulgaria ocupó un lugar especial dentro de los socios comerciales de Cuba. El hecho de que se tratara de un país con un desarrollo económico inferior basado en el sector agrícola permitió la identificación entre ambas naciones. Según Castro, Bulgaria envió un contingente de técnicos mayor al de cualquier otro país socialista, con excepción de la URSS. Así pues, los búlgaros participaron en forma activa en el desarrollo de la agricultura cubana, recursos hidráulicos, carreteras, además de abastecer grandes cantidades de carne enlatada, queso y medicinas. El intercambio comercial entre ambos países favoreció a Cuba, nación que siempre registró saldos superavitarios en su balanza comercial respecto de Bulgaria.

En cuanto a Rumania, su cooperación en Cuba se orientó hacia la industria extractiva de los recursos minerales, como el níquel, cobre y manganeso. Su activa participación en la exploración de yacimientos petroleros y mineros resultó de gran importancia, aun cuando no se hallan registrado considerables reservas de petróleo.

En comparación con otros países socialistas industrializados (RDA, Checoslovaquia y Hungría), la participación de Polonia fue menos activa en lo referente a cooperación técnica y al intercambio comercial. No obstante, el gobierno polaco ofreció asistencia en la construcción de barcos, en el sector metalúrgico, en la industria del vidrio, la producción de radios y la agricultura. Más tarde, brindaron equipo pesado para la industria y el transporte, incluyendo barcos y automotores para la construcción.

Por su parte, Hungría, en su calidad de nación industrializada, proporcionó a Cuba asistencia especialmente relevante en el desarrollo de las comunicaciones, en particular en el ámbito de las telecomunicaciones. También se convirtió en el proveedor de autobuses y vehículos de carga, dentro del marco de cooperación del CAME (véase el cuadro I. 14).

Tras este breve recuento de las relaciones bilaterales entre Cuba y los miembros europeos del CAME, es evidente que el nivel de participación de cada uno de ellos en Cuba –sin tomar en cuenta a la URSS– fue variable: durante los sesenta, Checoslovaquia fue el mayor socio comercial de la isla, y a partir de 1969 este lugar lo ocupó la RDA hasta mediados de los setenta. En forma paralela, Bulgaria mantuvo siempre vínculos comerciales estrechos con Cuba.

Cabe señalar que durante los 30 años de cooperación bilateral y a excepción de la URSS, el comercio de Cuba con Europa oriental no mostró modificaciones apreciables en su volumen, comportamiento y composición. En este sentido, el cuadro I.14, deja ver la importancia del intercambio comercial de Cuba con el CAME, al tiempo que revela la abrumadora presencia de la URSS.

De acuerdo con estos indicadores, es necesario destacar el hecho de que dentro del esquema de cooperación económica del CAME, cuyo objetivo fue impulsar el desarrollo de las economías menos industrializadas, Cuba tuvo una balanza comercial deficitaria con los países del este europeo a lo largo de la década de los sesenta. La excepción fue la relación comercial con Bulgaria, la cual siempre registró saldos favorables para la economía cubana.

CUADRO I.14
Porcentaje de la distribución del comercio cubano con el exterior: 1965-1989

	1965	*1970*	*1975*	*1980*	*1985*	*1988*	*1989*
Países socialistas	77.2	71.9	59.9	75.8	86.3	87.1	83.2
CAME	61.7	63.8	56.4	71.6	83.1	83.6	78.9
URSS	48.2	51.7	48.0	60.0	70.5	69.1	64.7
Resto de países del CAME							
Alemania Democrática	3.4	4.2	2.4	3.3	3.7	5.0	4.8
Checoslovaquia	5.2	3.3	1.3	2.0	2.2	3.1	2.6
Bulgaria	2.4	2.2	2.6	3.0	2.7	2.5	2.6
Rumania	0.3	1.5	0.3	0.9	1.2	2.1	2.1
Polonia	0.8	0.4	0.5	1.2	1.1	0.8	1.0
Hungría	0.6	0.4	0.5	0.9	1.3	0.8	1.0

Fuente: Carmelo Meza-Lago, "Economic Effects of the Soviet/Eastern European Crisis on Cuba", *Paper for the Andrew W. Mellon Project on Eastern Europe and Cuba*, University of Pittsburgh, abril de 1992, p. 7a.

Esta situación deficitaria cambió para Cuba entre 1973-1974 con el alza en el precio mundial del azúcar, lo que le permitió a La Habana obtener un superávit en su balanza comercial. Fue entonces cuando Cuba utilizó sus ganancias en divisas para comprar equipo industrial en Europa occidental y Japón. Durante aquella breve época de auge azucarero, los tradicionales y mayores socios comerciales de Cuba –URSS, RDA, Checoslovaquia– disminuyeron sus suministros de bienes de capital a la isla.

Sin embargo, una vez que concluyó el *boom* azucarero en 1975, Cuba restableció la tradicional colaboración con el CAME, en la cual el azúcar jugó un papel primordial. La capacidad de la isla para establecer una relación comercial relativamente recíproca con Europa oriental resultó en gran medida de la constante demanda azucarera de estos países. Es interesante observar que los tres países –Checoslovaquia, RDA y Bulgaria– que desarrollaron los programas de asistencia técnica más amplios en Cuba fueron aquellos que importaron la mayor cantidad de azúcar cubana. En este sentido, debido a que Polonia producía más azúcar de la necesaria para su consumo local, su vinculación con la economía cubana fue menor.[86]

La acentuada dependencia de Cuba en relación con sus exportaciones azucareras llevó al régimen de Castro a declarar en varias ocasiones que la mayor responsabilidad de la isla era cumplir con las obligaciones económicas contraídas con la comunidad socialista. Por ello, los compromisos establecidos con los países del CAME fueron siempre una prioridad para La Habana ya que, al abastecer la cuota de azúcar marcada en los pactos comerciales, aseguró créditos y subvenciones por parte de sus principales socios comerciales.

Conforme con los lineamientos acordados con el CAME, el resto de las exportaciones cubanas de bienes de consumo y artículos de lujo (pescado enlatado, mariscos, tabaco, productos de piel, artesanías) se destinaron a los mercados occidentales con el fin de obtener ingresos en divisas. El incremento del intercambio comercial de La Habana con los mercados capitalistas (España, Canadá, Japón, México, Argentina) generó un aumento en el déficit comercial cubano desde mediados de los setenta. "Ello se debió en parte a los términos desfavorables del intercambio (con países capitalistas) desde que empezaron a decrecer los precios internacionales del azúcar en 1975, pero en parte también a la necesidad de determinados abastecimientos que el mundo socialista no le pudo suministrar."[87]

Con el fin de acelerar el proceso de industrialización, a principios de los ochenta, Cuba trató de expandir su comercio con los países no socialistas. Sus principales mercados de exportación en Occidente fueron Japón, Holanda, Francia, España, Canadá, México y Argentina, mientras que los cinco mayores proveedores de bienes fueron Canadá, Francia, Alemania Federal, Japón y Reino Unido.

[86] C. Blasier, *op. cit.*, p. 243.
[87] CEPAL, *op. cit.*, p. 79.

CUADRO I.15
Circulación total del comercio exterior con algunos países capitalistas: exportaciones-importaciones
(millones de pesos cubanos)

	1970	*1975*	*1985*	*1988*
Francia	75	123	157	94
Italia	68	116	65	125
España	78	379	279	227
Japón	141	583	298	198
Canadá	37	162	91	67
México	1	28	80	113
Argentina	–	106	194	129

Fuente: Comité Estatal de Estadísticas (CEE), *Cuba en cifras 1989,* La Habana, CEE, 1990, p. 99.

El cuadro anterior pone de manifiesto el hecho de que como país occidental, Japón fue el principal socio comercial de Cuba. Sin embargo, el valor de las exportaciones cubanas a ese país declinó en más de un 50% durante los primeros años de la década pasada. Este comportamiento responde a la naturaleza de los artículos que cada país exporta, cuando se trata de relaciones comerciales que se establecen en el marco de los precios mundiales: Cuba vende azúcar, mariscos, café y níquel a cambio de importaciones japonesas con un alto valor agregado, tales como maquinaria para la construcción y el sector minero, vehículos, acero y alimentos.[88]

De tal modo, el tratamiento preferencial de los países socialistas a Cuba, tanto en el abastecimiento de insumos, equipos y productos esenciales como en lo relativo a un régimen muy ventajoso de precios en la compra y venta de ciertos productos, como el petróleo y el azúcar, implicó el incremento constante de las relaciones económicas de Cuba con el CAME. Este proceso trajo consigo una progresiva e irreversible disminución del comercio con Occidente (véase el cuadro I.16).

Tal es el caso, por ejemplo, de la mayor parte de la maquinaria y refacciones que provinieron de países miembros del CAME. La causa

[88] James Rudolph, *Cuba, a Country Study*, 3a. ed., Washington, American University Press, 1987, p. 142.

de esto fue el hecho de que Cuba no produce tractores, excavadoras, excavadoras-equipo con una gran demanda en la isla. Por ello, entre 1963 y 1984, Cuba importó 150 mil tractores con valor de 667 millones de pesos cubanos, 10 mil bulldozers y 8 500 excavadoras.[89]

CUADRO I.16

Distribución del intercambio comercial total cubano por grupos de países

	1975	*1980*	*1985*
CAME	56%	72%	83%
Exportación	64%	67%	87%
Importación	48%	76%	81%
Países capitalistas	34%	17%	10%
Exportación	26%	14%	7%
Importación	42%	20%	12%
Otros*	10%	11%	7%

*China y países en vías de desarrollo.

Fuentes: *Anuario Estadístico de Cuba, 1982 y 1984,* Banco Nacional de Cuba, reporte económico de marzo 1986, p. 9, citado por Fauriol, *op.cit.*, p. 316; Comité Estatal de Estadísticas, *Cuba en cifras 1989,* p. 99.

De manera paralela a la intensificación de las relaciones comerciales entre Cuba y el CAME, aumentó el número de programas para el desarrollo de sectores económicos de importancia en Cuba. En este contexto, es de mencionarse el hecho de que a principios de los ochenta la isla participara en 188 Programas Específicos de Colaboración a Largo Plazo, de los aproximadamente 500 firmados en los marcos del CAME.[90]

Es necesario indicar que, en el marco de la cooperación del CAME como organismo económico multilateral, para 1988 funcionaban alrededor de 60 convenios Cuba-CAME. Aun cuando fueron patrocinados y coordinados por la URSS, se contó con la participación del resto de los miembros del CAME. Estos acuerdos de cooperación fueron en un nivel multilateral, a diferencia de los pactos bilaterales entre las comisiones gubernamentales de Cuba y los de-

[89] A. Zimbalist, *op. cit*, p. 96.

[90] J. L. Rodríguez García, *op. cit.*, p. 109.

más países del CAME. Entre los programas de asistencia destacan, por su importancia, los siguientes:[91]

Programa del azúcar

Comprendía la ampliación, reconstrucción y mecanización de más de cien centrales azucareras (aspecto agrícola e industrial), así como la construcción de nuevas plantas. El objetivo era estabilizar la producción azucarera en aproximadamente 10 millones de toneladas anuales. Se trató de un esfuerzo conjunto de las naciones socialistas, en el que la URSS desempeñó el papel de contratista: distribuyó cargas de trabajo específicas a las empresas de distintos países del CAME para lograr tal objetivo. De esta manera, durante la década de los setenta, el porcentaje de la participación de los países de Europa oriental en la provisión de equipo para la industria azucarera cubana fue la siguiente: RDA, 28.70%; Rumania, 24%; URSS, 21.50%; Checoslovaquia, 15.50%; Hungría, 8.35% y Polonia con el 1.95 por ciento.[92]

Cabe señalar que la distribución de la asistencia técnica socialista en este caso particular no refleja las proporciones globales de colaboración por parte de los países del CAME en Cuba, ya que en este rubro Rumania participó ampliamente mientras que Bulgaria estuvo ausente.

Programa del níquel

El CAME también ayudó a Cuba en la modernización y expansión de la industria del níquel. Según los planes a largo plazo, el organismo ayudaría a la isla no sólo a diversificar sus exportaciones de bienes primarios, sino también a desarrollar la capacidad de conversión del níquel y otros recursos minerales en productos intermedios y finales. En 1988 se inició la construcción de una planta de níquel en Moa con capacidad para procesar 30 mil toneladas anuales. Con estas nuevas instalaciones, se esperaba que Cuba incrementara su

[91] Los programas de cooperación y asistencia Cuba-CAME fueron publicados en *Granma*, 10 de julio de 1988, p. 17.

[92] C. Blasier, *op. cit.*, p. 244.

producción del metal a 100 mil toneladas anuales. Los países del CAME suministraron maquinaria, equipo, materiales y asistencia técnica; a cambio, al concluir la planta recibirían 50% de la producción. Los países participantes fueron la URSS, Bulgaria, Hungría, RDA, Rumania y Checoslovaquia.

Programa de cítricos

De acuerdo con la política cubana de la diversificación de exportaciones, La Habana inició en 1970 un programa para aumentar sus ingresos por concepto de ventas de cítricos al extranjero. En este marco, el proceso de inversión en este sector sobrepasó los 600 millones de pesos en 1988, año en que Cuba tuvo una exportación récord de 536 mil toneladas de cítricos, convirtiéndose en el cuarto exportador del mundo, después de España, Estados Unidos y Marruecos. Se esperaba que con la ayuda del CAME la producción en este rubro fuera superior a las 2 millones de toneladas hacia 1990. Un acuerdo de cooperación de Cuba con Bulgaria, Hungría, RDA, URSS y Checoslovaquia, firmado en 1981, preveía el desarrollo de la producción de cítricos hasta el año 2005.[93]

Programa de geología

Para finales del quinquenio (1990) se previó realizar el estudio de más del 50% del territorio nacional, apoyándose en fotos aéreas tomadas desde satélites soviéticos. El objetivo fue ampliar los conocimientos sobre las reservas de materias primas y de minerales sólidos. En este programa participaron Bulgaria, Hungría, RDA, URSS y Checoslovaquia.

Programa Integral para el Progreso Científico Técnico (PIPCT)

El objetivo de este programa fue el desarrollo rápido de las investigaciones científicas y la aplicación de nuevas técnicas en las principales ramas de la economía cubana hasta el año 2000. El PIPCT

[93] The Economist Intelligence Unit, *Cuba, Country Profile 1990-91*, *op. cit.*, p. 17.

fue aprobado en 1985 en el seno del CAME. Los países participantes —URSS, Bulgaria, Hungría, RDA y Checoslovaquia— suministraron equipo, instrumental de laboratorio, ayuda financiera, asistencia técnica y personal especializado. Por su parte, Cuba participó en ciertas líneas especializadas, como la electrónica, la automatización y la biotecnología.

A mediados de los ochenta el régimen cubano tomó medidas para aumentar la producción de equipo electrónico con el fin de lograr mayor integración con los países del CAME dentro del PIPCT. En el quinquenio 1980-1985, el crecimiento de la industria electrónica y eléctrica alcanzó el 18% anual.[94] Los programas de desarrollo del sector fueron delineados durante el Tercer Congreso del PCC en 1986, cuando se emprendió la instrumentación del tercer plan quinquenal 1986-1990. Fue entonces cuando se dio mayor importancia al desarrollo del equipo de computación en colaboración con el CAME, por lo que se planeó aumentar la producción de monitores, semiconductores y teclados. Asimismo, fue necesario incrementar el volumen de exportaciones hacia Europa del Este.

Programa Especial Integral de Colaboración Multilateral

Este programa fue diseñado con el fin de igualar el nivel económico de Cuba con los países de mayor desarrollo del CAME. En 1987 se consideró que esta operación podría cristalizar en un periodo de diez años. Las esferas clave de la economía cubana que se pretendían desarrollar eran las siguientes: la construcción de maquinaria, la industria electrónica, la producción de materias primas, la energía y el combustible, los alimentos y los bienes de consumo, el transporte y las comunicaciones, los servicios sociales y la colaboración científico-técnica. Este programa contempló más de 70 proyectos, en los cuales participarían casi todos los miembros del CAME.

Otro programa de asistencia del CAME hacia Cuba se refería al desarrollo de la celulosa y papel a partir del bagazo de la caña de azúcar. Esto resultó de gran ayuda para Cuba, que registraba el

[94] A. Zimbalist y C. Brundenuis, *op. cit.*, p. 94.

menor índice de producción per cápita de papel en el seno del CAME.

Debido a que la isla dependía cada vez más de la ayuda financiera de estos países, en el plan quinquenal cubano de 1981-1985 se dio particular importancia a la profundización de las relaciones económicas multilaterales en el marco del CAME. En consecuencia, este plan propuso incrementar el comercio con el área socialista en más de un 30% de lo alcanzado hasta entonces, estrechar los lazos de cooperación y ayuda mutua, así como diversificar las exportaciones cubanas.[95] Sin embargo, los resultados fueron poco satisfactorios debido a la rápida e irreversible fragmentación del CAME.

Aun cuando durante ese quinquenio el 87% del total de las exportaciones y el 81% de las importaciones totales de Cuba provinieron de los países socialistas del CAME, las relaciones entre Cuba y el organismo empezaron a observar serias deficiencias. En este sentido, hubo incumplimiento en las entregas de algunos artículos de origen europeo y una escasa participación de los nuevos productos cubanos de exportación en dichos mercados. Así pues, el volumen de las exportaciones del sector pesca, níquel y cítricos fue mayor en relación con quinquenios anteriores, pero su peso fue poco significativo en el conjunto de ventas al exterior.[96]

El deterioro de las relaciones entre Cuba y el CAME se hizo más evidente en el segundo lustro de la década de los ochenta, a raíz de la restructuración política y económica que el gobierno soviético inició en 1985 en el interior de la URSS, y que después se proyectó y expandió hacia los países de Europa oriental. El relajamiento de la gestión central soviética derivó en el desmoronamiento del bloque socialista y de sus organismos. Esta situación repercutió profundamente en las naciones menos desarrolladas del CAME.

Debido a su nivel de desarrollo económico y a su acentuada dependencia frente a la Unión Soviética, Cuba resintió la desarticulación del bloque socialista con una gran intensidad. A partir de 1989, comenzó la interrupción de los programas de

[95] G. Naufal Tuena, *op. cit.*, p. 78.
[96] *Ibid.*, p. 81.

cooperación y desarrollo entre La Habana y el CAME. Asimismo, los países de Europa oriental recortaron sus tradicionales suministros a Cuba. Por su parte, la isla se vio imposibilitada para cumplir con sus obligaciones comerciales contraídas con el CAME y tuvo que reducir sus cuotas de exportación de azúcar. Esto deterioró aún más sus lazos económicos con la comunidad socialista. Para finales de los ochenta, La Habana enfrentó la perspectiva de la desaparición del CAME e implementó medidas urgentes para contrarrestar la suspensión de los flujos financieros y comerciales por parte del organismo, hecho que efectivamente ocurrió en el corto plazo.

En este marco, la desaparición del CAME y la transformación de la URSS en la Comunidad de Estados Independientes (CEI) durante 1991 aceleró la disminución, y posterior suspensión, de los subsidios otorgados por estos países a Cuba a lo largo de sus treinta años de existencia como país socialista. Este proceso agudizó la crisis de la economía cubana que se gestaba desde 1986. Así pues, el gobierno cubano se vio en la necesidad de diseñar un nuevo modelo de desarrollo, en el cual el fomento a la inversión extranjera juega un papel determinante para la evolución económica de la isla.

En 1985, a raíz de la implantación de la *Perestroika* y la *Glasnost* en la Unión Soviética, Cuba introdujo también una estrategia de rectificación que intenta solucionar los problemas surgidos de los errores y tendencias negativas desarrollados en Cuba en años anteriores, tanto en la economía como en el trabajo y las instituciones políticas e ideológicas. En el siguiente apartado se intentará profundizar en las raíces de esos males ya que, junto con el desmembramiento del bloque soviético, se trata del origen de una severa y profunda crisis en la que Cuba está sumergida desde 1986.

Rectificación y profundización del socialismo (1986-1990)

Con el propósito de corregir las desviaciones que se presentaron durante los quince años (1970-1985) en que estuvo vigente la estrategia de la "liberalización económica", y en la cual la economía cubana se mantuvo bajo el modelo soviético de planificación centralizada, el gobierno de Fidel Castro implementó, a partir de 1986, el llamado proceso de Rectificación de los Errores y Tendencias Negativas del Socialismo.

Las tendencias negativas que se generaron dentro del sistema a lo largo de esos quince años (el aumento de la burocracia, corrupción, enriquecimiento personal, indisciplina laboral y el paternalismo) obligaron al gobierno cubano a poner en práctica las siguientes medidas: el control político centralizado en las esferas altas fue objeto de una severa crítica por parte de los burócratas de las esferas intermedias; hubo un manejo más centralizado de la macroeconomía y una administración cada vez más descentralizada de la microeconomía; se lanzaron campañas de moralización en contra de la desigualdad y la corrupción, y se inició un nuevo periodo de austeridad.

El factor externo determinante que indujo al gobierno de Castro a introducir el proceso de rectificación fue la implementación de la *Perestroika* de Mijail Gorbachov en marzo de 1985. Ese año, el régimen soviético comenzó a anunciar reducciones en los subsidios comerciales y de apoyo militar destinados a sus satélites en el escenario internacional. Era necesario que las economías nacionales hicieran frente a sus problemas internos, en particular a la escasez de divisas.

De tal forma, la restructuración interna de la Unión Soviética amenazó con dar fin a la dependencia económica de Cuba respecto del bloque socialista, la cual se mantuvo durante los treinta años de gobierno revolucionario. Cabe recordar que el intercambio comercial de este país con el CAME representaba el 85% de su comercio exterior, correspondiendo el 70% a la URSS. En este sentido, la asistencia soviética no consistió en préstamos directos sino en subsidios indirectos a través de precios preferenciales de intercambio para los productos básicos cubanos. Así pues, la economía de la isla se sostuvo con el financiamiento externo, del déficit presupuestal y las subvenciones provenientes sobre todo, de su mayor socio comercial.

El liderazgo cubano tuvo que reaccionar a las exigencias externas y abocarse a solucionar las demandas internas. Para ello, fue necesario instrumentar cambios dentro de la estructura político-administrativa y económica de la isla.[97] Como respuesta, en el Tercer Congreso del Partido Comunista Cubano (PCC) iniciado en febrero de 1986, Castro lanzó una severa crítica en contra del funcionamiento del partido y las instituciones del Estado. Asimismo, dio a conocer algunas medidas económicas del proceso de rectificación que inmediatamente entraron en vigor. Estas últimas fueron aprobadas por el PCC en la sesión diferida del Tercer Congreso celebrada en diciembre de 1986.

El Proceso de Rectificación y Profundización del Socialismo es una secuencia de los intentos por reformar el socialismo cubano en aras de un mayor crecimiento económico.

Características generales de la rectificación

Aun cuando los líderes cubanos se manifestaron en contra del burocratismo y sus consecuencias desde finales de 1970, no fue sino hasta 1986 cuando se emprendió un verdadero y profundo proceso de rectificación. Tres son las causas de la tardanza. En 1987, Fidel Castro señaló que el liderazgo distrajo su atención de estos problemas ante la necesidad de enfrentarse a los retos originados por la creciente hostilidad de Estados Unidos. En segundo término, no fue sino hasta mediados de los ochenta cuando los soviéticos comenzaron a anunciar que ya no deseaban cubrir los crecientes costos de la ineficiencia económica en Cuba. Por último, todavía a mediados de la década pasada, el liderazgo revolucionario consideraba que muchos de los problemas generados por el burocratismo eran una parte inevitable del proceso de ajuste a los nuevos mecanismos, tales como el Sistema de Dirección y Planeación de la Economía (SDPE), y por ello se pensaba que serían temporales.[98]

El gobierno cubano instrumentó la campaña a través de políticas de centralización y descentralización. Con el fin de resolver el desequilibrio macroeconómico, el control central limitó actividades privadas e impuso medidas de austeridad. La centralización

[97] W. Raymond Duncan, "Castro y Gorbachov: política de acomodamiento", *Problemas Internacionales*, vol. XXXV, núm. 2, Washington, US Information Agency, marzo-abril de 1986, p. 53.

[98] F. Fitzgerald, art. cit., pp. 303 y 304.

se manifiesta en la incorporación de más actividades al sector público, como el mercado libre campesino, además del control sobre los recursos relacionados con los gastos en divisas.

Por su parte, la descentralización a nivel microeconómico se refleja en el fomento a la contratación directa de los insumos por parte de las empresas; la disminución de los informes de éstas a los ministerios; la reducción del personal administrativo; el mayor impulso al autofinanciamiento de inversión de las empresas; el incremento de la participación de los trabajadores en la formulación de planes; la formación de unidades más pequeñas de administración en la industria, la construcción y el campo en forma de brigadas; el aumento del número de mercados paralelos, donde los precios son establecidos con base en la oferta y la demanda.[99]

De tal forma, se puede decir que la campaña de rectificación emprendida en 1986 consistía en un conjunto de medidas político-económicas promovidas por la cúpula gobernante para limitar los excesos que se dieron en el socialismo cubano en la década de los setenta y el primer lustro de los ochenta, entre los cuales están el uso inadecuado de los incentivos materiales a los trabajadores, la corrupción en las empresas, desviación de fondos, la indisciplina laboral, etc. En la implementación de la campaña, el gobierno utilizó organizaciones oficiales de masas con el fin de limitar el burocratismo, resolver la escasez de bienes de consumo, elevar los niveles de eficiencia laboral y ampliar las metas de producción.

Por medio de la rectificación se restructuró el sistema de normas laborales que, para esas fechas, ya eran demasiadas. Por ejemplo en la agricultura, excedían al total de la fuerza laboral. El exceso de descripciones laborales había dado pie a las prácticas burocráticas, a la ineficiencia productiva, al "desempleo dentro del trabajo", es decir, al entorpecimiento del funcionamiento económico. Según el Comité Estatal del Trabajo y Seguro Social, "en sólo seis meses de 1988 se redujo en 550 mil el número de las normas existentes".[100] De tal forma, se transfirió a los trabajadores individuales y a las unidades de producción mayores responsabilidades

[99] Andrew Zimbalist, *Cuban Political Economy*, Colorado, Westview Press, 1988, pp. 12-13.

[100] Alexander Sujostat, "Panorama cubano", *América Latina*, núm. 1, Moscú, Editorial Progreso, 1990, p. 37.

antes monopolizadas por los ministerios. Si bien en el plan anterior de la "liberalización económica" se implementaron medidas similares y los resultados fueron negativos, la rectificación permite al gobierno cubano confiar en lo positivo que resultará delegar responsabilidades a los trabajadores. La diferencia entre uno y otro periodo radica en el hecho de que a partir de 1986 el Estado acentuó su control sobre los diversos sectores de la economía cubana. Así pues, la transferencia de ciertas facultades a los trabajadores es muy relativa ante la incrementada centralización estatal.

En mayo de 1986 se restringió el uso de los incentivos materiales cuando el liderazgo revolucionario eliminó drásticamente las empresas privadas de pequeña escala, redujo en un 92% los premios y pagos extra,[101] y además abolió el mercado agrícola libre que había surgido en 1980. En 1985, las ventas del mercado agrícola libre eran equivalentes al 5% de las ventas totales de alimentos a la población.[102] Sin embargo, la acumulación de capital de quienes estaban ligados al intercambio produjo tal desigualdad que el Estado creó los mercados paralelos: el abastecimiento de alimentos ya no dependería de agentes privados.

Se hizo mayor hincapié en los incentivos morales al exhortar a la población a elevar su conciencia revolucionaria y procurar el interés social general, retomando la política de los sesenta pero ahora con objetivos distintos. Al respecto, Petras y Morley señalan que

> a diferencia de la década de los sesenta cuando el igualitarismo radical estaba en alianza con movimientos revolucionarios internacionales, la actual campaña (1986) de sacrificio y moralización está orientada hacia objetivos muy diversos, entre los cuales se encuentran la reducción de los costos laborales, la creación de sectores de exportación no tradicionales, la captación de nuevos mercados para compensar la caída de los ingresos en moneda fuerte, el esfuerzo por compensar la reducción de los subsidios soviéticos, así como una fórmula para enfrentar la creciente presión de los bancos occidentales y de Japón para continuar los pagos de la deuda.[103]

[101] *Idem.*

[102] A. Zimbalist, *Cuban Political Economy*, *op. cit.*, p. 13.

[103] James Petras y Morris Morley, *El socialismo cubano: la rectificación y el nuevo modelo de acumulación*, México, Instituto Matías Romero de Estudios Diplomáticos, SRE, 1990, p. 18.

En la agricultura y la construcción se reintrodujo el trabajo voluntario que se había quedado a la zaga desde principios de los ochenta, al tiempo que se redujeron las oportunidades para el autoempleo gratificado. Asimismo, se promovieron los multioficios y la creciente cooperación en forma de brigadas, donde un pequeño grupo de trabajadores tiene el control de los medios de producción y del fondo salarial; éstos tienen la responsabilidad de cumplir con el plan estipulado, así como llevar el registro de los costos de producción. Por ejemplo, en 1981 había 19 brigadas de ese tipo en el sector agrícola; para 1986, el número ascendió a 2 055.[104]

También se promovió una mayor participación de la población en la solución de ciertos problemas económicos. Incluso se anunció que por primera vez, las autoridades habían entregado con anterioridad las metas de producción a las empresas con el fin de que los trabajadores participaran en su discusión.

Cabe destacar que el reforzamiento de los incentivos morales, el trabajo voluntario a través de las minibrigadas, la abolición de las empresas privadas de pequeña escala y del mercado libre campesino eran medidas antagónicas a las que se instrumentaron durante el mismo periodo en la Unión Soviética y algunas naciones de Europa oriental (Polonia, Hungría y Checoslovaquia), cuyos gobiernos iniciaron la apertura económica a través del incipiente autoempleo asalariado, la pequeña propiedad privada y la creciente descentralización de la economía. Asimismo, mientras estos países transitaban hacia la apertura política, brindando espacios a la oposición, en Cuba se incrementó el poder central.

En diciembre de 1986 durante la sesión diferida del Tercer Congreso del PCC, el liderazgo cubano aprobó e incrementó las medidas de rectificación al introducir un programa moderado de austeridad: la asignación de automóviles estatales, los pagos a los oficiales del gobierno y el presupuesto para viajes al extranjero fueron reducidos. Se incrementaron los precios de los servicios públicos y el transporte, así como de ciertos artículos de consumo;

[104] Fidel Castro, "Reporte Central al Tercer Congreso del Partido Comunista de Cuba", *Granma Reporte Semanal*, La Habana, 16 de febrero de 1986, p. 5.

al mismo tiempo, se restructuró la escala oficial de salarios y, en varios casos, éstos se redujeron.

Con el fin de aminorar las consecuencias negativas del proceso de rectificación sobre los trabajadores con menores ingresos, Castro aumentó el pago a quienes ocupaban el lugar más bajo dentro de la escala oficial de salarios: de 85 pesos mensuales, ahora recibirían 100. En este sentido, las políticas cubanas de ingresos se orientaron hacia el beneficio de la clase más baja a expensas de la clase media. Esto se debió al hecho de que, según fuentes oficiales, "la clase media ha satisfecho sus necesidades, incluso en exceso, al obtener provecho de los mecanismos de mercado".[105]

En este sentido, el principio de "a cada quien conforme a su trabajo" promulgado en 1973 fue finalmente aplicado en forma estricta con el fin de evitar pagos y sobrepagos por poco o nada de trabajo. Para impedir que los directores de las empresas contrataran más del número requerido de trabajadores, se instalaron comisiones en cada centro laboral, encabezadas por un representante del Partido a quien se le delegaba la responsabilidad de contratar o despedir a los trabajadores.

Causas internas y externas que provocaron la rectificación

La introducción del proceso de rectificación a finales de 1986 se dio en un contexto de agudización de la crisis económica. Esta última fue antecedida por un periodo de 15 años caracterizado por el crecimiento económico sostenido que se logró con el apoyo externo, principalmente por la generosa ayuda de la Unión Soviética. Los subsidios otorgados por la potencia socialista y por los países del bloque del Este a través de los favorables términos del intercambio comercial establecidos entre los miembros del CAME, así como el alza del precio internacional del azúcar hasta 1975 fueron factores determinantes que coadyuvaron al crecimiento sostenido de la economía cubana. Asimismo, fue durante esos 15 años cuando se implementó la estrategia de la "liberalización" de la economía y la reforma administrativa.

[105] J. Petras y M. Morley, *op. cit.*, p. 16.

Por el contrario, durante este mismo periodo, las economías de América Latina atravesaron por una severa crisis, una creciente inflación y un descenso considerable de ingresos. En cambio, por su crecimiento no inflacionario, Cuba "era una isla de sensatez y estabilidad". Incluso, entre 1980 y 1985, el PSG en Cuba aumentó a una tasa media anual cercana al 7%,[106] comparada con una baja del 1.7% anual del PIB real per cápita en el resto del hemisferio.[107] Debido al crecimiento sostenido de la economía cubana, surgieron nuevas industrias, hubo cierta diversificación de las exportaciones, se redujo la tasa de mortalidad infantil y aumentó la esperanza de vida como producto de la expansión de los servicios sanitarios y educativos.

Sin embargo, este crecimiento económico de Cuba fue inducido por sus aliados socialistas, lo cual inhibió el desarrollo de una estructura local de comercio exterior que permaneció básicamente inalterada: a falta de nuevas industrias de exportación, continuó la dependencia excesiva de la monoexportación del azúcar con el fin de financiar las importaciones necesarias de bienes de capital para producir productos básicos destinados al consumo interno. De tal modo, la diversificación del mercado fue muy limitada: las ventas de azúcar y la reexportación del petróleo soviético en los mercados mundiales a fin de obtener divisas fueron actividades del sector externo que prevalecieron como básicas. Luego entonces, ese modelo de desarrollo económico basado en los subsidios indirectos (petróleo) y precios preferenciales (azúcar, níquel, cítricos) por parte de Moscú hacia La Habana dio claros signos de agotamiento a partir del segundo lustro de los ochenta.

Si bien en 1986 el índice de crecimiento económico continuaba a un nivel aceptable, para el año siguiente la situación de la economía cambió radicalmente. Por primera vez desde 1969, el PSG cubano registró cifras negativas (véase el cuadro I.17).

[106] Para el segundo plan quinquenal 1981-1985 se estimó un crecimiento total de la economía del 5% anual. No obstante, durante ese periodo se observó un auge económico que arrojó un índice de crecimiento del 7% anual.

[107] J. Petras y M. Morley, *op. cit.*, p. 10.

CUADRO I.17
El Producto Social Global (PSG) de 1976 a 1991

PSG	1976	1977	1978	1979	1980	1981	1982	1983
	7.1	3.9	11	3.8	4.8	15	3.9	5.0
PSG	1984	1985	1986	1987	1988	1989	1990	1991
	7.5	4.4	1.2	-3.5	2.1	2.0	-10	-20

Fuente: García, R. Miguel, "La nueva estrategia económica en Cuba: ¿Un esfuerzo del gobierno de Fidel Castro para modernizar el socialismo?, *México Internacional*, mayo de 1992, pp. 16-18.

Asimismo, el comercio exterior cubano y el desarrollo de las industrias para la sustitución de importaciones habían decaído. La vulnerabilidad estructural del comercio exterior se puso de manifiesto conforme la balanza de pagos en moneda fuerte era más deficitaria y el estancamiento económico se hacía más palpable. En ese año de 1987, por primera vez, el país fue incapaz de cumplir con sus obligaciones de la deuda externa y tuvo que reducir drásticamente sus importaciones de origen capitalista.[108] Por otra parte, el déficit de la balanza comercial de Cuba con el bloque soviético aumentó al 10.6% en 1987, mientras que las importaciones provenientes de las economías de mercado cayeron en una quinta parte[109] (véase el cuadro I.18).

CUADRO I.18
Comercio exterior *(millones de pesos)*

	1983	*1984*	*1985*	*1986*	*1987*
Balanza comercial	-1 745	-2 000	-2 244	-2 211	-2 061
Países socialistas	-1 165	-1 395	-1 713	-1 895	-1 860
Países no socialistas	-579	-604	-530	-315	-200
Total importaciones	-7 207	-7 983	-7 569	-7 612	-7 579
Total exportaciones	5 462	5 983	5 325	5 401	5 518
Balanza comercial	-1 745	-2 000	-2 244	-2 211	-2 061

Fuente: Banco Nacional de Cuba, citado por *The Economist Intelligence Unit: Cuba, Country Profile 1990-1991,* Londres, The Economist Intelligence Unit, noviembre de 1990, pp. 28 y 31.

[108] Las importaciones procedentes del área capitalista se redujeron en cerca del 50% en 1987. Esto representaba el 15% del total de las importaciones cubanas, que aun cuando no fuera un porcentaje elevado afectó la economía nacional por el tipo de productos que se trataba.

[109] The Economist Intelligence Unit, *op. cit.*, p. 30.

El hecho que probablemente revela con mayor exactitud que el país atravesaba por un periodo difícil es que ciertos indicadores del nivel de vida comenzaron a deteriorarse. En este sentido, lo tangible de la crisis cubana se manifiesta en los siguientes ejemplos: se reconoció que el abastecimiento de viviendas era aún menor que en tiempos anteriores, especialmente en La Habana; en 1985, por primera vez desde el triunfo de la Revolución en 1959, el índice de mortalidad infantil aumentó; asimismo, el costo de producción por unidad, que había descendido entre 1981 y 1984, aumentó como resultado de los salarios excesivos y de los gastos empresariales.

Las restricciones económicas que Cuba padeció en 1985 y 1986 fueron resultado de factores externos e internos. Según Zimbalist, entre los primeros destacan: varios años de sequía, la devastación provocada por los huracanes, la baja en los precios del azúcar, la marcada disminución de los ingresos provenientes del petróleo, la devaluación del dólar estadunidense, el creciente proteccionismo en los mercados occidentales y el bloqueo económico de Estados Unidos. Todo eso se conjugó en 1986 para reducir los ingresos cubanos en moneda fuerte en cerca del 50%, lo que equivale a unos 600 millones de dólares. Además, en el verano de ese mismo año, Cuba no logró obtener un nuevo préstamo por 300 millones de dólares durante las negociaciones con el Club de París. La escasez de insumos importados necesarios afectó los niveles de producción cubana.[110]

Según Martínez Heredia, las causas internas que dieron lugar al proceso de rectificación y que se perfilan como errores y tendencias a combatir por el régimen son las siguientes:

> [...] la apelación desmedida al interés material individual; la multiplicación de la burocracia (aumentó 2.5 veces entre 1973 y 1984); la dilapidación de recursos (nóminas de personal muy altas); las ficciones y alteraciones en la información; los pagos indebidos por concepto de trabajo; la mercantilización privada de numerosos productos y servicios; la utilización de cargos y funciones para obtener privilegios y ventajas materiales; la burla al ordenamiento legal y económico por parte de *empresas* y organismos; el parasitismo, el ausentismo y el amiguismo.[111]

[110] J. Petras y M. Morley, *op. cit.*, pp. 10 y 11.

[111] Martínez Heredia, Fernando, *Rectificación y profundización del socialismo en Cuba*, La Habana, Centro de Estudios sobre América, 1988 (Cuadernos CEA, núm. 3), p. 11.

Asimismo, se consideró que había sido muy perjudicial el gran prestigio atribuido al poder de los mecanismos monetarios implementados en otros países, mismos que fueron imitados en Cuba durante la "liberalización" económica. Según Martínez Heredia, "junto a esos mecanismos florecieron la ineficiencia, la falta de inventiva y el seguidismo acrítico de experiencias ajenas".[112] Por ello, Fidel afirmó: "debemos partir de nuestras propias ideas y de nuestras propias interpretaciones del marxismo-leninismo para adecuar un sistema que, en buena medida, se tomó de la experiencia de los países de Europa oriental".[113]

En este sentido, las desviaciones que se observaron tanto en el marco de la "liberalización" económica (SDPE) como en la reforma administrativa (centralismo democrático y normas laborales), tales como los actos de negligencia, el burocratismo y la corrupción, han contribuido al declive económico del país desde 1986.

Muchas de las problemáticas a las que se enfrenta el régimen cubano surgieron con la aplicación del SDPE. Se suponía que bajo el sistema de desarrollo y planeación las empresas se convertirían en unidades relativamente autónomas; sin embargo, los ministerios no lo permitieron. En 1985 se reportó que "mientras el sistema central de planeación reduce sus directrices [a las empresas], los ministerios las aumentan; por ende, el intento de reforma [de 1975] está perdido debido a la tutela y paternalismos excesivos".[114] La renuencia de los ministerios a delegar autoridad a las empresas estatales menoscabó el grado de discreción que habría de concederse a los gerentes de plantas fabriles, en virtud de la SDPE. La interferencia no se limitó a demandas sobre información, sino también abarcó los sectores de las finanzas y operaciones de las empresas.

Originalmente se planeó que bajo el SDPE las empresas serían responsables de su financiamiento; como apoyo a la estrategia de autofinanciamiento empresarial, el gobierno de Castro estipuló en 1975 que el Banco Nacional cubriría en forma rutinaria las pérdidas anuales de la empresa. Por la buena voluntad de esta disposición, las empresas no aumentaron sus niveles de producción,

[112] *Idem.*

[113] A. Sujostat, art. cit., p. 33.

[114] Sergio Roca, "Empresas estatales en Cuba bajo el SDPE", *Granma*, La Habana, 11 de febrero de 1985, p. 12.

sino por el contrario, éstos decayeron como consecuencia de la corrupción.

Como ejemplo citaremos el siguiente caso: las autoridades encargadas de establecer precios –surgidas a raíz de la creación del SDPE– permitieron que las empresas elevaran sus precios por encima de los límites de los que estaban bajo control, lo cual les produjo márgenes ilícitos de ganancia. De tal forma, la restricción de los precios estipulada por el SDPE fue burlada por la manipulación de los empresarios. Una vez más, la intención de los autores del SDPE no tuvo buenos resultados ante la desobediencia de la burocracia encargada del funcionamiento del sistema de desarrollo y planeación económica.

Así pues, la falta de control presupuestario y la escasa restricción en los precios facilitó la corrupción. Los directores de las empresas pudieron desviar la "propiedad del pueblo" para fines propios y de sus amistades. No es de sorprender que, para mediados de la década pasada, la corrupción alcanzara proporciones epidémicas.

En 1986 Castro comenzó a señalar que Cuba no podía seguir a la espera de ayuda del mundo capitalista y, cada vez menos, del bloque socialista. Por ello, fue urgente hacer más eficiente la economía; la crítica profunda al SDPE por parte del líder fue inmediata debido a que facilitó el abuso de los incentivos materiales y de los mecanismos de mercado. Como resultado, se creó la Comisión Nacional del Sistema de Dirección y Planificación de la Economía destinada a mejorar el funcionamiento del SDPE y, por ende, promover la expansión económica. Distintos grupos de trabajo analizaron el funcionamiento de cada sector de la economía. Finalmente, se elaboró un programa que estipulaba la reorganización de la planificación económica y el control de la gestión económica. Así pues, la misión primordial de la Comisión Nacional ha sido "controlar los recursos utilizados y acumulados en obras y almacenes, así como verificar las necesidades de las empresas en cuanto a materia prima adquirida con divisas convertibles".[115] Las empresas que no presentan a tiempo la lista de sus excedentes son sancionadas con la confiscación de los mismos.

[115] A. Sujostat, art. cit., p. 32.

Asimismo, se redefinieron las funciones tanto del Juceplán como de los ministerios: se estableció que la Junta Central de Planificación sólo tendría que elaborar índices generales, mientras que los ministerios y las agrupaciones de empresas se dedicarían a detallarlos. Sin embargo, aun cuando se estableció que las empresas estarían autorizadas a comercializar su producción en el país y en el exterior, la autogestión empresarial quedó muy restringida debido a que oficialmente se amplió la competencia de los ministerios. En este sentido, se estipuló que éstos, aparte de la dirección general de las agrupaciones de empresas y sus dependencias, "han de coordinar también el funcionamiento de las empresas que pertenecen a otros organismos del Estado, pero cuya producción corresponde a las mismas características tecnológicas y sectoriales del Ministerio respectivo; asimismo, han de formular las normas, realizar la política científica y técnica única, formar cuadros, coordinar la planificación a nivel de su sector, así como determinar el volumen y la finalidad de las inversiones".[116]

Por último, el máximo líder cubano anunció, en 1986, que el Banco Nacional dejaría de financiar en forma automática a las empresas no rentables que, según una estimación de 1986, constituían alrededor de una tercera parte del total de las empresas.[117]

Por otra parte, la reforma administrativa también presentó desviaciones crónicas. Esto resalta en las medidas tomadas dentro del "centralismo democrático", donde se pretendió aumentar la participación desde abajo en la toma de decisiones en su fase previa (discusión) y en su etapa posterior (implementación). Sin embargo, esto no se llevó a cabo, ya que finalmente fue la cúpula quien siguió tomando las decisiones más importantes, mientras las masas participaban únicamente de manera marginal. En principio se pensó que las decisiones más importantes vendrían desde el centro; en segundo lugar, decisiones menos generales serían tomadas por líderes administrativos medios. Resulta evidente que la participación de los niveles medios y bajos del sistema no se llevó

[116] *Idem.*

[117] "Reunión Nacional de los Departamentos Económicos del Partido", *Granma Reporte Semanal*, La Habana, 15 de febrero de 1987, p. 1.

a cabo, puesto que desde sus orígenes el proceso centralista democrático los dotó de márgenes mínimos de participación.

Si bien se trataba de aumentar la participación de los trabajadores, disminuir la interferencia de líderes de alto nivel en actividades que no les correspondía, sustituir a los viejos cuadros por los "nuevos profesionales", y todo ello para aumentar la eficiencia económica, es necesario señalar que "el 'centralismo democrático' de la sociedad cubana presentó desviaciones que van desde el paternalismo y el tutelaje hasta el burocratismo".[118] Por ello, Fitzgerald adopta el concepto de "centralismo burocrático" en vez de "centralismo democrático" para calificar al proceso de rectificación posterior a 1970 sobre el aparato administrativo. Al respecto, Castro señaló en 1985 que "todo parece indicar que el progreso en relación con la participación práctica de los trabajadores en el diseño del plan económico deja mucho que desear".[119] Parte de la culpa de la escasa participación de los trabajadores en la discusión recayó sobre el personal administrativo de alto nivel por no distribuir la información a tiempo a los centros locales; otra parte correspondió a los directores de las empresas, quienes no proporcionaron datos suficientes a los trabajadores ni tampoco explicaban los motivos del rechazo a sus peticiones.

Por último, hay que mencionar las desviaciones que se generaron a raíz de la aplicación de las normas laborales, en caso de existir dentro de los centros de trabajo. Por un lado, no aumentaron la productividad económica; por otro, incrementaron el burocratismo, cuando su intención era la opuesta.

La introducción de normas para impulsar el desarrollo económico ha sido un lento e ineficiente proceso. A principios de 1972, el entonces ministro del Trabajo, Jorge Risquet, anunció que las normas laborales "elementales" funcionarían para finales de 1973, al tiempo que comenzaría la introducción de las normas "técnicas".[120] Sin embargo, en 1981, casi 28% de los centros laborales carecían de cualquier tipo de norma. Para 1982, el

[118] Para profundizar en el proceso centralista democrático, véase F. Fitzgerald, art. cit., pp. 285-288.

[119] F. Castro, art. cit., p. 7.

[120] De acuerdo con la fase en que deben implementarse, existen dos tipos de normas laborales:

77% de las normas existentes eran "elementales", el 23% eran intermedias y prácticamente ninguna era "técnica".[121] Para 1986, esta situación no había cambiado en forma sustancial: la primera fase todavía estaba incompleta mientras que la segunda apenas comenzaba.

No obstante, tampoco en los centros laborales que sí contaban con normas elementales hubo un aumento en la eficiencia productiva y mucho menos se había logrado limitar la burocratización. Por el contrario, el bajo nivel de esfuerzo productivo requerido por estas normas originó un aumento en la contratación de personal. En otras palabras, las normas "elementales", aplicadas en su más bajo nivel, permitieron que los empleados produjeran por debajo de las cuotas asignadas de trabajo. Esto derivó en el surgimiento de las llamadas "plantillas excesivas" que se manifiesta en el siguiente ejemplo: en 1973 había 90 mil empleados administrativos; para 1974, el número ascendió a 250 mil.[122] Como resultado, el proceso de sustitución de los viejos cuadros por los "nuevos profesionales" fue más lento, pues los burócratas de antaño pudieron permanecer en sus mismos cargos.

Las "elementales" o "experimentales" se basan en datos que revelan la productividad del trabajador en un pasado reciente, cifra que se compara con la cantidad de tiempo utilizado por ese trabajador durante su desempeño laboral presente en ese mismo empleo. Son un instrumento para detectar y luego reducir o eliminar el impacto de las interrupciones en la producción. Sin embargo, estas normas fueron fácilmente burladas. Los trabajadores pueden controlar la velocidad de sus esfuerzos mientras se contabiliza su productividad. Tanto el empleado como el director obtienen ventajas inmediatas al respetar estas normas en el menor grado requerido. Por ello, la norma se aplicó en el más bajo nivel.

Las "técnicas" o "estadísticas" se basan en estudios científicos no sólo sobre los trabajos individuales, sino también sobre los centros laborales, empresas y sectores de la economía. Estos análisis se enfocan en los factores que afectan negativamente la productividad, tales como el equipo obsoleto, abastecimientos tardíos, bajo mantenimiento, planeación y organización ineficiente del proceso laboral. Su objetivo es reorganizar e intensificar el trabajo.

Cabe señalar que además de tener un considerable contenido económico, las normas tienen vital importancia ideológica. F. Fitzgerald, *op. cit.*, pp. 294 y 295.

[121] María Díaz Corral, "Algunas consideraciones para la aplicación de reglamentación de normación del trabajo", *Economía y Desarrollo*, núm. 85, marzo-abril de 1985, p. 227.

[122] F. Fitzgerald, art. cit., p. 297.

Además, las normas "elementales" autorizaban el pago del salario básico según la posición del trabajador en la escala oficial de los salarios, sin considerar la productividad particular de cada empleado. La ley laboral cubana establece que los trabajadores recibirán el 70% de su salario en caso de haber interrupciones productivas. Varios directores tomaron ventaja de dicha provisión para mantener un superávit laboral dentro de sus centros de trabajo con el fin de protegerse del escaso mercado laboral y retener a sus empleados. Así pues, los directores ofrecieron garantías de pago no por el trabajo realizado de acuerdo con la norma, sino por el trabajo no elaborado. Al respecto, el economista húngaro Kornai señala que el superávit laboral dentro de las empresas se conoce como "desempleo dentro del trabajo".[123]

Otra parte de la ineficacia de las reglamentaciones laborales responde a la gran cantidad de éstas ideadas por la cúpula. En 1986 existían alrededor de 3 millones de normas laborales y aproximadamente 20 000 normadores. Esto significa que a cada normador le correspondían 150 normas. Establecer y mantener tal cantidad de normas ante la compleja división del trabajo, la tecnología cambiante y la organización laboral resultó ser una tarea poco práctica y de enormes magnitudes.[124]

De esta manera, las desviaciones en los procesos de "liberalización económica" y reforma administrativa que tuvieron lugar entre 1970 y 1985 obstaculizaron el desarrollo sano de la economía cubana. Estos enraizados hábitos burocráticos del personal administrativo son el legado de la hipercentralización característica de los años sesenta, cuando el objetivo principal era movilizar la producción en vez de debatir las distintas alternativas económicas. En consecuencia, los viejos cuadros alcanzaron posiciones importantes según su base política y muchos burócratas de aquellos años continúan en los mismos puestos.

[123] *Ibid.*, p. 293.

[124] Francisco Linares, "Debates sobre la rectificación de errores y tendencias negativas en varias esferas de la sociedad", *Granma Reporte Semanal*, La Habana, 4 de diciembre de 1986, p. 2.

Valuación de la estrategia de rectificación

Antes de evaluar los resultados de la campaña de rectificación de 1986, resulta necesario marcar una diferencia entre sus esferas de acción: económica y político-administrativa.

Sin lugar a dudas, las medidas económicas instrumentadas en la campaña rectificadora fueron en sentido contrario a la liberalización económica de la década de los setenta y primera mitad de los ochenta: se recortaron los incentivos materiales, se abolió el mercado agrícola libre, se restringió el trabajo individual y se limitó el poder de autogestión de las empresas estatales. La implementación de estas medidas a partir de 1986 contrastó con el proyecto de restructuración económica en la Unión Soviética de Mijail Gorbachov, el cual se inició durante el XXVII Congreso del PCUS en marzo de 1986 y posteriormente fue adoptado por Europa oriental a partir de 1989. Mientras que la *Perestroika* buscó mayor eficiencia económica y una apertura política controlada, la rectificación cubana inhibió la transformación de las estructuras político-administrativas, así como la transición hacia una economía menos centralizada. De tal forma, "la campaña de rectificación fue opuesta al contenido esencial de la *Perestroika* y la *Glasnost* implementadas en la URSS".[125]

En este sentido, Howard Wiarda señala que

> rectificación significa esencialmente un retorno a los incentivos morales, a la pureza ideológica, a la planeación centralizada y al dominio de un solo hombre. Se trata de los principios implementados durante la década de los sesenta y que causaron las dificultades económicas del momento. De tal modo, la rectificación es un signo de debilidad y no de éxito del sistema.[126]

El cambio hacia una estrategia de exportación, según la división internacional del trabajo existente entre las naciones capitalistas, fue sugerida a Fidel Castro por los soviéticos desde 1986. La

[125] Business International Corporation: *Developing Business Strategies for Cuba*, Nueva York, Business International Corp., marzo de 1992, p. 21.

[126] Howard Wiarda, "Is Cuba Next? Crises of the Castro Regime", *Problemas Internacionales*, vol. XL, núm. 1, Washington, US Information Agency, enero-abril de 1991, p. 92.

Unión Soviética debía reforzar su economía y financiar su propia restructuración, lo cual exigía la suspensión paulatina de la asistencia económica a sus aliados en vías de desarrollo. Esto es, reducir el proceso histórico de las transferencias netas de capital que fluían de este a sur en gran escala. "El 'giro hacia adentro' de los soviéticos bajo Gorbachov fue acompañado del estímulo que Moscú dio al 'giro hacia afuera' de Cuba."[127] Bajo estas condiciones y después de 26 años, la isla se vio en la necesidad de crear nuevos sectores de exportación no tradicionales, diversificar sus mercados, compensar la reducción de los subsidios soviéticos y enfrentar la presión de los bancos occidentales.

En este sentido, se le recomendó a Cuba el hecho de que transitara de una "estrategia de mercado interno de sustitución de importaciones a una estrategia de exportación, combinada con un intenso esfuerzo por crear las condiciones estructurales internas para competir con éxito en el mercado mundial".[128]

El inicio de la transición de una economía orientada hacia el interior a una economía de exportación orientada hacia el exterior causó trastornos internos: aumentaron los costos de los servicios públicos debido a que el capital ya no se asignó al consumo sino a la producción para exportar; se redujeron los salarios; se intentó separar el control del Partido en la administración de las empresas; aumentó la escasez de bienes de consumo; se introdujeron normas laborales más severas, y aumentó el desempleo. Cabe señalar que la tasa de desempleo fue del 6% en 1988, comparada con el 3.4% de 1981.[129]

Con el fin de suavizar los inevitables choques de la transición y evitar el debilitamiento del control político a causa de la implementación de profundos cambios estructurales que trajeron consecuencias desfavorables para la población, el gobierno recurrió a la evocación de los símbolos revolucionarios, reafirmó los beneficios sociales básicos y fortaleció la continuidad ideológica y organizativa, instigando a todos a actuar en defensa del proyecto comunista de la Revolución. Asimismo, se acentuó la importancia

[127] J. Petras y M. Morley, *op. cit.*, p. 33.

[128] *Ibid.*, p. 25.

[129] The Economist Intelligence Unit, *Quarterly Economic Review of Cuba*, Londres, mayo de 1989, p. 12.

de la renovación del igualitarismo socialista. En este sentido, Castro adoptó ciertas medidas populistas para mitigar la deslealtad: castigó a funcionarios corruptos, atacó a los acaparadores y recorrió vecindarios para discutir las políticas implementadas y comunicar las necesidades del país.

Por otra parte, dentro del proceso de rectificación apareció una curiosa paradoja: una campaña "guevarista" en el interior que no comulgaba con una política exterior hemisférica de frente amplio. Mientras que en los sesenta el "guevarismo" se acompañó de una política exterior que tuvo la finalidad de fortalecer al movimiento revolucionario en Latinoamérica, en 1986 el "guevarismo" se aplicó junto con una política exterior que relegaba al socialismo en las relaciones exteriores a un segundo plano y buscaba la integración de Cuba en América Latina a través de una estrategia de frente amplio. Esta contradicción refleja el doble esfuerzo del gobierno cubano por reducir el consumo interno y las importaciones mientras surgía un sector exportador competitivo. Al respecto, Petras señala que "en los ochenta quien está al mando es el 'mercado' (mundial) y no la 'política' (revolucionaria)".[130]

El nuevo modelo de desarrollo basado en las exportaciones de bienes acabados con un mayor valor agregado ha tenido un profundo efecto en el impulso que se ha dado a las relaciones internacionales de Cuba. En un esfuerzo por romper el aislamiento de su país, Castro ha fomentado políticas comunes de comercio e inversión principalmente con América Latina, así como con la Comunidad Económica Europea y con Japón. Así pues, las relaciones exteriores de Cuba han estado, desde 1986, cada vez más determinadas por las posibilidades de mercado y no por los postulados y objetivos tradicionales de la política revolucionaria. Lo anterior responde a la enorme necesidad del régimen cubano de encontrar nuevos mercados que permitan la captación de divisas a través de la colocación de sus productos en el exterior.

El ajuste de la nueva estrategia del mercado de exportación se definió aún más en la política económica de Cuba hacia finales de los ochenta. Con el decreto ley 50 para promover las inversiones extranjeras en vigencia desde 1982, el gobierno cubano impulsó el

[130] J. Petras y M. Morley, *op. cit.*, p. 18.

sector de exportaciones por medio de la creación de empresas mixtas, donde se permite la participación del capital extranjero. Sin embargo, desde años anteriores, el régimen de Castro estableció empresas ficticias destinadas a evadir el bloqueo económico de Estados Unidos e importar productos escasos o estratégicos. Estas últimas estaban vinculadas con el principal núcleo de poder en el gobierno, lo que dio lugar a la actividad especuladora ilícita y a la corrupción.

Carlos Aldana, jefe de la Oficina de Orientación Revolucionaria del PCC, en franco apoyo a la nueva estrategia de desarrollo, señaló en 1989 que si Cuba quería impulsar este nuevo modelo orientado a la exportación de bienes competitivos con mayor valor agregado era necesario incorporar la experiencia capitalista a la organización de la producción, la retribución del trabajo y el control de calidad. En este sentido, agregó que las plazas de trabajo deben pertenecer al obrero más calificado. No obstante, también apuntó que "la eficiencia de la fuerza laboral no pasa por el desempleo automático como sucede en el capitalismo, ya que en Cuba se adoptan enfoques graduales..."[131] Así pues, hacia fines de los ochenta, el modelo cubano profundizó en el proceso de "liberalización" económica, mientras que en el contexto de la escasez y austeridad se rechazó el "populismo" (incrementos generales en los ingresos y consumo) y el "paternalismo" (protección al trabajo).

Transcurrieron cinco años para que en el seno del IV Congreso del PCC en 1991 comenzara a formalizarse el esquema económico orientado al fomento de las exportaciones. Entre las medidas tomadas están: la aprobación del trabajo individual en ciertas actividades, tales como la mecánica, la carpintería y algunas áreas del comercio, la autogestión a las empresas y el impulso a las inversiones extranjeras en sectores clave de la economía. Dichas iniciativas son producto de la acentuada crisis económica que padece Cuba desde 1990, año en que comenzó la drástica reducción de los suministros soviéticos.

Cabe destacar que la lucha contra los vicios de la liberalización económica (1970-1985), desviaciones tales como la burla al ordena-

[131] *Ibid.*, p. 15.

miento legal, el ausentismo y la corrupción, no ha logrado todavía la eficiencia total del aparato productivo.

En este sentido, las medidas tomadas en el proceso de rectificación han tenido poco impacto en la recuperación económica cubana. La restricción de los incentivos materiales frente al impulso de los incentivos morales y el trabajo voluntario no paliaron el deterioro económico de la isla. Por una parte, ésta carecía de una infraestructura industrial para la exportación de productos acabados competitivos y por otra, el gobierno cubano vio limitada su posibilidad de revender productos soviéticos para obtener divisas. Ambos factores profundizaron la crisis económica que se gestó desde principios de 1986.

Por último, en el marco de la nueva "liberalización económica", a medida que Cuba ha tratado de ampliar sus lazos con el mundo capitalista, en forma paradójica, se reducen sus oportunidades comerciales: el comercio con países capitalistas se deterioró, pasando de un 25% del comercio total registrado en 1980-1981 a menos del 14% en 1986; entre 1986-1987, el valor total de este comercio se redujo de 1.6 a 1.25 mil millones de dólares.[132] En este sentido, Hanratty indica que Meza-Lago asevera que "la campaña de rectificación tuvo su fundamento en la ideología, pero no en la economía".[133]

A nivel político-administrativo, la rectificación ha tenido pocos efectos. Por un lado, el burocratismo recibió un fuerte impacto. Para diciembre de 1986 se anunció que en la provincia de Habana, más de 400 miembros del personal administrativo, incluyendo 120 directores de empresas y encargados de centros laborales, fueron removidos de sus puestos. También fueron desplazados 85 líderes del partido por su renuencia a cambiar de actitud.[134]

Sin embargo, la cúpula tuvo que reconocer que para avanzar en la lucha contra el burocratismo se requieren muchos años. Esto se debe a que, por un lado, varios directores se resisten a utilizar las normas laborales adecuadamente; por otro lado, mientras que se establece un sistema funcional de normas laborales, no es

[132] *Ibidem*, p. 32.
[133] Hanratty, art. cit., p. 15.
[134] Linares, art. cit., p. 3.

posible corregir en forma simultánea todos los problemas derivados de ellas, ya que esto suscitaría el desempleo masivo y quizá una mayor crisis política entre el liderazgo y los sindicatos. Para que se logre mayor éxito en este aspecto, es necesario crear nuevos empleos a través de la expansión económica.

Según cubanólogos estadunidenses el intento cubano por reducir el burocratismo a través del fomento de la conciencia política es sólo un paliativo. Las causas del burocratismo permanecen en gran medida intactas, ya que se trata de factores estructurales que no se pueden erradicar por ser parte instrínseca del sistema, pero que a la vez fecundan los mismos males del aparato político y económico.

Resulta evidente que la campaña de moralización lanzada por el Estado tuvo como finalidad mantener la autoridad pública, el poder central y la cohesión política. Esto proviene del hecho de que Castro está consciente de los efectos corrosivos que el mercado tiene sobre la solidaridad social que alimenta el poder del Estado. En forma contraria a Gorbachov, quien se apoyó en la liberalización política para realizar cambios en el nivel económico, Castro inhibe la participación real de grupos disidentes, restringe la intensidad de la oposición, al tiempo que controla y dirige la participación popular. Esta tendencia se acentúa conforme el régimen cubano se ve en la imperiosa necesidad de atraer a los capitalistas del extranjero deseosos de invertir en la isla.

Conforme a lo planteado anteriormente, resulta ilustrativa la forma en que James Petras y Morris Morley definen el proceso de restructuración en Cuba:

> se ha seguido un camino diferente: el mercado interno se ha suprimido; se ha desencadenado la moralización de la economía y se ha permitido la disidencia dirigida de manera muy selectiva, evitando así las profundas divisiones económicas y el rechazo abierto de las masas hacia la autoridad pública.[135]

Luego entonces, los cambios políticos y administrativos de la campaña de rectificación reafirman la supremacía política del

[135] J. Petras y M. Morley, *op. cit.*, p. 24.

Partido y consolidan los principios marxistas-leninistas-martianos de la Revolución cubana.[136] No fue sino hasta el IV Congreso del PCC celebrado en octubre de 1991 cuando la cúpula partidista propuso ciertos cambios que, en cierta medida, transitan por un rumbo más liberal. En este sentido, se estableció la necesidad de iniciar la apertura política a través de la aprobación del principio de las elecciones populares directas para los delegados a la Asamblea Municipal y la Asamblea Provincial y, particularmente, para los diputados a la Asamblea Nacional Popular. Estos comicios se realizaron en diciembre de 1992 y febrero de 1993. Otras de las medidas políticas sugeridas en el Congreso fueron la autorización a los creyentes para pertenecer al PCC, es decir, que se reconozca al Estado cubano como laico en vez de ateo; mayores atribuciones al Comité Central en la toma de decisiones para consolidar el giro hacia la nueva estrategia económica; la realización de una conferencia nacional del Partido Comunista Cubano con el propósito de consolidar la nueva orientación política; la reducción de la burocracia partidista y la colocación de cuadros jóvenes que sustituyan a los viejos burócratas del partido y del gobierno.[137]

Finalmente, a mediados de junio de 1992, en la Asamblea Nacional del Poder Popular que concluyó con el XI periodo de sesiones del Parlamento cubano, se aprobaron las resoluciones del IV Congreso del PCC. Durante los tres días de sesiones, se discutió la posibilidad de reformar 34 artículos y actualizar otros 42, según la propuesta presentada por una comisión creada *ex profeso*.[138] Estas enmiendas a la Constitución de la República de 1976 amplían los poderes del presidente del Consejo de Estado, Fidel Castro. Así pues, se le otorga la autoridad para decretar en todo o en parte del país un "estado de emergencia" (nueva atribución en el texto) en caso de agresión o su inminencia, catástrofes naturales o suce-

[136] Los principios del pensamiento de Martí fueron retomados con mayor fuerza desde que se agudizó la crisis económica en Cuba. Entre éstos desatacan: el igualitarismo, la justicia social, el patriotismo y el nacionalismo. El objetivo del régimen ha sido imprimir un sesgo más nacionalista a la Revolución, una vez que la URSS comenzó la retirada de los subsidios a Cuba.

[137] *Este es el Congreso más democrático, 10-14 de octubre de 1991*, La Habana, Editora Política, 1991, pp. 83, 105-115.

[138] Analco, Gloria, "Ni retroceso ni vuelta al pasado: Cuba", *Excélsior*, 11 de junio de 1992, pp. 1 y 28.

sos que "afecten el orden interior, la seguridad y la estabilidad del Estado". También adquiere la jefatura suprema de todas las instituciones armadas y la facultad de llevar a cabo la organización general de las fuerzas castrenses. Otra nueva atribución del presidente del Consejo de Estado es presidir el recién creado Consejo Nacional de Defensa, el cual "dirige al país en caso de movilización general, guerra o estado de urgencia".[139]

Como resultado de las reformas a la Constitución cubana aprobadas durante la Asamblea Nacional del Poder Popular, Castro adquirió poderes especiales que le permitirán sofocar cualquier conato de inconformidad apoyado por la oposición cubana externa e interna. En este sentido, es posible afirmar que los dos ingredientes básicos de las recientes reformas son: por un lado, aun cuando se haya aprobado una mayor rigidez del sistema político cubano, la elección de los diputados a la Asamblea Nacional por voto secreto y directo para 1993 después de que se defina una futura Ley Electoral el próximo mes de octubre, la cual determinará el método comicial y la presentación de las candidaturas; por otro lado, una apertura a nivel económico que privilegia a la inversión extranjera como un factor complementario del nuevo programa de reformas económicas del gobierno cubano.

En el capítulo III se analizará la profunda crisis económica que sobreviene en Cuba a partir de 1986 y que se agudiza desde 1990 hasta la fecha. Es justamente dentro de este contexto en el que la inversión extranjera recibe un gran impulso por parte de la cúpula gobernante. En este sentido, la atracción de capitales extranjeros se ha convertido en una prioridad para el actual régimen cubano, ya sea para movilizar y dinamizar la capacidad industrial instalada en el corto-mediano plazo, o bien para establecer una nueva estrategia de desarrollo económico basada en la inversión extranjera y adecuada al nuevo orden internacional.

[139] "Estamos atrincherados en el socialismo: Castro", *Excélsior*, México, 13 de julio de 1992, Sección A, pp. 1 y 28.

II. CUBA Y LA UNIÓN SOVIÉTICA EN LOS OCHENTA

Después de analizar en el capítulo anterior la gran dependencia que fue adquiriendo a lo largo de tres décadas la economía cubana con respecto a la ayuda que le proporcionaba la Unión Soviética y el resto de los países socialistas de Europa oriental –lo que desembocó incluso en la adopción por parte de Cuba del modelo de planificación centralizada de la URSS, a partir de 1970–, se puede asegurar que la causa principal de la actual crisis económica en Cuba se encuentra en el retiro gradual pero constante de la ayuda soviética a sus exaliados.[1]

Es indudable que en la actual debacle económica cubana interactúan también otros factores, los cuales determinan la gravedad de la situación en la que se encuentran las estructuras financieras e industriales de la isla del Caribe. Entre estos factores destacan por su importancia los siguientes: el desmoronamiento del CAME a partir de 1989 y su posterior desaparición en julio de 1991 (el CAME fue la copatrocinadora de la ayuda socialista a Cuba);[2] la deuda externa cubana, que en la actualidad asciende, según cifras

[1] Esto se apoya en el hecho de que la economía cubana depende en alto grado de su comercio exterior: entre 1962 y 1974, el 24% del PSG cubano correspondió al comercio con el exterior; entre 1975 y 1984 esta proporción creció al 45%, y entre 1985 y 1988 fue del 50%. De esta manera, si consideramos que las exportaciones cubanas fueron una de las fuentes principales para el desarrollo de la economía y el hecho de que este comercio lo haya realizado casi exclusivamente con el CAME y en especial con la URSS, entendemos por qué con el retiro de sus exaliados la economía de Cuba se desploma. Entre 1960 y 1965 la participación de la URSS en el comercio exterior cubano fue del 45% (60% con el CAME) y entre 1985 y 1988 fue del 71% (85% con el CAME). Además en 1988, el 83% del comercio cubano se realizaba en rublos transferibles, un 8.7% en Barter y acuerdos de dólar y sólo el 8.3% en divisas convertibles. En Carmelo Meza-Lago, "Economic Effects of the Soviet/Eastern European Crisis on Cuba", *Paper for the Andrew W. Mellon Project on Eastern Europe and Cuba*, University of Pittsburgh, abril de 1992.

[2] El 5 de septiembre de 1992, durante su discurso conmemorativo del 26 de julio, Fidel Castro reconoció que la desaparición del campo socialista y la desinte-

oficiales cubanas, a 31 mil millones de dólares, y según fuentes rusas a 81 mil millones de dólares, y finalmente el bloqueo comercial estadunidense.

En el siguiente capítulo trataremos con más detalle cada uno de estos elementos, los cuales hoy en día confluyen en la economía cubana ocasionando su caída.

A estas causas, todas ellas de origen externo, hay que añadir dos más que son de carácter interno. Se trata en primer lugar de la ausencia en la isla de una infraestructura industrial manufacturera y alimenticia que, en las cicunstancias actuales de doble bloqueo (por parte de la Comunidad de Estados Independientes y de Estados Unidos), le permitan a Cuba sustituir con productos propios los que antes recibía de la URSS. En segundo lugar está la dependencia energética de Cuba con respecto al petróleo soviético.

La crisis económica que vive el pueblo cubano y que amenaza con agravarse en los próximos meses sirve de colofón a un periodo de casi 30 años de estrecha colaboración entre la URSS y Cuba, en el cual la nación socialista del Caribe, con la ayuda de sus aliados, alcanzó altas tasas de crecimiento económico (principalmente en los setenta) en comparación con las de sus vecinos latinoamericanos.[3]

Hay que reconocer que una buena parte de los recursos que llegaron de la URSS y Europa oriental a la isla, fueron utilizados, hasta el año de 1990, en el desarrollo de amplios programas de asistencia social, en especial en los rubros de educación y salud. Por esta razón, es evidente que a pesar de la gravedad de la situación económica en Cuba, los habitantes de la isla siguen

gración de la URSS significaron para Cuba en 1992 una disminución de su capacidad de compra en el exterior de 5 mil 939 millones de dólares, lo que representa el 70% de pérdidas con respecto a 1989. Precisó Fidel Castro que la capacidad económica de Cuba en 1989 era de 8 mil 139 millones de dólares, contra la capacidad de compra de la isla de 2 mil 200 millones de dólares en 1992. Gloria Analco, "Zafra de 7 millones de toneladas", *Excélsior*, 6 de septiembre de 1992, pp. 1 y 10.

[3] Julio Ballesta, "La dinámica del cambio social en Cuba en los últimos treinta años", *America Latina*, núm. 9, Moscú, Editorial Progreso, septiembre de 1991, pp. 75-83.

disfrutando de las ventajas que les proporcionan ambos sectores de la economía cubana (véanse los cuadros II.1 y II.2).[4]

CUADRO II.1
Gastos corrientes de la actividad presupuestada en salud pública

Año	*En millones de pesos cubanos*	*En millones de dólares**
1980	397.0	559.8
1981	501.0	641.3
1982	534.1	640.9
1983	585.0	678.0
1984	646.7	730.8
1985	681.5	742.8
1986	769.6	931.3
1987	810.2	810.2
1988	872.0	872.6
1989	904.5	904.5
1990	937.4	937.4

* A las tasas de cambio oficiales del BNC.

Sin embargo, hoy en día las cosas son muy diferentes. Los altos índices de crecimiento que alcanzó Cuba en el pasado en varios sectores de su economía se han transformado en tasas negativas de crecimiento económico (–20% en 1991 y –25% en 1992). Esto permite pensar que quizá sea el pueblo cubano el que más sufre, en toda la comunidad internacional, las consecuencias negativas del fin de la guerra fría. Por un lado, la isla soporta el bloqueo comercial impuesto hace treinta años por Estados Unidos y, por el otro, empieza a sentir las consecuencias de un segundo bloqueo que le están aplicando sus exaliados socialistas, es decir la Comunidad de Estados Independientes y de manera especial la Federación Rusa.

[4] A principios de los noventa Cuba contaba en el sector educativo con los siguientes recursos: 9 617 primarias, 2 112 secundarias y 35 universidades; 59 819 maestros de primaria, 101 708 maestros de secundaria y 22 492 profesores universitarios; 936 914 alumnos de primaria, un millón 143 137 estudiantes de secundaria y 262 225 estudiantes universitarios. En el área de salud contaba con 306 hospitales, 340 mil camas de hospitales, 28 mil médicos, 6 mil dentistas, 773 farmacéuticos y 53 500 enfermeras.

CUADRO II.2
Gastos corrientes de la actividad presupuestada en educación

Año	*En millones de pesos cubanos*	*En millones de dólares**
1980	1 154.4	1 627.7
1981	1 311.0	1 678.1
1982	1 396.0	1 675.2
1983	1 479.7	1 716.5
1984	1 579.3	1 784.6
1985	1 587.8	1 730.7
1986	1 640.2	1 984.6
1987	1 600.0	1 600.0
1988	1 651.6	1 651.6
1989	1 650.6	1 650.6
1990	1 619.5	1 619.5

* A las tasas de cambio oficiales del BNC.

Fuente: José Luis Rodríguez, "La economía de Cuba ante la cambiante coyuntura internacional", *Boletín de Información sobre economía cubana*, vol. I, núm. 1, La Habana, Centro de Investigaciones de la Economía Mundial, enero de 1992, pp. 5-15.

La actual marginación de Cuba por parte de los rusos se refleja muy bien en el trato que está dando el gobierno de Boris Yeltsin al gobierno cubano, al cual consideran en el Kremlin como el causante de la desastrosa situación financiera en Cuba.[5] Debido a que en la cancillería rusa predomina, a partir de diciembre de 1991, el pensamiento y las acciones de los "atlantistas" o "prooccidentales", encabezados por el ministro de Relaciones Exteriores de Rusia Andrei Kosiriev (sobre la de los "conservadores" o "realistas"), Cuba y el resto de las naciones en vías de desarrollo son tratadas como naciones de segunda categoría. Incluso, en el marco de esta nueva política exterior rusa, algunos países como Israel y Sudáfrica, que antes eran considerados como enemigos de la URSS, reciben un trato especial por parte de la diplomacia rusa. Esta misma deferencia la tiene el gobierno ruso con los NIC's (Países de Reciente Industrialización), que incluyen aparte de los cuatro dra-

[5] Según fuentes rusas, Moscú condena el hecho de que actualmente la economía cubana padezca de los siguientes defectos: caída en el desarrollo, baja productividad laboral, un tercio de las empresas cubanas trabaja con pérdidas, concentración de las exportaciones en el azúcar, bajo rendimiento agrícola y en la industria azucarera y severo racionamiento de los alimentos.

gones de Asia (Hong Kong, Taiwan, Corea del Sur y Singapur) a China, México, Brasil y Argentina. En la actualidad todos estos países son considerados por los rusos como medianas potencias y son el foco de atención de la cancillería rusa.

Ante estas evidencias no es ocioso señalar que a diferencia de lo que sucedía hace apenas una década en las relaciones entre la URSS y el Tercer Mundo, hoy la expotencia socialista niega ayuda financiera y técnica a las naciones pobres, en aras de lograr un mayor acercamiento a las potencias capitalistas que son vistas desde Moscú como fuentes probables de capitales y tecnologías avanzadas.[6]

Para justificar este comportamiento, hasta cierto punto negativo, hacia las naciones en vías de desarrollo y en especial hacia Cuba, los gobernantes rusos han manifestado en varias ocasiones su inconformidad sobre la renuencia de Fidel Castro a aceptar la introducción en la isla del libre mercado y la democracia liberal.

La actitud de rechazo por parte de los rusos hacia el gobierno de Fidel Castro contrasta de manera notable con la que tuvieron los soviéticos entre 1966 y 1968, cuando con todo y sus desavenencias políticas con el mandatario cubano, siguieron apoyando el desarrollo de Cuba. En esos años, a pesar de que Castro Ruz insistió en la necesidad de fomentar la lucha revolucionaria en América Latina, cosa que no era del agrado de Moscú, el Kremlin siguió apoyando a Cuba en su proceso de desarrollo.[7]

En los recientes estudios que se han realizado, tanto en Estados Unidos como en la Federación Rusa, sobre la temática de las relaciones entre Moscú y La Habana en el pasado, el elemento común es la afirmación de que el interés mutuo de enfrentarse a Estados Unidos fue lo que permitió la sobrevivencia de la unión entre ambas naciones en los pasados treinta años.

El deseo de estos dos países por mantenerse ajenos a los vaivenes del capitalismo y además de superar en el terreno militar

[6] Miguel García, R. y Tatiana Sidorenko, "La inversión extranjera y la apertura económica en la Unión Soviética", *Comercio Exterior*, vol. 41, núm. 8, México, agosto de 1991, pp. 733-741.

[7] Jiri Valenta, "Cuba in the Soviet Alliance System", en *Cuba: The International Dimension*, Laser, 1990, pp. 3-39; W. Raymond Duncan, "Moscow and Habana in the Third World" en *Power Projection in Third-World Settings*, Washigton, Edit. Laer, 1990, pp. 115-143.

a las naciones capitalistas fue el factor clave en la conservación de sus vínculos económicos, políticos y militares. Nadie podrá negar que durante casi tres décadas los lazos de amistad entre Moscú y La Habana se caracterizaron por el gran volumen de la ayuda soviética, el comercio dependiente de la isla, los intereses internacionales mutuos y una interdependencia de sus políticas militares.[8]

Desafortunadamente la decisión del Kremlin de reconsiderar sus intereses regionales a partir de 1981, y de manera acentuada en 1991, determinaron que la isla (así como Vietnam, Mongolia y Yemen del Sur) dejara de ser objeto de atención por parte de su exmetrópoli y por ende dejara de recibir la ayuda económica que antes le proporcionaban de manera abundante tanto el gobierno soviético como el Partido Comunista de la Unión Soviética (PCUS).

Costos y beneficios de la amistad

Cuando Fidel Castro llegó al poder en 1959, después de derrotar a las fuerzas de Fulgencio Batista, Estados Unidos lo reconoció y le aseguró la posibilidad de brindarle asistencia. Sin embargo Castro consolidó su nuevo gobierno, quiso ser independiente y eliminó los partidos opositores, deteriorando con esto sus relaciones con el vecino del norte.

Como se vio en el capítulo anterior, en respuesta a la actitud prepotente de Castro, en la primavera de 1960 la administración Eisenhower decidió continuar la prohibición de venta de armas a Cuba y suspender la compra de azúcar. De igual manera las petroquímicas estadunidenses se negaron a seguir trabajando en Cuba, al menos bajo las órdenes del gobierno revolucionario.

A su vez, la URSS mantuvo un perfil ciertamente bajo en sus relaciones con la isla durante el primer año del gobierno revolucionario y estableció relaciones diplomáticas en mayo de 1960.

[8] Para mayores detalles, véase W. Raymond Duncan, *The Soviet Union and Cuba: Interests and Influence*, Nueva York, Praeger, 1985.

Al resentir los primeros efectos del estrangulamiento estadunidense, Castro envió a Moscú, en el verano de 1960, una delegación que encabezó el Che Guevara. De inmediato, los soviéticos trataron de hacer evidente que su interés en el régimen de Castro se basaba en la consideración de que Estados Unidos amenazaba a Cuba.

Nikita Krushchev, en ese entonces secretario general del PCUS, no resistió el deseo de ganarle puntos a Washington en la política global y lucha estratégica con un país situado a 90 millas de las costas de Florida y decidió hacer público su apoyo a Castro en su gestión como líder de Cuba. Fue así como algunos grupos de la burocracia soviética vieron en Cuba un lugar donde extender sus dominios, cumpliendo así sus pretensiones globales y utilizándolas como símbolo de vitalidad del movimiento comunista.

En ese entonces y como lo reconocen los reformistas que están en el poder en la Federación Rusa, los compromisos de la URSS con Cuba se dieron como parte de los movimientos estratégicos que realizaba Moscú en el Tercer Mundo.

Recientemente, un editorial del diario ruso *Izvestia* señaló que los verdaderos objetivos soviéticos en Cuba, y por los cuales la URSS se acercó al gobierno de Castro, fueron entre otros: el poder contrarrestar la potencia militar de Estados Unidos en el hemisferio occidental, restringir sus acciones y reforzar la paridad estratégica con la potencia capitalista. También indica *Izvestia* que la isla ofreció a la URSS un lugar para establecer su primera base militar en Occidente. Una vez delineados los mecanismos de cooperación civil y militar, la URSS envió a Cuba miles de efectivos soviéticos, unos como soldados y otros como asesores técnicos.[9]

Por lo que se refiere a los costos de esta amistad, se puede decir que éstos fueron bastante altos para la URSS. En las tres décadas que duró su amistad, la Unión Soviética aportó a Cuba cuantiosos recursos. La ayuda soviética a la isla adqurió tres formas: créditos para cubrir déficits comerciales, proyectos de desarrollo y precios subsidiados. Los dos primeros se consideran recursos rembolsables y el tercero no (véase el cuadro II.3).

[9] "Los intereses de Moscú en América Latina", *Izvestia*, 13 de agosto de 1990, p. 1.

CUADRO II.3
Ayuda soviética a Cuba: 1960-1990* ***(en miles de millones de dólares)***

	Deuda rembolsable			*Deuda no rembolsable***
Periodo	*Déficit comercial*	*Desarrollo*	*Subtotal*	*(precios subsidiados)*
1960-1970	2 083	344	1 131	1 131
1971-1975	1 649	749	1 143	1 143
1976-1980	1 115	1 872	11 228	11 228
1981-1985	4 406	2 266	15 760	15 760
1986-1990	8 025	3 400	10 128	10 128
Total	17 098	8 631	25 729	39 390

* Excluye la ayuda militar que se calcula fue de 13 400 millones de dólares entre 1960 y 1985

** Los subsidios a las exportaciones del azúcar y el níquel y a las importaciones de petróleo son estimadas comparando los precios que se pagaban con respecto a los precios del mercado mundial.

Fuente: C. Meza-Lago, art. cit., p. 14a.

El apoyo económico que durante más de tres décadas le brindó la URSS a Cuba fue utilizado por el gobierno revolucionario de Fidel Castro para mantener, en primer lugar, a flote la economía de su país, y en segundo lugar, la presencia de Cuba en el Tercer Mundo. Para eso, Moscú compraba a los cubanos, a precios subsidiados, la mayoría de sus exportaciones de productos básicos: azúcar, cítricos, níquel, café y tabaco (véase el cuadro II.4). Además le vendía a precios preferenciales petróleo (13 millones de toneladas de petróleo por cuatro toneladas de azúcar) y algunos de sus derivados, armas, comida y manufacturas.

Además, la URSS siempre accedió a financiar los déficit comerciales bilaterales con el propósito de evitar el colapso de la economía de la isla: entre 1959 y 1988 sólo hubo un pequeño superávit cubano durante dos años, siendo negativo en el resto. En total, en estas casi tres décadas el déficit cubano fue de 19 mil millones de pesos cubanos, esto es casi 21 mil millones de dólares al cambio oficial. En los ochenta, el 70% del déficit comercial cubano fue con la URSS.[10]

[10] C. Meza-Lago, art. cit., p. 8.

CUADRO II.4

Estimaciones de las diferencias entre los precios que se pagaban hasta 1990 en las relaciones Cuba-URSS y los del mercado mundial; los casos del azúcar y del petróleo *(en millones de dólares)*

	Exportaciones de azúcar cubana por la URSS		*Importaciones de petróleo soviéticos por Cuba*	
	Precios cubanos	*Precios mundiales*	*Precios soviéticos*	*Precios mundiales*
1986	4 081	523	1 763	763
1987	3 240	570	1 561	1 045
1988	3 138	765	1 496	796
1989	3 138	960	1 476	977
1990	3 138	938	1 476	1 126
Total	16 735	3 756	7 772	4 707

Fuente: Carmelo Meza-Lago, "Economic Effects of the Soviet/Eastern European Crisis on Cuba", *Paper for the Andrew W. Mellon Project on Eastern Europe and Cuba*, University of Pittsburgh, abril de 1992, p. 11a.

Cabe destacar que en los últimos meses, con el objetivo de denunciar la excesiva ayuda que Moscú prestó a su exaliada latinoamericana, en algunos artículos de la prensa rusa y en ciertas investigaciones de la Academia de Ciencias de Rusia se dan a conocer con lujo de detalle los enormes recursos que durante 30 años brindó el Kremlin al gobierno de Fidel Castro. De hecho, hoy en día son múltiples y variados los trabajos rusos que se encargan de reseñar los montos de la ayuda económica y militar que la URSS transfirió a Cuba.

Según un académico latinoamericano completamente ajeno al nuevo contexto de relaciones entre las potencias militares, esta ayuda llegó a representar hasta un 29% del producto social cubano.[11]

Por su parte, el académico ruso Nikolai Shmeliov, asesor de Mijail Gorbachov y Boris Yeltzin, indica que en los pasados veinte años la URSS proporcionó a Cuba una ayuda que osciló entre los 6 y 7 mil millones de dólares al año. Si esta suma no tuvo grandes variaciones en esas dos décadas, advierte el académico, Cuba recibió en total de Moscú la cantidad de 150 mil millones de dólares. El especialista señala también que en esta cifra no se considera la

[11] Edme Domínguez Reyes, "La Unión Soviética y América Latina a finales de los 80", *América Latina*, núm. 7, Moscú, Editorial Progreso, 1991, pp. 21-30.

ayuda militar soviética al gobierno de Castro, la cual según sus cálculos osciló entre los mil 500 y 2 mil millones de dólares anuales. Si se comparan estas cifras no oficiales con las oficiales (de Cuba principalmente), se verá que la diferencia es muy grande. En círculos gubernamentales cubanos se dice que la ayuda económica que le prestó la URSS a la isla en el pasado osciló entre los 2 y 3 mil millones de dólares anuales.[12]

Otro académico ruso, el economista Andrei Kortunov, muestra también con cifras la enorme ayuda que transfirió el Kremlin a La Habana. En uno de sus recientes trabajos Kortunov indica que solamente en 1989, la asistencia de la URSS a Cuba ascendió a la cantidad de 12 mil millones de rublos, esto es, el 1.4% del producto interno bruto de la URSS.[13]

De la misma manera, datos de 1989 del desaparecido Consejo de Planificación de la URSS (Gosplan) indican que en ese año el intercambio comercial entre la URSS y La Habana alcanzó la suma récord de 8 mil 500 millones de rublos (rublos transferibles), lo cual implica una participación de la URSS en un 70% del comercio exterior de Cuba.[14]

A su vez, el exagregado comercial de la URSS en Cuba Piotr Kormilistin señala que en el marco de las estrechas relaciones comerciales entre la URSS y Cuba, Moscú llegó a abastecer a La Habana del 100% de petróleo y derivados que la isla consumía o bien revendía al extranjero (de los 13 millones de toneladas anuales que recibía de petróleo, Cuba revendía en Occidente 3 millones de toneladas); 60% de los fertilizantes que usaba; 80% de los laminados de metales ferrosos que importaba; 94% de los cereales que consumía; 80% del turismo y de los camiones que llegaban a Cuba; 98% de la madera aserrada y otros más. Como contraparte, la URSS adquiría de Cuba más del 80% del azúcar exportable, más del 40% de cítricos y el 70% de su producción de níquel.[15]

[12] R. Boudreaux, art. cit., p. 5.

[13] Andrei Kortunov, "Generosidad o despilfarro", *Novedades de Moscú*, Moscú, núm. 49, 1989.

[14] *Idem.*

[15] P. Kormilistin, art. cit., pp. 54-57.

Sin duda alguna, el trabajo más completo que se ha realizado hasta la fecha sobre las relaciones URSS-Cuba es el que realizaron los economistas rusos Alexander Bekarevich y Nikolai Kujarev del Instituto de América Latina de la Academia de Ciencias de Rusia. En su libro, los académicos describen con lujo de detalle el abanico de proyectos cubanos en los que participó la URSS y en los que siguen participando los rusos. Los autores identifican proyectos en casi todos los sectores de la economía cubana: en la industria agrícola, energía eléctrica, minería, máquinas-herramientas, química e industria ligera, transporte, comunicaciones, educación y salud. Según datos proporcionados por estos investigadores, un 61% del total del comercio exterior de la URSS hasta 1988 se realizaba con la comunidad socialista. De esta cantidad, le correspondían a Mongolia y Cuba el 9.7% y el 8.6%, respectivamente. El comercio bilateral con estas dos naciones supera incluso al que tenía la URSS con las naciones socialistas de Europa oriental.[16]

La información de esta investigación coincide con las declaraciones del vicepresidente cubano Carlos Rafael Rodríguez, quien señaló, al hablar sobre el tema de la colaboración URSS-Cuba, que

> nuestra colaboración empezó hace 30 años, en 1960; empezó de una forma modesta, aunque no tan modesta para América Latina; con un convenio de cien millones de dólares para el desarrollo de algunos sectores de la industria [...] Actualmente no hay parte del territorio nacional donde no exista una huella de la colaboración soviética. De modo que ni geográficamente, ni ramalmente puede hablarse del desarrollo de Cuba sin mencionar a la URSS.[17]

A su vez, Vladimir Kamenetzev, quien fuera vicepresidente del Consejo de Ministros de la URSS, señaló en alguna ocasión:

> [...] no existe prácticamente una sola rama de la economía cubana sin una fuerte colaboración soviética [...] En la actualidad existen más de 400 objetivos de obra industrial y de otros tipos en los cuales participa activamente la URSS [...] El intercambio comercial entre nuestros

[16] Alexander Bekarevich y Nikolai Kujarev, *op. cit.*, p. 135.

[17] Rafael Carlos Rodríguez "Rectificación en Cuba y *Perestroyka* en la URSS van en la misma dirección", *América Latina*, núm. 4, Editorial Progreso, Moscú, 1990, pp. 15-20.

países en comparación con 1960 se ha incrementado en aproximadamente 50 veces y hoy en día (1988) supera los 8 mil millones de rublos.[18]

Por último, Lev Saitzev, subdirector del Instituto de América Latina de Rusia, enfatiza también en uno de sus trabajos la abundante ayuda que proporcionó en el pasado la URSS al Tercer Mundo y en especial a La Habana. El académico indica que entre 1981 y 1987 sólo el volumen de ayuda crediticia y financiera para fines económicos al Tercer Mundo constituyó 74 mil 800 millones de rublos y en 1988, 19 900 millones de dólares, 1.4% del PIB de la URSS.

Para la ayuda a los países menos desarrollados fue dirigido 0.21% del PIB. En el caso de Cuba, la asistencia comprende varios rubros: ante todo créditos para realizar proyectos (en el plan quinquenal cubano para 1985-1990 el gobierno de Castro recibió ayuda soviética por un monto de 2.5 mil millones de rublos, esto es casi 500 millones de rublos al año) y los precios preferenciales para artículos básicos de la exportación cubana, principalmente el azúcar crudo y el petróleo suministrado a Cuba.[19]

Como podrá notarse, a diferencia del pasado, hoy en día es abundante, por lo menos en la Federación Rusa, la información que se proporciona al público sobre el tema de la ayuda soviética al Tercer Mundo, en especial a las naciones socialistas subdesarrolladas entre las que destaca Cuba.

Este hecho, sin duda tiene también su origen en la ideología predominante en la expotencia socialista, ya que a diferencia del pasado, cuando dominó la ideología del PCUS, ahora prevalece la de los reformadores de Boris Yeltsin, la cual trata antes que nada de acercar a la Federación Rusa a las naciones capitalistas industrializadas.

En el pasado, ante el hermetismo del Kremlin y de sus órganos planificadores, poco se sabía de las cantidades reales que ofrecía la URSS a sus aliados socialistas. En muchas ocasiones, los mismos analistas soviéticos tenían que recurrir a los datos de la CIA para conocer más sobre las relaciones de su país con el exterior. Ahora,

[18] "Colaboración URSS-Cuba", *Granma*, 14 de febrero de 1988, p. 2.

[19] Nikolai Zaitzev, "*Perestroyka* and Perspectives on Soviet-Latin American Relations", *Latinskaya America*, Moscú, núm. 7, 1990, pp. 20-22.

con la *Glasnost* de Gorbachov, la situación es muy diferente; el mundo se puede enterar de los cuantiosos recursos que el gobierno soviético y el PCUS transfirieron a sus socios extranjeros, los cuales a su vez ayudaban a Moscú en su tarea de expandir el socialismo soviético por todo el mundo.

En el terreno militar, la ayuda soviética a Cuba fue también abundante. Los flujos de capital y recursos que fluyeron desde Moscú a La Habana fueron cuantiosos y constantes; esto se confirma en el discurso de Fidel Castro de abril de 1989, con motivo de la visita de Mijail Gorbachov a Cuba: en aquella ocasión, el comandante Fidel reconoció que "gracias a la URSS, la Revolución cubana ha logrado sobrevivir 30 años de hostilidades y a las agresiones de Estados Unidos". Ante su ilustre huésped, Castro dijo de manera categórica: "las armas que tenemos para defendernos son soviéticas".[20]

Desde el inicio de sus relaciones con Cuba, la URSS vio a la isla como un sitio estratégico para sus intereses en el hemisferio occidental: de ella obtenía información de inteligencia sobre Estados Unidos (desde las instalaciones de Lourdes, cerca de La Habana, que era la base más grande y valiosa de este tipo fuera de la URSS); contaba también con posiciones para desplegar las aeronaves de reconocimiento soviéticas "Bear D" de largo alcance y a los combatientes navales en la costa oriental de Estados Unidos y a través del Caribe; además podía establecer en Cuba un avanzada militar compuesta de técnicos y civiles, incluso cerca de 7 mil asesores militares y alrededor de 3 100 técnicos en las instalaciones de Lourdes.[21]

Los primeros asesores soviéticos arribaron a Cuba a fines de septiembre de 1960 enviados por Nikita Krushchev, quien se había reunido con Fidel Castro en la ONU. En ese tiempo, las fuerzas castristas combatían en la campiña cubana contra varios miles de rebeldes pertrechados por la CIA.

Para "proteger al pueblo cubano", como ya lo señalamos ampliamente en el capítulo anterior, la URSS decidió emplazar en

[20] "Castro recibe a Gorbachov, *Uno más Uno*, 5 de abril de 1989, pp. 1 y 19.
[21] W. Raymond Duncan, art. cit., pp. 46-58.

territorio cubano misiles tierra-aire con cabezas nucleares y a 20 mil soldados que comenzaron a llegar en agosto de 1962.

En el marco de este movimiento militar estratégico por parte de la URSS, el 2 de septiembre de ese mismo año los gobiernos de Cuba y la Unión Soviética anunciaron que debido a "amenazas imperialistas" La Habana había solicitado ayuda a Moscú "mediante el envío de armamentos y de técnicos especialistas para entrenar a los efectivos cubanos".

Al aceptar Estados Unidos la proposición de Nikita Krushchev en el sentido de que debían retirarse los cohetes estadunidenses de Turquía para que a su vez la URSS sacara los suyos de Cuba, el Ejército Rojo empezó a desmantelar sus misiles nucleares; sin embargo, continuó pertrechando y adiestrando a las fuerzas armadas cubanas, con un costo estimado entre los mil y 1 500 millones de dólares anuales.

Hay que destacar que en julio de 1969 se registró por primera vez, de manera oficial, el ingreso de naves de la armada soviética a aguas caribeñas; a partir de ese momento se iniciaron las visitas anuales de delegaciones militares a Cuba. En noviembre de ese mismo año, el mariscal Sergui Grechko realizó una gira a la isla y en marzo de 1970 una escuadra soviética efectuó los primeros ejercicios navales en aguas cubanas.[22] Estas acciones fortalecieron los lazos de amistad en el terreno militar entre ambas naciones socialistas.

A su vez, con dinero y armas soviéticas, Cuba intervino en otras naciones subdesarrolladas, primero en movimientos de liberación y después en el desarrollo económico de los nuevos gobiernos socialistas (Angola, Etiopía, Mozambique y Nicaragua). También con el apoyo diplomático de la URSS, La Habana jugó un papel determinante dentro del Movimiento de los No Alineados.

A pesar de que poco se ha dicho, tanto por parte de los rusos como de los cubanos, sobre la asistencia militar a la isla, actualmen-

[22] Boris Yopo, "Asistencia militar soviética a Cuba y Nicaragua" en *América Latina y la Unión Soviética: una nueva relación*, Buenos Aires, GLE/Flacso/Rial, 1987, pp. 67-78.

te se sabe que el equipo bélico cubano es de origen soviético casi en su totalidad.[23]

Después de que Gorbachov anunció el 12 de septiembre de 1991 la salida de 11 mil efectivos soviéticos de Cuba, el diario *Izvestia* señaló que en total en Cuba había 12 700 ciudadanos soviéticos: 2 mil 800 soldados, 2 mil 800 asesores militares, 2 mil 100 personas en el *staff* de inteligencia y cerca de 500 especialistas civiles, algunos de ellos acompañados de sus familias.[24]

De acuerdo con informaciones de la CIA, la URSS gastó en los 30 años de estrecha colaboración con el régimen de Castro cerca de 43 mil millones de dólares en las fuerzas armadas cubanas. Si bien esta cifra no es del todo veraz, sirve para darnos una idea de la aguda simbiosis que existió entre el Ejército Rojo y su homólogo cubano.[25]

Algunos especialistas estadunidenses estiman que solamente en 1984 la ayuda económica y militar soviética a Cuba ascendió a 5.6 mil millones de dólares anuales, o sea 15.4 millones por día. Por ejemplo, Bernard Aronson, asistente del secretario de Estado de Estados Unidos, señala que la ayuda económica y militar de la URSS a Cuba fue de 5 mil millones anuales "o el equivalente de 1/5 parte de la producción total de la economía cubana". De igual manera, Aronson calculó que en 1990 la ayuda soviética a Cuba fue de 4.5 mil millones de dólares, con 3.5 mil millones dedicados a la ayuda al desarrollo, créditos comerciales y subsidios y mil millones dedicados a la ayuda militar. Esto representa una disminución para el año de 1990 –Aronson ha estimado que la ayuda militar fue aproximadamente de 1.3 mil millones de dólares anuales de 1985 a 1990.[26]

Para abril de 1992, pese al anuncio de Gorbachov de retirar en el menor tiempo posible las brigadas soviéticas de entrenamiento de combate del territorio cubano, poco se había hecho. Para esas fechas sólo 300 de los casi 2 800 soldados y asesores habían aban-

[23] La ayuda militar soviética permitió a Cuba tener el mejor ejército de América Latina: 1 700 tanques, 200 cazas a reacción, incluyendo los modernos Mig-29; 80 helicópteros de combate; 3 submarinos, 3 fragatas, 31 guardacostas; 180 mil soldados en servicio activo y hasta 135 mil reservistas. Véase *The Military Balance, 1991-1992*, The International Institute for Strategic Studies, Londres.

[24] "La URSS reconsidera cifras", *Excélsior*, 13 de septiembre de 1991, p. 1.

[25] C. Blasier, art. cit., pp. 91-106.

[26] *Idem.*

donado Cuba. La enorme estación de Lourdes seguía funcionando con alrededor de 2 mil técnicos soviéticos. Sobre este retraso, comentó el exembajador de la URSS en Cuba y actual jefe del gabinete de Yeltsin, Yuri Petrov: "Es difícil romper los lazos personales entre dos ejércitos, mismos que han sido cultivados durante muchos años".[27]

Así las cosas, para fines de 1992, Moscú esperaba repatriar de la isla a más de la mitad de sus efectivos emplazados en ese país.[28] Sin embargo son cada vez mayores las dificultades para el gobierno ruso que tiene que retirar también a los soldados del Ejército Rojo que están emplazados en los países bálticos y en Europa oriental, lugares que hoy en día son puntos clave en la política exterior de la Federación Rusa y en general de las repúblicas exsoviéticas que ven a Europa occidental como la fuente principal de los capitales y tecnologías avanzadas que requieren para su actual proceso de modernización.

Proceso de deterioro en las relaciones

Las relaciones diplomáticas y comerciales de la URSS y Cuba empezaron a mostrar rasgos de deterioro a principios de la década de los ochenta, sobre todo cuando el entonces secretario general del PCUS Leonid Brezhnev anunció, durante el XXVI Congreso de los comunistas soviéticos, el interés de su país de llegar a una distensión con Occidente pero sin lesionar de manera fatal sus vínculos con las naciones en vías de desarrollo, de manera especial con las de orientación socialista.

A partir de ese momento, las relaciones entre La Habana y Moscú iniciaron un penoso proceso de desgaste, el cual continúa hasta la fecha, perjudicando principalmente a los cubanos. A partir

[27] "La crisis rusa impide romper vínculos militares con Cuba", *Excélsior*, 23 de abril de 1992, Escena Mundial, pp. 1 y 6.

[28] Según cifras oficiales del gobierno ruso, 1 200 solados del Ejército Rojo ya salieron de Cuba, pero permenecen 1 600 a título de brigada de adiestramiento militar. Además una pequeña unidad rusa de intercepción de comunicaciones permanecerá en la estación de Lourdes. Véase "Analizará una delegación militar rusa el retiro de tropas exsoviéticas en Cuba", *Excélsior*, 9 de septiembre de 1992, p. 2.

del 22 de diciembre de 1991, con la desaparición de la URSS y la consecuente creación de la CEI, los vínculos entre los exaliados se deterioraron aún más.

Al estudiar el proceso de alejamiento entre la URSS y Cuba encontramos que, por cuestiones metodológicas, éste se puede dividir en cuatro etapas: la primera de ellas arranca en 1981 durante el XXVI Congreso del PCUS y concluye en marzo de 1985, días antes de que Gorbachov subiera al poder; la segunda etapa comienza con el gobierno de Gorbachov y concluye con el viaje que realiza el mandatario soviético a Cuba en abril de 1989; la tercera fase comienza al final del viaje de Gorbachov a la isla y termina en diciembre de 1991 con la desaparición de la URSS; la cuarta y última etapa se inicia con el nacimiento de la CEI y el predominio de la Federación Rusa en la nueva alianza de repúblicas exsoviéticas (esta etapa se prolonga hasta la fecha, agosto de 1992).

Otros autores sitúan el inicio del proceso de deterioro de las relaciones entre ambas naciones en 1979, un poco después de que la URSS invadiera Afganistán. Con esta acción de los soviéticos, opinan los especialistas, el gobierno cubano quedó en una mala situación ante la comunidad internacional debido a que en esos momentos presidía el Movimiento de los No Alineados. Al no poder reclamar a la URSS su comportamiento ni tampoco defender a Afganistán, que también era miembro de este grupo, el gobierno de Castro se molestó con su homólogo soviético.[29]

Primera etapa (1980-1985)

La primera etapa del proceso de desgaste en las relaciones URSS-Cuba se inicia a principios de los ochenta durante el XXVI Congreso del Partido Comunista de la URSS que tuvo lugar en marzo de 1981. En esta reunión, la dirigencia soviética anunció un reajuste en sus relaciones internacionales. Esto sucedió a escasos días de haber llegado a la Casa Blanca el presidente Ronald Reagan, quien amenazó con emprender nuevas escaladas de presión económica

[29] José Miguel Insulza, "Las relaciones entre Cuba y la Unión Soviética en el nuevo contexto internacional" en *América Latina y la Unión Soviética: una nueva relación*, Buenos Aires, Edit. GEL/Flacso/RIAL, 1987 (Colección Estudios Internacionales), pp. 79 y 90.

sobre la URSS y sus aliados socialistas. El Kremlin no vaciló en responder de manera inmediata al reto que le había lanzado el nuevo mandatario estadunidense.[30] Leonid Brezhnev, quien en ese entonces era el secretario general del PCUS, señaló en su discurso del XXVI Congreso del Partido Comunista de la URSS que su país no iba a permitir ninguna supremacía militar de Washington sobre Moscú. Sin embargo, el anciano dirigente soviético manifestó el interés de su gobierno de buscar una distensión con Estados Unidos y Europa occidental.

En ese mismo discurso ante los delegados al XXVI Congreso del PCUS, Brezhnev advirtió a Estados Unidos que a pesar de su política de acercamiento con Occidente la URSS no abandonaría a sus aliados del Tercer Mundo, sobre todo los de África y Asia.

Sin embargo, el dirigente soviético nunca mencionó de manera clara si el apoyo que pensaba seguir brindando al Tercer Mundo contemplaba también a Cuba y Nicaragua, sus principales aliados latinoamericanos. Esto tal vez se debió a que ambas naciones se encontraban en ese momento en la mira de la Casa Blanca, la cual se preparaba para aplicar una nueva política de contención del comunismo en el mundo, pero especialmente en su "patio trasero" (América Latina).

Algunos especialistas opinan que los antecedentes teóricos del viraje "hacia la derecha" de la política exterior soviética, a principios de los ochenta, se encuentran en los trabajos del académico y político soviético Karen Brutents. Brutents, desde mediados de los setenta se había desempeñado como jefe delegado del Departamento Internacional del Comité Central del PCUS. El político soviético siempre se distinguió de muchos de sus colegas porque

[30] Acerca de la política de Reagan, Georgi Arbatov fue muy claro: "la convicción soviética de que el gobierno de Reagan ha traído consigo una despiadada y exhaustiva estrategia encauzada hacia la adquisición de una superioridad nuclear, librando una guerra ideológica, política y económica y cambiando la correlación mundial de fuerzas –todo a expensas de Moscú– y eliminando de la rivalidad soviético-norteamericana elementos de cooperación que, aun cuando limitados, los presidentes anteriores, al menos desde Dwight Eisenhower, habían procurado mantener y aumentar". Véase "Las relaciones soviético-latinoamericanas bajo la hegemonía regional de los Estados Unidos" en *América Latina y la Unión Soviética: una nueva relación*, Buenos Aires, GEL/Flacso/RIAL, 1987 (Colección Estudios Internacionales).

jamás manifestó un entusiasmo particular por los partidos marxistas-leninistas de vanguardia del Tercer Mundo. Durante toda su carrera académica Brutents se mostró sistemáticamente escéptico ante la posibilidad de edificar instituciones socialistas genuinas en los países atrasados. En una serie de artículos que escribió a principios de los ochenta, Brutents se manifestó a favor de alejar el socialismo de ciertas naciones ideológicamente adecuadas, pero pequeñas y débiles, para concentrarlo en los países geopolíticamente importantes del Tercer Mundo, como México, India, Argentina, Brasil, etc. Más adelante, los asesores de Gorbachov, entre ellos Alexander Yakovlev, retomaron el pensamiento de Karen Brutents y lo aplicaron en el diseño del "Nuevo Pensamiento" en la política exterior soviética a partir de 1985.[31]

La situación para Cuba empeoró aún más a partir de octubre de 1982, cuando Yuri Andropov sustituyó en el liderato del PCUS a Leonid Brezhnev, quien había fallecido a causa de su gran edad. Andropov, exjefe de la KGB y exembajador de la URSS en Hungría desde 1954 (en 1956 ocurrió el levantamiento húngaro que fue reprimido por los soviéticos), decidió impulsar en su país una "revolución silenciosa". El objetivo de esta revolución era el de detener el proceso de deterioro económico que se estaba dando en la URSS a partir de la década de los sesenta (véanse los cuadros II.5, II.6 y II.7) y devolver al pueblo la "mística socialista" que habían perdido durante los años "de estancamiento" durante el mandato de Brezhnev.

Haciendo acopio de todo el poder que le daba la dirigencia del PCUS, Andropov ejecutó ciertas medidas que combatieron, o al menos trataron de atacar, el descenso en la productividad, la corrupción, la indisciplina laboral y en general el relajamiento social.

[31] Francis Fukuyama, "Pautas de la política soviética en el Tercer Mundo", *Problemas Internacionales*, Washington, US Information Agency, septiembre-octubre de 1987, p. 6.

CUADRO II.5 **Porcentaje de incremento anual de algunos parámetros económicos en la URSS**

	1956	*1957*	*1958*	*1959*	*1960*	*1961*	*1962*	*1963*	*1964*	*1965*
PNB (%)	12	6	9	8	8	7	6	4	7	6
Producción industrial bruta (%)	11	10	10	11	9.5	9.2	9.7	8.5	7.1	8.6
Productividad laboral (%)	7	7	6	7	5	3.6	6.2	4.9	4	5

Fuente: Elaborado con base en datos del libro de Maurice Dobb, *El desarrollo de la economía soviética desde 1971.*

CUADRO II.6
Comportamiento de la economía soviética (1966-1984)

	1966-1970	*1971-1975*	*1976-1980*	*1981*	*1982*	*1983*
PNB (%)	5.3	3.7	2.6	2.1	2.6	3.0
Industria	6.4	5.9	3.2	2.4	2.3	3.5
Agricultura	3.9	-0.4	1.1	0.5	6.1	3.7

Fuente: Agencia Central de Inteligencia de Estados Unidos, *Washington. Handbook of Economics Statistics, 1984.*

CUADRO II. 7
Producción y gastos (*crecimiento promedio anual en porcentaje*)

	1976-1980	*1981-1985*	*1986*	*1987*	*1988*	*1989*	*1990*	*1991*
PMN (%)	4.3	3.2	2.3	1.6	4.4	2.5	4.0	-13.0
Industria	5.1	3.9	5.5	4.6	6.3	0.4	-5.0	-9.0
Agricultura	-0.2	1.0	7.1	-1.4	2.5	1.7	-3.0	-11.0
Construcción	3.1	3.2	12.1	5.5	7.6	1.6	–	–

Fuentes: *The Economy of the USSR. Summary and Recommendations*, IMF, WB, Organization for Economic Cooperation and Development. European Bank for Reconstruction and Development, Washington, DC, 1990; y Miguel García Reyes, *De la Unión Soviética a la Comunidad de Estados Independientes: la transición hacia una economía de mercado*, El Colegio de México, 1994 (en prensa).

Con el propósito de invertir más recursos en la modernización del aparato económico soviético, principalmente en la planta industrial –la cual por cierto no contaba con los adelantos científico-tecnológicos locales y extranjeros–, Andropov decidió restructurar sus gastos imperiales. Por este motivo, implementó cambios importantes en la política exterior de su país, los cuales según él y sus asesores le permitirían a la URSS ahorrar recursos que hasta entonces gastaba de manera "abundante e irracional". Los rubros que consideró factibles de afectar fueron el militar (la carrera armamentista con Occidente) y la asistencia a sus aliados socialistas subdesarrollados.

La decisión de Yuri Andropov de restructurar el entorno doméstico e internacional de la URSS tuvo como piedra angular los estudios que habían realizado economistas soviéticos en la década de los setenta sobre el origen de la crisis económica en la URSS.

Estas investigaciones coincidían en afirmar que las causas del declive económico soviético a partir de los sesenta eran: los enormes gastos que destinaba Moscú a la carrera armamentista; el apoyo que brindaba el Kremlin a las naciones subdesarrolladas y el mal desempeño de la economía planificada, la cual desde los tiempos de José Stalin privilegiaba a la industria pesada soviética (Complejo Industrial Militar) en perjuicio del sector B o industria ligera.

Tomando en consideración las recomendaciones de estos especialistas, el gobierno de Andropov comenzó la dolorosa tarea de disminuir la ayuda económica al Tercer Mundo. Dentro de los países subdesarrollados socialistas que resintieron de inmediato los nuevos lineamientos de la política exterior de la URSS se encontraba Cuba, que era el aliado más importante de Moscú en el hemisferio occidental. Fue así como en 1982 Andropov anunció al gobierno de Castro que la URSS se disponía a disminuir los subsidios y pagos preferenciales a la isla. Sin embargo, le aseguró al gobernante cubano que el Kremlin le seguiría otorgando préstamos, créditos y recursos humanos para el desarrollo de nuevos proyectos conjuntos en Cuba.[32]

La decisión de Moscú de retirarse gradualmente de sus enclaves en el Tercer Mundo se reflejó de manera clara en los primeros meses de 1984, cuando la URSS hizo público su deseo de no seguir apoyando, con la misma intensidad de antes, la política expansio-

[32] Jorge Domínguez, "Cuba: comunismo carismático", *Problemas Internacionales*, Washington, US Information Agency, septiembre-octubre de 1985, pp. 103-107.

nista cubana en el Caribe y Centroamérica, sobre todo en Nicaragua y El Salvador. Moscú advirtió a Castro que para la URSS ya no era conveniente seguir gastando tanto dinero en esa región del mundo, la cual a pesar de su lejanía era una de las principales zonas de influencia de la potencia socialista. La negativa de Andropov, frente al hundimiento de la URSS en el pantano de la guerra centroamericana se puso de manifiesto en 1982, cuando el mismo Andropov afirmó ante una delegación de senadores estadunidenses que la URSS apoyaba decididamente un arreglo político en Centroamérica y debían tomarse todas las medidas necesarias para evitar que la situación en la región quedara fuera de control".

El distanciamiento entre ambas naciones empezó a ser evidente con el quebrantamiento del protocolo en la nota de felicitación de Moscú en el 25 aniversario de la Revolución cubana el 1 de enero de 1983. La nota llegó sin la firma acostumbrada del secretario general del PCUS, que en ese entonces era Yuri Andropov. El documento fue firmado en nombre del Comité Central del PCUS y del presidente del Soviet Supremo. Esto representó una humillación para el gobierno de Castro, que en ese tiempo recibía múltiples críticas por parte de sus vecinos latinoamericanos debido a su posición de fuerza en el conflicto nicaragüense.

El enfriamiento de las relaciones se manifestó una vez más en las infrecuentes referencias de Castro a la URSS en su discurso de Año Nuevo. Éste fue pronunciado pocas semanas después del faccionalismo en Granada, donde murió Maurice Bishop.

Otro suceso que dejó ver la disposición soviética de seguir aplicando una política de alejamiento con respecto a Cuba y de acercamiento a Estados Unidos fue el hecho de que Konstantin Chernenko haya mostrado una actitud conciliadora frente a la Casa Blanca en el conflicto nicaragüense. En marzo de 1984, ante las protestas de los cubanos, Konstantin Chernenko decidió no traspasar el bloqueo marítimo impuesto a Nicaragua por el gobierno estadunidense, a pesar de que un barco civil soviético había resultado con daños después de que chocó con una mina colocada por los soldados estadunidenses cerca de las costas atlánticas de Nicaragua.

La acción de la dirigencia soviética frustró los esfuerzos de Fidel Castro, quien no dejaba de solicitar a la URSS que apoyara al gobierno sandinista ante los actos hostiles de Washington. Pocos días después de las declaraciones de Chernenko, contrarias a los deseos de Cuba que quería continuar la lucha en Centroamérica, Castro se negó a asistir, en junio de 1984, a la reunión cumbre del CAME en Moscú. Su excusa fue que estaba atendiendo asuntos urgentes para el destino de su país. Por su parte, Moscú respondió enviando ese año a La Habana, con motivo de los festejos del 26 de julio, una delegación de bajo nivel.[33] Posteriormente, la URSS continuó aplicando represalias contra Cuba. En un discurso de Chernenko se anunció que la ayuda que proporcionaría el Kremlin en 1984 no rebasaría los 4 mil millones de dólares en préstamos y subsidios, y los 500 millones de dólares en asistencia militar.

La decisión soviética influyó en el ánimo de Castro, quien decidió no asistir a las exequias de Chernenko en Moscú, ni firmar el libro de condolencias, ni visitar personalmente la embajada soviética en La Habana para expresar el pésame oficial.

A pesar de que el régimen castrista sabía de las consecuencias negativas que traería para la economía cubana un distanciamiento con la URSS, adoptó una posición de más independencia con respecto a ésta. Para ello, anunció su decisión de duplicar su respaldo al régimen de Nicaragua y a la guerrilla salvadoreña y disminuir sus compromisos con los países socialistas africanos. También se negó a continuar combatiendo en Etiopía a los ejércitos rebeldes de Eritrea. En respuesta a la rebeldía cubana, Moscú recurrió a las sanciones económicas para manifestar su contrariedad: estableció un nivel de ayuda económica más bajo; pidió a Cuba elevar sus niveles de producción y cumplir con sus compromisos de exportación contraídos con la URSS.[34]

A principios de 1985 la situación empeoró. Cuba se estaba alejando, tal vez de manera involuntaria de su principal aliado en el bloque socialista: la Unión Soviética. La causa de este mayor distanciamiento tenía su origen en la competencia que se empezó a dar en ese tiempo, por los escasos capitales soviéticos, entre los países miembros del CAME y las naciones del Tercer Mundo.

[33] Peter Clement, "Moscú y África Meridional" en *Problemas Internacionales*, Washington, US Information Agency, marzo-abril de 1985, pp. 38 y 39.

[34] J. M. Insulza, *op. cit.*, pp. 79 y 90.

Era indudable que la cuantiosa deuda externa cubana y el deficiente desempeño económico de la isla dejaban a Cuba en seria desventaja frente al resto de los competidores subdesarrollados del bloque socialista.

En marzo de 1985, en un ambiente donde prevalecían las condiciones de intransigencia de ambas partes, Mijail Gorbachov (abogado, especialista en asuntos agrícolas y protegido del reformador Yuri Andropov) ocupó el puesto de Konstantin Chernenko, último baluarte de los brezhnevistas.

Con el arribo de Gorbachov al poder se consolidó en el escenario político soviético un grupo de jóvenes entusiastas que se hicieron llamar "los hijos del XX Congreso". Estos "muchachos", durante la gestión de Andropov, fueron los encargados de diseñar y poner en práctica una serie de reformas que posteriormente con Gorbachov recibieron los nombres de: *Perestroika*, *Glasnost* y "Nuevo Pensamiento en la Política Exterior Soviética".

La mayoría de los miembros de este grupo político habían nacido en los años posteriores a la Segunda Guerra Mundial y por lo tanto no conocían los horrores de la conflagración mundial y sus secuelas durante la Guerra Fría. Por este motivo el pensamiento de estos entusiastas reformadores se diferenciaba del de los comunistas que sí habían participado en la Revolución rusa, la guerra civil o tal vez en la Segunda Guerra Mundial. Las ideas reformadoras de estos jóvenes tenían su fuente de origen en la condena que lanzó en 1954 Nikita Krushchev a su antecesor José Stalin, durante el XX Congreso del PCUS, a quien acusó de dictador y ególatra.

A principios de la década de los ochenta, Andropov decidió colocar a la mayoría de estos jóvenes políticos y científicos soviéticos en los puestos clave del gobierno y la Academia de la URSS. Desde ahí elaboraron los programas político-económicos que intentarían acabar con las prácticas obsoletas del socialismo real e iniciar la modernización de la URSS.

Entre las figuras políticas que empezaron a destacar bajo la sombra del reformador Andropov se encontraban el mismo Mijail Gorbachov, Egor Ligachov, Anatoly Lukianov, Abel Aganbeguian, Tatiana Zaslavskaya, Gabriil Popov, Boris Yeltsin y otros más.

Se puede decir que con la asunción del poder por parte del grupo reformador soviético encabezado por Mijail Gorbachov, el 15 de marzo de 1985 (en la carrera por el poder, Gorbachov derrotó a Grigory Romanov, candidato de las fuerzas conservadoras y también del Complejo Industrial Militar de la URSS), culminó la primera etapa del proceso de desgaste en las relaciones entre Cuba y la Unión Soviética.

Segunda etapa (1986-1989)

La segunda etapa del proceso de distanciamiento entre la URSS y Cuba se inicia también en marzo de 1985 con la entronización en la URSS del grupo reformador de hechura andropovista; ésta concluye en abril de 1989 con el viaje de Gorbachov a Cuba.

Durante su visita a La Habana, Gorbachov advirtió a su anfitrión sobre la necesidad de que Cuba dependiera cada vez menos de la ayuda soviética, ya que la URSS se encontraba en pleno proceso de restructuración económica y estaba diseñando también una nueva estrategia de intereses regionales. Esta advertencia del mandatario soviético a su homólogo cubano se consideró como un anuncio de lo que más tarde se presentaría: el abandono casi total de Cuba por parte de los rusos.

Después de las palabras de Gorbachov, el pueblo y gobierno cubanos empezaron a prepararse para vivir, en el corto plazo, días difíciles; éstos llegaron en octubre de 1990, cuando el régimen de Castro instituyó en la isla el "periodo especial en tiempos de paz" que era una estrategia económica diseñada por los cubanos para afrontar una posible situación de guerra contra Estados Unidos.

En los primeros meses de esta segunda etapa, Moscú y La Habana restablecieron, por un periodo corto, sus buenas relaciones políticas y comerciales. Entre marzo de 1985 y noviembre de 1986, antes de que se iniciara en la URSS la aplicación de las reformas político-económicas (la *Perestroika*), los gobiernos de ambos países llevaron a cabo acciones que tuvieron como propósito disminuir las tensiones en sus relaciones.

En mayo de 1985, Mijail Gorbachov, secretario general del PCUS, envió a La Habana, a la ceremonia del 25 aniversario del establecimiento de relaciones diplomáticas entre Cuba y la URSS, a una delegación de alto nivel encabezada por Mijail Solomentzev, miembro del Politburó del PCUS. Esta acción fue respaldada en octubre de ese mismo año con el viaje que realizó a Cuba el canciller soviético Eduard Shevardnadze; finalmente, en esta misma línea de acercamiento a Cuba, en febrero de 1986, Egor Ligachov, el segundo en la jerarquía soviética, encabezó la delegación soviética que asisitió al III Congreso del Partido Comunista Cubano (del 4 al 7 de febrero).

Todas estas deferencias por parte del gobierno soviético a Cuba fueron correspondidas por el mandatario cubano quien asisitió, en marzo de 1986, a los trabajos del XXVII Congreso del Partido Comunista de la URSS. Este hecho fue catalogado por los *aparatchiks* soviéticos como un gesto de buena voluntad por parte del gobierno cubano.

En esta breve etapa de mejoramiento de relaciones, evidentemente Castro optó por soslayar la negativa de la URSS a seguir interviniendo de manera directa en el conflicto centroamericano, el cual había provocado el distanciamiento entre ambos países pocos meses atrás. Castro prefirió seguir contando con la ayuda soviética —disminuida de manera considerable— para poder sufragar sus gastos internos y externos, estos últimos especialmente en las naciones del Tercer Mundo.

El gobernante cubano no negaba que con una buena parte de los recursos soviéticos y en general del bloque socialista, su país podía mantener su presencia tanto civil como militar en los países socialistas subdesarrollados.[35] Por otra parte, Castro pensaba que el flirteo entre la URSS y Estados Unidos no sería eterno y que tarde o temprano las tensiones se reiniciarían, permitiendo a Cuba seguir contando con el apoyo soviético.

[35] En 1986, Cuba tenía presencia político-económica en 36 países del Tercer Mundo. Cerca de tres mil especialistas cubanos laboraban en esos países en las siguientes ramas: salud pública (21 países); educación (15 países); agropecuario (14 países; construcción (12 países); transporte (6 países); pesca (15 países); cultivo y procesamiento del azúcar (5 países); industria mecánica, básica, ligera y alimenticia (5 países); comunicaciones (2 países); comercio (4 países) y organismos globales de economía (6 países). En "El internacionalismo socialista cubano", 10 de julio de 1988, p. 3; además en la isla estudian de manera gratuita cerca de 25 mil estudiantes extranjeros, la mayoría de ellos provenientes de países del Tercer Mundo. En "La Isla de la Amistad", *Granma*, 6 de agosto de 1989, p. 2.

Un elemento que vino a reforzar el acercamiento temporal entre la URSS y Cuba fue el hecho de que los gobiernos de ambas naciones hubieran decidido poner en práctica en 1986 amplios proyectos de reformas económicas, los cuales según los respectivos partidos comunistas, el PCUS y el PCC, servirían para detener el declive económico que sufrían ambas naciones socialistas.

Los proyectos de los programas cubano y soviético se dieron a conocer en noviembre de 1986, durante el III Congreso del PCC, y en marzo de 1986, en el XXVII Congreso del PCUS.

En el discurso de inauguración del III Congreso del PCC (el congreso cubano inició sus labores en febrero y las concluyó en noviembre de 1986), el presidente Castro señaló ante los asistentes –entre los que se encontraba Egor Ligachov– que Cuba "tenía la necesidad de corregir las incapacidades y la falta de disciplina de la economía doméstica para aumentar la productividad y depender menos de la ayuda externa".

Durante su alocución, Fidel Castro atacó el modelo económico cubano (planificación centralizada, método extensivo de trabajo y dependencia de las exportaciones de productos básicos), el cual se había sovietizado a partir de 1970. El gobernante latinoamericano advirtió también sobre el peligro que los acechaba si no restructuraban a tiempo el modelo, el cual ya había mostrado los primeros síntomas de agotamiento en la URSS a principios de los sesenta.

Las críticas de Castro al sistema socialista imperante en Cuba agradaron a los soviéticos, quienes estaban también empezando a restructurar el socialismo real, en el bloque soviético.

Las señales que envió Cuba a Moscú, en el sentido de restructurar la economía de la isla, fueron advertidas por Gorbachov, quien se apresuró a indicar a su homólogo cubano que la URSS se solidarizaba con el pueblo de la isla del Caribe.

Sin embargo, al final del Congreso del PCC las cosas no resultaron tan buenas ni para los soviéticos ni para los cubanos. En la clausura del III Congreso del PCC, que se trasladó de febrero a noviembre de 1986, para "permitir a los especialistas cubanos afinar las resoluciones del Congreso", las resoluciones adoptadas por el PCC fueron del todo contrarias al espíritu de la *Perestroika* de Gorbachov.

Considerando que una liberalización repentina de la economía cubana podría tener efectos negativos en la estructura política del país, tal y como iba a suceder en la desaparecida Unión Soviética, Castro prefirió sustituir las medidas liberales que había prometido a principios del Congreso por un conjunto de acciones contrarias a la *Perestroika* de la URSS. Estas medidas estaban contenidas en el "Proceso de Rectificación de los Errores y Profundización del Socialismo".[36]

Como ya vimos en el capítulo anterior, la finalidad del proceso de rectificación en Cuba fue la de cerrar la economía cubana y permitir un mayor control político por parte del grupo gobernante. Según Howard J. Wiarda, la rectificación "significó esencialmente un retorno a los incentivos morales, pureza ideológica, planificación centralizada y un dictador... Rectificación no es un paso progresista sino reaccionario... Es un signo de debilidad y no de éxito".[37]

A su vez el cubanólogo estadunidense Carmelo Meza-Lago, aseveró que la campaña de rectificación se había fundamentado en la política y la ideología pero no en la economía, tal y como había sucedido en la URSS con la *Perestroika* de Gorbachov. La idea de Castro, según Meza-Lago, fue la de impedir la pérdida de poder que él mismo y el Partido Comunista Cubano hubieran sufrido de haberse aplicado las reformas políticas.[38]

De esta manera, la renuencia de Castro a liberar la economía cubana y, por el contrario, aplicar una economía "moral"[39] –es decir el regreso a las políticas sino-guevaristas impuestas en Cuba en la década de los sesenta–, sumada a la grave situación económica que empezaba a vivir por esas fechas la sociedad soviética, impulsaron a Gorbachov para que dispusiera la reducción del apoyo soviético a la isla del Caribe.

Esta decisión de Gorbachov de alejarse de Cuba, estuvo influida también por las presiones que ejercían sobre el mandatario soviético los grupos reformistas de su país, los cuales a través de la *Glasnost* solicitaban a Gorbachov que ordenara el retiro inmediato

[36] "La construcción del socialismo y del comunismo es una tarea política y una tarea revolucionaria" en *Fidel Castro en la clausura de la sesión diferida del III Congreso del PCC*, La Habana, noviembre de 1986.

[37] H. J. Wiarda, art. cit., pp. 84-93.

[38] D. Hanratty, art. cit., pp. 113-120.

[39] J. Pérez-López, art. cit., pp. 18 y 38.

e incondicional de los subsidios que daba la URSS a sus aliados en el Tercer Mundo y que estos recursos se utilizaran en la recuperación económica de la potencia socialista.

La presión de quienes se oponían a la Guerra Fría y los subsidios al Tercer Mundo empezó a dar sus frutos en 1987, cuando la URSS resolvió disminuir de manera radical sus compromisos con Nicaragua. La resolución de Moscú de cortar drásticamente a la mitad los abastecimientos de petróleo a Managua tuvo un fuerte impacto en las ya de por sí deterioradas relaciones entre Cuba y la URSS.[40]

Ese mismo año, 1987, los medios de comunicación de Cuba y la URSS hicieron hincapié en el mal estado en que se encontraban las relaciones entre ambos países. Por ejemplo, en la prensa soviética se llegó a criticar el estado de la economía cubana, que no mostraba signos de salud a pesar de la abundante ayuda que la isla recibía del bloque socialista. Los artículos de la prensa soviética, sobre todo la de orientación liberal, advertían sobre el uso ineficaz que hacían los cubanos de la asistencia que les otorgaba Moscú. Según *Komsomolskaya Pravda*, desde 1989 Cuba había aumentado en 2 700 millones de dólares anuales su deuda con la URSS. De acuerdo con estos cálculos, ente 16 y 29% del PNB cubano provenía de la ayuda soviética (4 mil millones de dólares).[41]

Por su parte, la prensa cubana también discutió las causas del bajo nivel en que se encontraban los vínculos entre ambas naciones. En un artículo que se publicó en *Granma Semanal* en marzo de 1987, Castro Ruz señaló las diferencias que existían entre Cuba y la URSS y manifestó su negativa de iniciar en la isla una verdadera *Perestroika*.

El 26 de julio de 1988, en su discurso conmemorativo del asalto al cuartel Moncada, Castro reiteró su renuencia a cambiar los lineamientos de su política económica solamente para lograr un acercamiento con la URSS. En esa ocasión, el dirigente cubano indicó que cualquiera que fuese la situación, incluso si la URSS se

[40] E. Domínguez Reyes, art. cit., 21-30; y Piotr Bogomolov, "Una etapa difícil", *Pravda*, Moscú, 5 de junio de 1988.

[41] W. Raymond Duncan, art. cit., p. 53.

desintegraba, Cuba seguiría firme en el camino del socialismo y no se rendiría.[42]

Para la segunda mitad de 1988, a pesar del deterioro de las relaciones entre Moscú y La Habana, los contactos entre los dos aliados se mantuvieron en buen nivel en comparación con el que regía los lazos de Cuba con las naciones socialistas de Europa oriental.

En octubre de 1988 un importante suceso en la isla canceló cualquier oportunidad de un acercamiento entre La Habana y Moscú. El fusilamiento del general Arnaldo Ochoa y otros militares cubanos, quienes fueron acusados de tener contactos con el narcotráfico internacional, obligó al régimen de Castro a cerrar las puertas de Cuba para evitar cualquier injerencia por parte de Estados Unidos o la misma Unión Soviética.

Días después del fusilamiento de los militares cubanos, considerados como héroes de la guerra en Angola, la prensa internacional, incluida la soviética, empezó a difundir la versión de que el sacrificio de Ochoa y sus acompañantes se debía más que nada a que éstos se perfilaban como contrincantes de los hermanos Castro en la lucha por el poder en Cuba. Según algunas versiones, los militares asesinados, convencidos del fracaso del socialismo real en el mundo, habían empezado a promover profundos cambios en las estructuras político-económicas de la isla.

En noviembre de ese mismo año, entre Moscú y La Habana surgieron nuevas desavenencias. Un avión que despegó de Cuba y que supuestamente llevaba armas a los guerilleros salvadoreños se estrelló en territorio nicaragüense. Este hecho causó el enojo de los soviéticos, quienes estaban colaborando con Occidente para llevar la paz a Centroamérica.

A pesar de ese contratiempo, en ese mismo mes, los gobiernos de ambos países trabajaron con empeño para disminuir las tensiones entre ambos, con el objetivo de preparar el viaje que debía realizar Mijail Gorbachov a Cuba. En su gira por el exterior, el líder soviético participaría también en la reunión anual

[42] "Lo único que no tendría perspectiva es si se pierde la patria, la revolución y el socialismo", *Discurso pronunciado por el comandante en jefe Fidel Castro Ruz en el IV Congreso del* PCC, octubre de 1991, p. 6.

de las Naciones Unidas y tendría una minicumbre con su homólogo estadunidense Ronald Reagan. En vísperas de esta visita de Gorbachov a la isla, la cual no se realizó debido al temblor que destruyó dos ciudades de la república soviética de Armenia, ambos gobiernos –el soviético y el cubano– hicieron pública su decisión de continuar sus relaciones diplomáticas a pesar de los distintos cursos que habían tomado sus respectivos proyectos de restructuración económica.

Así, por ejemplo, el 27 de ese mes, en Roma, donde Gorbachov hizo una escala antes de dirigirse a la ciudad de Nueva York, Andrei Grachiov, portavoz del Soviet Supremo de la URSS, indicó que su país se abstendría de intervenir en el proceso político cubano, a pesar de que los dirigentes de la isla caribeña se oponían a la *Perestroika.* Esto se debe, dijo Grachiov, a que "la URSS está decidida a respetar la autodeterminación de los demás países socialistas."[43]

La respuesta cubana a esta aseveración del gobierno de Gorbachov no se hizo esperar. El 5 de diciembre de ese mismo año, el vicepresidente cubano Carlos Rafael Rodríguez advirtió que en ese momento las relaciones soviético-cubanas "eran inmejorables y que esto lo demostraba la visita que en días próximos realizaría Gorbachov a Cuba". Al referirse a las diferencias en los caminos tomados por ambas naciones socialistas, el funcionario cubano fue muy explícito al señalar que "existen, desde luego, situaciones diferentes en Cuba y la Unión Soviética, modos diferentes de abordar la realidad. Nuestro país está en vías de desarrollo. Tiene muy poco organizado su sistema empresarial. Lógicamente, no puede abordar los problemas de la economía de igual manera que Moscú".[44]

A tres días de la visita frustrada de Gorbachov a la isla, en un discurso de cuatro horas, Castro volvió a referirse al "buen nivel" de las relaciones entre su país y la URSS. Asimismo destacó el papel relevante que estaba jugando Gorbachov en los cambios que se suscitaban en el mundo. Con el propósito de agradar a su futuro huésped, el gobernante cubano destacó la labor de su homólogo soviético, diciendo que Gorbachov "se encontraba enfrascado en

[43] "No intervendrá la URSS en el proceso político cubano", *Uno más Uno*, 29 de noviembre de 1988.

[44] "Rechaza el gobierno de Cuba que haya divergencias con la URSS", *Uno más Uno*, 5 de diciembre de 1988.

la difícil tarea de restructurar la economía de la potencia socialista y al mismo tiempo acabar con los vestigios de la Guerra Fría".[45]

En marzo de 1989, en vísperas de la visita aplazada de Gorbachov a la isla, con la intención de disminuir las tensiones entre los gobiernos de ambas naciones, de nueva cuenta ambas partes trataron de consolidar un ambiente de cordialidad. Yuri Petrov, embajador soviético en Cuba, manifestó los planes de su país de no reducir su ayuda financiera a Cuba. El diplomático soviético aclaró a la prensa cubana que "a pesar de que nuestras inversiones aquí no han sido rentables y de que el gobierno de Castro rechaza las pautas de apertura de Moscú en la gestión económica, nosotros seguiremos apoyando a Cuba en su desarrollo". Con el propósito de apaciguar los rumores que había sobre supuestas diferencias entre Moscú y La Habana, el funcionario advirtió: "Cuanto más eficiente sea nuestra economía más riqueza generaremos y estaremos entonces en mejores condiciones de ayudar a Cuba y a otros países amigos."[46]

A su vez, durante su estancia en Cuba, Gorbachov se mostró agradecido a las atenciones que le brindaban en todo momento sus anfitriones y prefirió soslayar el hecho de que Castro se negara a aplicar en el modelo cubano reformas del tipo de la *Perestroika*. Además era evidente que en los discursos del líder del Kremlin estaba presente la mano de los grupos conservadores soviéticos (burócratas y militares), los cuales insistían en seguir colaborando con Cuba.

La presión de estos grupos sobre Gorbachov hizo posible que la URSS firmara con Cuba un tratado de cooperación y amistad por 25 años, cosa que no agradó ni a los reformistas ni al mismo Gorbachov. En este tratado ambas naciones se comprometían a "transferir los recursos liberados por las medidas concretas del desarme y la reducción de los gastos militares a las necesidades del desarrollo económico y social de ambos países".[47]

[45] "Para la URSS y Cuba la paz tiene un sentido diferente, dice Castro", *Uno más Uno*, 6 de diciembre de 1988.

[46] "Pese a no ser rentable, la URSS no disminuirá su ayuda a Cuba: Yuri Petrov", *Uno más Uno*, 31 de marzo de 1989.

[47] "URSS-Cuba: Tratado de Amistad y Cooperación", *Uno más Uno*, 5 de abril de 1989.

Un dato curioso fue que en este acuerdo la asistencia militar se consideró como en estado de descenso, tomando en cuenta las nuevas condiciones en la arena internacional.[48]

Durante su estancia en Cuba, Gorbachov se mostró siempre sereno y se cuidó de manifestar su desacuerdo con los dirigentes cubanos en un nivel público. En todo momento, el líder soviético recordó los compromisos de la URSS hacia la isla y su intención de no disminuir los abastecimientos de petróleo prometidos.[49]

Sin embargo dejó en claro que, en lo que se refería a las transformaciones que se realizaban en la URSS, cada pueblo tenía el derecho a seguir su propia vía. Al hablar de los cambios que se verificaban en su país, Gorbachov dijo: "es un fenómeno [la *Perestroika*] que infunde alegría, porque en definitiva el objetivo principal de todo nuestro trabajo en la renovación de la sociedad consiste precisamente en que el hombre se sienta dueño pleno en la producción y en los asuntos del Estado".[50]

Este mensaje del mandatario soviético fue ignorado por el dirigente cubano, quien prefirió acentuar la idea de que su país no era ninguna colonia de la URSS y que por lo tanto, no tenía por qué seguir de ningún modo el ejemplo soviético en cuanto a la *Perestroika*.

La respuesta soviética a la actitud rebelde de Castro se dio el 8 de mayo de 1989, cuando el académico ruso Nikolai Shmeliov —quien era también diputado al I Congreso de Diputados del Pueblo de la URSS— indicó en la penúltima sesión de este congreso (por primera vez elegido de manera democrática) que ya era tiempo de que el gobierno soviético invirtiera los recursos que enviaba al extranjero (entre ellos a Cuba) en la modernización de la economía doméstica. Estas palabras de Shmeliov, que llevaban un mensaje de los grupos progresistas soviéticos a Cuba, alarmó a Castro, quien empezó a predecir una ruptura o en el mejor de los casos una disminución de los intercambios comerciales entre ambas naciones.

[48] W. Raymond Duncan, *op. cit.*, p. 48.

[49] "Opina Gorbachov sobre el significado de su visita a Cuba", art. cit., p. 1.

[50] *Intervención de Mijail Gorbachov en la Asamblea Nacional de Cuba*, La Habana, 4 de abril de 1989, suplemento núm. 4 de la revista *URSS*, abril de 1989, p. 8.

Ante la renuencia de Castro de introducir cambios profundos en el esquema político-económico de la isla del Caribe, los medios de prensa de las naciones de Europa oriental hicieron eco de las peticiones del gobierno de Gorbachov a Fidel para que introdujera en Cuba dichas transformaciones.

A mediados de 1989, los medios de comunicación de Hungría, Checoslovaquia y Polonia lanzaron arteras críticas al gobierno cubano. Sobre el fusilamiento del general Arnaldo Ochoa, acusado por Castro de tener vínculos con el narcotráfico internacional, los periódicos de estas tres naciones señalaron con indignación que el verdadero motivo de este castigo había sido la actividad relevante del general Ochoa para introducir cambios estructurales en Cuba. Asimismo, reportaron el creciente descontento que había en la isla y que amenazaba con estallar en poco tiempo. La respuesta cubana a esta supuesta agresión fue la expulsión de Cuba de periodistas húngaros y checoslovacos.

De esta manera, con el viaje de Gorbachov a Cuba, y los golpes que le estaban propinando al gobierno de Castro las naciones europeas exsocialistas, principalmente en el terreno de los derechos humanos, concluyó la segunda etapa en el proceso de deterioro de las relaciones entre la URSS y Cuba, dejando saldos negativos para la sociedad y al gobierno cubanos.

Tercera etapa (1990-1991)

La tercera etapa se inicia con el regreso a Moscú del mandatario soviético después de su importante periplo por el extranjero, el cual incluyó una visita a Cuba (antes de Gorbachov, solamente Leonid Brezhnev había estado en la isla). Esta fase concluye en diciembre de 1991, con la desaparición de la URSS y la conformación de una nueva alianza eslavo-caucásica-musulmana, llamada Comunidad de Estados Independientes.

Durante esta tercera etapa el gobierno de Gorbachov se alejó aún más de Cuba, sobre todo después del silencio que guardó Fidel Castro durante el conato de golpe de Estado que perpetraron las fuerzas conservadoras (KGB, militares y burócratas) contra el gobierno central. La silenciosa complicidad de Castro ante el fallido golpe que tuvo lugar el 19 de agosto de 1991 en Moscú y Crimea provocó el enojo del Kremlin, que en respuesta inició una campaña de represión contra su aliado latinoamericano.[51]

Hay que destacar el hecho de que durante 1990, gracias a los esfuerzos de los grupos soviéticos "centristas",[52] si bien las relaciones entre Cuba y la potencia socialista no mostraron muchos indicios de mejoría, tampoco se enfriaron de manera peligrosa. Este grupo de políticos del centro ideológico de la *Perestroika* influyó para que el protocolo de intercambio comercial que firmaron en 1990 la URSS y Cuba no fuera muy diferente al que habían concertado en 1989, en vísperas del viaje de Gorbachov a la isla.

Así, si el protocolo de 1989 ascendió a la suma de 9 mil millones de rublos o 9 900 millones de pesos cubanos (favorable para Cuba),[53] el de 1990, que se firmó en abril de ese año, ascendió a la cantidad de 9 200 millones de rublos. El problema fue que muchos de los acuerdos que se contemplaron en el protocolo de 1990 nunca fueron cumplidos por la URSS a pesar de los reclamos de la parte cubana.

La concertación del acuerdo anual en 1990, que estaría vigente en 1991, se verificó durante la XX Sesión de la Comisión Intergubernamental de Colaboración Económica, Científica y Técnica de Cuba y la URSS.

En esta reunión, que se efectuó en la ciudad de La Habana en abril de 1990, participaron por la parte soviética Leonid Abalkin (del grupo "centrista"), quien en ese entonces era el vicepresidente del Consejo de Ministros de la URSS, y por la parte cubana Carlos Rafael Rodríguez, vicepresidente cubano. En esa ocasión ambas delegaciones acordaron aumentar el comercio bilateral en un 8.7%

[51] "El fallido golpe en la URSS puede acelerar el desplome de Cuba", *Excélsior*, 28 de agosto de 1991, Sección Financiera, pp. 1 y 6.

[52] Durante la *Perestroika* (1986-1991), el espectro político soviético se dividió en "conservadores", "centristas" y "radicales". Entre los conservadores u ortodoxos estaban Egor Ligachov, Boris Pugo, Evgeni Yanayev, Vladimir Kiuchkov, Valentín Pavlov y Nina Andreyevna; en el grupo de los centristas estaba Mijail Gorbachov, Anatoly Lukianov, Ivan Silayev, Evgueni Primakov, Alexander Yakovlev, Grigory Yablinsky, Nikolai Petrakov y Abel Aganbeguian; finalmente en el grupo de los radicales sobresalían Boris Yeltsin, Gabriil Popov, Anatoly Sobchak, Valentín Fiodorov, Stanislav Shatallin y Serguei Stanquievich.

[53] "Suscriben Cuba y la URSS protocolo de intercambio por 9 000 millones de rublos", *Granma*, 2 de abril de 1989.

en relación con 1989, y mantener la ayuda soviética a Cuba al mismo nivel que el año anterior.

Abalkin, quien era aliado de Gorbachov, fue muy claro cuando indicó que su país –a pesar de las diferencias que existían en los proyectos económicos de ambas naciones– seguiría asistiendo a Cuba para evitar un mayor deterioro en sus relaciones. De manera categórica indicó Abalkin: "es preferible en los tiempos actuales no restar y dividir como lo quieren hacer algunos políticos (soviéticos) sino más bien quitarle riqueza a los opulentos y dársela a los pobres".

Durante esa reunión, que inauguró un periodo de negociaciones de seis meses sobre un nuevo acuerdo comercial a largo plazo (tal vez a dos años en lugar de cinco),[54] Abalkin hizo un análisis muy positivo del desarrollo de las relaciones entre ambas naciones.[55]

En esta reunión se creó también, a petición de los cubanos, un comité mixto, encabezado por K. Katushev y Ricardo Cabrizas (ministros de Comercio Exterior soviético y cubano), para que discutiera, de manera regular, el futuro de las relaciones bilaterales. A pesar de que esta comisión conjunta se reunió en mayo y junio de ese año, las relaciones económicas entre la URSS y Cuba empezaron a empeorar cuando Moscú dejó de enviar productos a la isla. Además, en junio de 1990 el gobierno soviético, a través de su ministro de relaciones comerciales con el exterior, Konstantin Katushev, pidió al gobierno de la isla que el protocolo para el quinquenio 1991-1995 se firmara a principios de 1991, cosa que no agradó a la parte cubana que exigió que esto se hiciera a fines de ese año, tal y como se había hecho en el pasado.

Ante la negativa de Castro, el gobierno soviético advirtió que "en contraste a previos acuerdos (el pacto comercial para 1991) no tendría una duración de cinco años, sería transicional y más tarde se decidiría si se prolongaría o no".

El recorte en los envíos soviéticos a Cuba, que se manifestó de manera clara a mediados de 1990, repercutió en la economía de la isla, la cual ya había sido golpeada en la reunión anual número 45

[54] Desde 1976, la Unión Soviética y Cuba firmaron tres acuerdos quinquenales (1976-1980, 1981-1985, 1986-1990). Estos protocolos comerciales dieron seguridad a Cuba en términos de exportación e importación.

[55] Leonid Abalkin, "Entrevista con el jefe de la delegación soviética", *América Latina*, núm. 8, Moscú, Editorial Progreso, 1990, pp. 58-61.

del CAME en Sofía, en enero de ese mismo año.[56] En esa reunión que fue la penúltima del CAME, las partes acordaron una transición por etapas en sus relaciones comerciales, a precios mundiales y cálculos en divisas convertibles.[57]

Si bien en aquella ocasión Cuba logró que los países socialistas industrializados aceptaran seguir dando un trato preferencial a sus aliados subdesarrollados, al menos durante el periodo de transición (cinco años), en la práctica esto jamás se presentó. Por el contrario, en abril de 1990 el gobierno soviético tuvo que recortar el suministro de aparatos electrodomésticos y petróleo adicional a Cuba. En el caso del crudo, ante la debacle de la industria petrolera soviética,[58] de 13 millones que acostumbraba enviar al año Moscú a su aliado, en 1990 solamente envió 10 millones de toneladas (los 3 millones de toneladas que no envió la URSS eran los que Cuba revendía en el exterior para conseguir divisas).

Ante la decisión de la URSS y las naciones de Europa oriental de empezar a recortar su apoyo a Cuba, Castro tomó conciencia de que a partir de 1991 los pagos por los abastecimientos iban a ser en divisas según los precios internacionales.[59] Esto ocasionó que

[56] La decisión de los países industrializados del CAME de seguir ayudando a los más débiles no se llevó a la práctica. En la reunión del CAME del 9 al 10 de enero de 1990, Nikolai Rishkov señaló: "En esta etapa de transición seguramente los países más golpeados serán Cuba, Mongolia y Vietnam [...] Sin embargo, el principio humanista de ayudar a los socios más débiles continuará [...] Pero la propuesta de seguir pagando el petróleo soviético con monedas no convertibles (rublo transferible) difícilmente será considerada por nosotros." Citado por Alexander Kapralov, "Renovación Radical", *Izvestia*, 12 de enero de 1990, p. 4.

[57] En esta reunión del CAME, el entonces presidente del Consejo de Ministros de la URSS, Nikolai Rishkov, propuso que a partir de 1991 el comercio bilateral y multilateral se hiciera en divisas convertibles y a precios de mercado internacional. Indicó el funcionario soviético que en ese momento los precios que se pagaban dentro del bloque socialista no tenían que ver con la calidad de los productos ni con los precios mundiales. Recalcó que el nuevo sistema permitiría ser más eficientes a las empresas de las naciones socialistas y llevaría a la bancarrota a aquellas fábricas que no pudieran conseguir los nuevos objetivos.

[58] R. Miguel García, "La industria petrolera soviética, una mina de oro para Occidente", *Excélsior*, 10 de agosto de 1991, Escena Mundial, pp. 1 y 6.

[59] Mientras que en junio de 1990, el ministro soviético Katushev aclaró que la transición a precios de mercado se haría de manera gradual, en septiembre de ese año el embajador de la URSS en Cuba, Yuri Petrov, dijo que a partir del 1 de enero de 1991 todas las operaciones bilaterales (URSS-Cuba) se harían en moneda convertible.

los cubanos retrasaran la firma de un acuerdo con la URSS de créditos entre ambos países para 1991.

Para justificar la acción del gobierno soviético, en el sentido de iniciar un intercambio comercial dentro del CAME en divisas y a precios mundiales, el académico A. Kortunov del Instituto de Estados Unidos y Canadá de la Academia de Ciencias de Rusia indicó que esta propuesta (de la URSS) era inmejorable, ya que preveía un periodo de transición para normalizar los precios de los productos intercambiados y pasar después a relaciones más racionales.[60]

Por su parte, Piotr Kormilistin, agregado comercial soviético en Cuba, declaró también a mediados de 1990 que a pesar del periodo difícil por el que iban a atravesar las relaciones entre Moscú y La Habana (en el marco de las nuevas condiciones en el CAME), los convenios vigentes entre ambas naciones contemplaban la construcción en Cuba de más de 600 obras, de las cuales más de 400 ya habían sido puestas en funcionamiento.[61]

Sin embargo, el funcionario soviético no dejó pasar la oportunidad de criticar al gobierno cubano por su negligencia y testarudez de no querer adoptar el nuevo mecanismo de cooperación en el bloque socialista. Kormilistin precisó que los cubanos se negaban a trabajar en estas nuevas condiciones y esto se reflejaba en el hecho de que "los cubanos no habían aceptado la idea de una empresa mixta para producir pestina; tampoco la de realizar la

[60] De cualquier manera, en el protocolo para 1991 la URSS siguió haciendo concesiones a Cuba: la isla tendría un periodo de gracia de tres meses a partir del 1 de enero de 1991 durante el cual continuaría realizando operaciones comerciales con Moscú en rublos y a precios del CAME; a partir del 1 de abril, los pagos se harían en dólares pero en algunas operaciones se podría evitar la transferencia de dinero en efectivo; también a partir del 1 de abril todos los productos serían vendidos a precios mundiales, excepto el azúcar, etcétera.

[61] Fueron construidas en Cuba con el apoyo de la URSS varias centrales eléctricas con un potencial total de 2.2 millones de kilovatios; tendidos 2 mil kilómetros de líneas de transmisión de energía eléctrica con sus subestaciones; se pusieron en funcionamiento cerca de 600 kilómetros de vías férreas y más de 1 700 kilómetros de cable de comunicación; se reconstruyeron 150 centrales azucareras; en una superficie de más de 500 mil hectáreas fueron instalados sistemas de regadío; las empresas construidas o modernizadas con la asistencia técnica de la URSS producen casi 100% de acero laminado, de cosechadoras de caña de azúcar, calderas de vapor, de televisores y radios, 60% de telas de algodón; 55% de abonos nitrogenados, así como estructuras metálicas para las necesidades de la industria de construcción, y otros artículos.

propuesta del Ministerio de la Flota Marina de la URSS para explotar en común instalaciones de limpieza de los cascos de embarcaciones; e igual sucede con la idea de algunas organizaciones soviéticas acerca de cómo impulsar el turismo en Cuba".[62]

En contraste con los esfuerzos que realizaban los grupos soviéticos "centristas" para no romper sus relaciones con Cuba, los grupos radicales apoyaban lo contrario. En un artículo publicado en el diario *Izvestia* el 16 de enero de 1990, los reformadores soviéticos difundieron un discurso del diputado de la URSS Yuri Koroliov en Chile. Ante sus homólogos chilenos, Koroliov señaló que en el nuevo parlamento de su país existía un importante sector, compuesto por las fuerzas progresistas, que exigía la suspensión inmediata de la ayuda a Cuba (se refería al discurso de Shmeliov en mayo de ese año). El diputado Koraliov aseveró que: "en la URSS hay posturas extremas que piden que la asistencia soviética, que comenzó en 1961, termine de raíz. Estos parlamentarios estiman que el dinero que eroga la URSS debe ser canalizado hacia la inversión interna, para solucionar problemas económicos que agobian a nuestro país".[63]

A su vez Castro Ruz, ignorando las réplicas de los grupos refomadores soviéticos, continuó diciendo que Cuba seguiría siendo socialista a pesar del derrumbe de sus exaliados.

En conferencia de prensa en México (antes del 32 aniversario del desembarco del *Granma*), Fidel Castro advirtió que había gente que intrigaba porque los cubanos no querían hacer las cosas como se hacían en la URSS o en Europa oriental. El comandante Castro añadió que "si la *Perestroika* nos presionara, entonces no sería *Perestroika*".[64]

En México, Castro señaló también que:

> [...] la batalla no es fácil. Las dificultades pueden aumentar, incluso estamos en una situación especial. Nuevos ensayos, nuevas experiencias, todo tipo de reformas tiene lugar en el campo socialista, especialmente en la URSS; si tienen dificultades serias, las consecuencias serán duras para nosotros. De modo que nos pueden esperar las

[62] *Idem.*

[63] "Desea un importante sector del Congreso del Pueblo de la URSS suspender su ayuda a Cuba", *Uno más Uno*, 16 de enero de 1990.

[64] A. Sujostat, art. cit., pp. 30-38.

dificultades que vengan del campo enemigo y las dificultades que vengan del campo de nuestros propios amigos.[65]

De esta manera, si en 1989 se habían deteriorado las relaciones económicas entre Moscú y La Habana, en 1990 éstas empeoraron. La reacción de Castro fue la de no criticar públicamente a la URSS sino de señalar que esta situación se debía a los problemas económicos de la potencia socialista.

A su vez, Carlos Rafael Rodríguez, vicepresidente cubano, habló también sobre la ausencia de enfrentamientos entre Moscú y La Habana con motivo de la *Perestroika*. El funcionario cubano señaló:

> [...] cuando la prensa de los países occidentales habla de alguna oposición de Cuba respecto a los cambios que están ocurriendo en la URSS, pienso que se confunden dos cosas que es importante distinguir: una es la aplicación de la *Perestroyka* en nuestro país y otra cosa es la *Perestroyka* en sí misma, en los cambios que tienen lugar en la URSS. Lo que Fidel Castro ha subrayado es que nosotros no podemos convertirnos en simples imitadores de lo que hace la URSS. Nuestras circunstancias son distintas. Son distintas desde el punto de vista histórico; distintas desde el punto de vista geográfico; distintas desde el punto de vista de la estructura de la economía; distintas desde el punto de vista de nuestro estadio económico. La URSS está en la *Perestroyka*. Nosotros estamos en la rectificación de errores y tendencias negativas, y ambos vamos en la misma dirección, cada uno con su forma especial de hacer las cosas.[66]

Por su parte, William de Armas, periodista cubano, apoyó las afirmaciones del vicepresidente cubano y dio también su propia definición del proceso rectificador en Cuba:

> ¿Por qué tenemos que hacer la *Perestroyka*? La *Perestroyka* plantea la solución de problemas económicos de una manera. Cuba se la plantea de otra forma. Cada país tiene su situación histórica concreta. En este sentido nuestro gobierno, pueblo y partido, miran la *Perestroyka* con mucho respeto.[67]

[65] *Idem.*
[66] C. Rafael Rodríguez, art. cit., pp. 15-20.
[67] "Si hay dificultades, errores y problemas, provinieron de nosotros mismos", *América Latina*, núm. 12, 1990, Moscú, Editorial Progreso, pp. 62-64.

Sin embargo la campaña anticastrista en la URSS continuó en octubre de 1990. El diario soviético *Komsomolskaya Pravda*, de tendencias reformadoras, publicó en sus páginas un artículo que criticaba la vida privada del presidente cubano y de algunos de sus allegados. En el reportaje se indicó que Fidel Castro tenía a su disposición 32 casas y 9 700 guardias para su seguridad personal. Esta publicación provocó el enojo del gobierno cubano, el cual ordenó la expulsión de Cuba de varios corresponsales extranjeros, entre ellos algunos soviéticos y el corresponsal de la empresa mexicana Televisa.[68]

Un mes después de este suceso, el ataque continuó con un artículo del diario soviético *Rabochaya Tribuna*. En este reportaje se cuestionó la ausencia en la URSS de estadísticas sobre la ayuda que proporcionaban los soviéticos a Cuba y al mismo tiempo se ponía en evidencia la ineficacia del régimen de Castro en el uso de los recursos que le proporcionaba la URSS en el terreno económico y militar.[69]

Esta actitud de los grupos reformadores soviéticos hacia Cuba, en la que se exigía una disminución en el nivel de los vínculos de la URSS con Cuba, irritó tanto al gobierno de Castro que el 4 de agosto de 1990 decidió prohibir la circulación en la isla de tres importantes publicaciones soviéticas, que en la URSS eran el bastión de la *Perestroika* de Gorbachov.

En un acto sin precedentes en los 30 años de relaciones cubano-soviéticas, las autoridades prohibieron la venta de las revistas *Novedades de Moscú*, *Tiempos Nuevos* y *Sputnik*. La justificación que adujeron las autoridades cubanas fue que dichas revistas publicaban artículos "vergonzantes" y "nihilistas" que "hacían una apología de la democracia burguesa" y "abrían el camino a la impugnación del leninismo".[70] A raíz de esta determinación, en un editorial de *Granma*, luego de precisar que en Cuba se distribuían 36 publicaciones soviéticas con una circulación total de 15 millones de ejem-

[68] Alexander Novikov, "Esposas, villas, guardias y otros detalles: de la vida personal de Fidel", *Komsomolskaya Pravda*, 18 de octubre de 1990, p. 4.

[69] "Cómo perdemos divisas", *Rabochaya Tribuna*, 10 de noviembre de 1990, Moscú, p. 1.

[70] "Prohíben en Cuba dos revistas soviéticas que hacen una apología de la democracia burguesa", *Uno más Uno*, 5 de agosto de 1990.

plares, se indicó que el gobierno de Castro prohibía la difusión de estas revistas debido a que difundían la idea de que "el pueblo soviético se había quedado sin historia". La medida de Castro fue tomada en Occidente como una muestra clara del distanciamiento que se estaba dando entre el comandante Castro y la línea reformista de Moscú.[71]

A fines de octubre de 1990, a pesar del mal estado en que se encontraban las relaciones entre los dos aliados, el jefe del Estado Mayor de las fuerzas armadas soviéticas, general Mijail Moiseev visitó Cuba y reiteró los compromisos económicos y militares de la URSS con la isla. Su contraparte cubana, el general Ulises Rosales Toro, respondió al general soviético que ambos países seguían "unidos frente a los mismos problemas como en los mejores tiempos".[72]

En su discurso del 7 de diciembre, en la ceremonia de conmemoración en honor de los cubanos que habían muerto en el extranjero, cumpliendo sus labores de internacionalistas, el mandatario cubano declaró de manera tajante: "nosotros no hemos vacilado en impedir la circulación de ciertas ediciones de la URSS que están cargadas de veneno contra la URSS y el socialismo. Ya algunas de esas publicaciones han comenzado a demandar el cese del tipo de relaciones comerciales equitativas y justas que se han creado entre la URSS y Cuba en el transcurso del proceso revolucionario cubano".[73] Con estas declaraciones, Castro reconoció la existencia de peligrosas diferencias entre la política aislacionista que practicaba su gobierno y la política de cambio que se estaba estableciendo en la URSS.

En diciembre de 1990, cuatro meses antes de lo acostumbrado (la firma de los protocolos URSS-Cuba se realizaba en el mes de abril), el gobierno soviético firmó con su homólogo cubano un protocolo que recortó sustancialmente los subsidios de la URSS a la isla. El principio de este nuevo acuerdo se estableció en el mutuo interés y quedaba constituido de la siguiente manera.[74]

[71] "Hay descontento en Cuba por la prohibición de periódicos de la URSS", *Uno más Uno*, 6 de agosto de 1990.

[72] "URSS-Cuba: siempre unidos" *Granma Semanal*, 21 de octubre de 1990.

[73] "El campo socialista virtualmente ya no existe, señala Fidel Castro", *Uno más Uno*, 8 de diciembre de 1990.

[74] C. Blasier, art. cit., pp. 91-106.

- Un corte de 3 millones de toneladas en las entregas de crudo y sus productos al año a Cuba. Los soviéticos se comprometían a entregar 10 millones de toneladas, el equivalente al consumo de crudo de Cuba en 1990. Pero no hubo acuerdo para 1992. Sin embargo, y a pesar del acuerdo, la URSS envió sólo 7 millones de toneladas en 1991.

- El intercambio de artículos se haría a precios mundiales en dólares. Como primer paso, como se especificó en el acuerdo de diciembre de 1990 entre los dos países, la URSS debía pagar el equivalente de cerca de 500 rublos por toneladas de azúcar comparado con los 850 rublos que pagaba (en una entrevista en julio de 1991 un economista soviético informó que la URSS ahora paga el mismo precio que los compradores de EE. UU. por el azúcar). Se acabó el precio preferencial al azúcar cubana. También disminuyó la razón de intercambio de petróleo por azúcar: tres toneladas de petróleo por cada tonelada de azúcar en 1989; 2.5 toneladas en 1990 y menos en 1991. Aparentemente para compensar estos cortes, Moscú prometió un incremento en las entregas de granos.

- Reducción del acuerdo económico bilateral de cinco a un año (1991) con términos sujetos a cambios de acuerdo con la situación económica en la URSS. El acuerdo de 1991 constituye un año transicional, después del cual se podría hacer uno más permanente. En el futuro, operaciones comerciales para maquinaria y equipo deben ser realizadas por empresas privadas en el nuevo modelo descentralizado de la URSS —en realidad las empresas soviéticas no quieren hacer negocios con las estructuras ministeriales centralizadas cubanas. Después del 31 de marzo de 1991, tales acuerdos se realizarían en dólares. El acuerdo también prohíbe cualquier entrega soviética de productos durables como refrigeradores y otros aparatos eléctricos. Cuba debe pagar el 10% de costos de flete, cargo que antes no existía para la isla.

- El 11 de enero de 1991 el Soviet Supremo aprobó concesiones a Cuba por 55.7 millones de rublos. Sólo Afganistán recibió más ayuda. A principios de 1991, la URSS redujo el número de técnicos y consejeros en menos de un año de 3 200 a mil.

- La URSS había armado al ejército de Cuba, la fuerza aérea y la marina; Cuba no ha pagado esto. Adicionalmente, la URSS ha mantenido algunos miles de consejeros militares en Cuba así como efectivos.

Las negociaciones entre los dos gobiernos se iniciaron a fines de 1991 para reducir las tropas soviéticas en la isla así como para cortar la ayuda militar.

En enero de 1991, a pesar de las quejas de los cubanos y de los conservadores soviéticos, el gobierno de Gorbachov continuó alejándose de su aliado latinoamericano. En los primeros días del mes de enero, Moscú anunció de manera oficial una reducción sustancial en los subsidios comerciales a Cuba y el regreso a la URSS de dos mil técnicos que estaban trabajando en diversos proyectos en Cuba. El mensaje fue difundido por Yuri Petrov, embajador de la URSS en La Habana, quien advirtió a Castro que los técnicos de su país podrían permanecer en suelo cubano solamente si el gobierno les pagaba su sueldo en dólares.[75]

En junio de ese mismo año, un suceso puso de relieve la disposición de Cuba para evitar un mayor deterioro en sus relaciones con Moscú. El día 27 viajó a Moscú el secretario del Comité Central del PCC, Carlos Aldana. El motivo de su visita era platicar con algunos funcionarios soviéticos acerca del futuro de las relaciones entre ambas naciones. Durante su estancia en Moscú, Aldana fue recibido por el canciller de la URSS Alexander Bessmertnik, el viceministro Valeri Nikolaienko y Georgui Mamedov, del Departamento para Estados Unidos y Canadá de la cancillería soviética. En sus pláticas, el político cubano destacó el deseo de su gobierno de disminuir sus tensiones con la Casa Blanca para así colaborar en la reducción de las amenazas de conflicto en la región. De igual manera, resaltó las "buenas" relaciones económicas que existían entre su país y la URSS. Aclaró que entre el gobierno cubano y el presidente electo de la Federación Rusa, Boris Yeltsin, no había graves diferencias. De Yeltsin, dijo Aldana: "Boris Yeltsin es amigo de Cuba, amigo de la dirección cubana. No es un dirigente que ha debutado ahora en el panorama político soviético."[76]

[75] "Reduce la URSS subsidios comerciales a La Habana", *La Jornada*, 28 de enero de 1991.

[76] "Buscan soluciones Cuba y la URSS a conflictos de la isla con EU", *Excélsior*, 8 de junio de 1998, Sección A, pp. 2 y 32.

Sin embargo y a pesar de estos esfuerzos por parte de los cubanos para evitar un mayor distanciamiento de la URSS, de nueva cuenta la prensa liberal soviética se encargó de impedir cualquier posible acercamiento. En un artículo del periódico soviético *Literaturnaya Gazeta* se dio a conocer el descontento que existía en los círculos políticos de la URSS debido a la renuencia de Castro a efectuar cambios en la isla. En un análisis sobre la economía cubana, el diario soviético advirtió "que tarde o temprano Cuba vivirá cambios decisivos, ya que el pueblo está cansado de la dramática situación de miseria que padece bajo el régimen de Fidel Castro". El periódico soviético indicó también que el lema "socialismo o muerte", esgrimido por Castro para hacer frente al desmoronamiento del sistema comunista mundial, no tenía ya ningún atractivo para los cubanos, quienes continuaban huyendo de la "Isla de la Libertad", como hasta hace poco llamaba la prensa soviética a Cuba.[77]

Por su parte, el entonces candidato a la presidencia de la Federación Rusa Boris Yeltsin, durante su campaña electoral en junio de ese mismo año, prometió en Moscú y Leningrado que retiraría la ayuda rusa a Cuba si llegaba a presidente de esa república soviética.

La decisión de Yeltsin de abandonar a los cubanos y en general a las naciones en vías de desarrollo con orientación socialista le ganó muchas simpatías, en su mayoría en las grandes ciudades rusas donde se sufría cada vez más por las carencias que se daban en el mercado local, debido a la ruptura que causó la *Perestroika* entre los sistemas de producción y distribución de la URSS.

Además, el rechazo de Yeltsin hacia la nación socialista del Caribe no era una novedad. Desde los días en que fue miembro suplente del Politburó del PCUS, Boris Yeltsin se dedicó a criticar la abundante ayuda que en ese entonces proporcionaba la URSS a Cuba, ya que según él el régimen de Castro la utilizaba de manera deficiente.

Esta animadversión de Yeltsin hacia las naciones socialistas subdesarrolladas se puso de manifiesto en varias ocasiones sobre

[77] "Cuba cansada de la miseria que padece", *Excélsior*, 14 de junio de 1991, Sección A, pp. 1 y 28.

todo cuando delegaciones cubanas y nicaragüenses viajaban a Moscú y visitaban al "Terrible Oso Siberiano".[78]

Por su parte, Mijail Gorbachov siguió mostrándose más receptivo a la problemática cubana, dejando ver que la URSS seguía considerando a la isla del Caribe como una aliada del Kremlin.

En vísperas del viaje del presidente de México Carlos Salinas de Gortari a la Unión Soviética, a principios de julio de 1991, en una entrevista exclusiva a un diario mexicano, el mandatario soviético expresó que su gobierno seguía brindando su apoyo al régimen de Fidel Castro.

Al destacar que la tensión subsistente en torno de Cuba era un anacronismo de la guerra fría, Gorbachov indicó que su país estaba a favor de la normalización de las relaciones cubano-estadunidenses como un primer paso para acabar con los conflictos en el hemisferio occidental. En la entrevista el líder del Kremlin resaltó en los términos siguientes las "buenas relaciones" que existían entre Moscú y La Habana:

> La Unión Soviética aprecia las relaciones de amistad con Cuba y los elementos positivos acumulados en estas relaciones durante decenios. Acogemos con comprensión las respuestas de los dirigentes cubanos a los desafíos de esta época, sus valoraciones de los cambios que se producen en el mundo y del papel que le corresponde a su país en estos cambios [...] La reforma económica en la URSS y el periodo de crisis del desarrollo de la *Perestroyka* por ahora repercuten de manera desfavorable en los vínculos soviético-cubanos en las esferas económica y comercial. Pero consideramos que esto es pasajero. La transformación de las estructuras de colaboración, que se formaron en otras condiciones y que deben modificarse teniendo en cuenta nuevas circunstancias y posibilidades, conducirá a fin de cuentas estos vínculos a una nueva elevación en el interés mutuo.[79]

Pero para la mala fortuna de los cubanos, sus relaciones con los soviéticos empeoraron de nuevo en julio de 1991. En ese verano, el presidente de Estados Unidos George Bush viajó a la

[78] Tomás Borge, "La *Perestroyka* llegó muy tarde", *Excélsior*, 1 de septiembre de 1991, Sección A, pp. 1 y 30.

[79] Regino Díaz Redondo, "Vientos del siglo XXI soplan en las velas de México", *Excélsior*, 2 de julio de 1991, Sección A, pp. 1 y 10.

URSS para tener una cumbre con su homólogo soviético. En sus pláticas con Gorbachov, el presidente de Estados Unidos advirtió a su anfitrión que la URSS necesitaba solucionar algunas diferencias que impedían un mayor acercamiento entre el Kremlin y la Casa Blanca. Estas diferencias eran: la ayuda económica y militar que proporcionaba Moscú a La Habana; el diferendo de la URSS con Japón por las islas Kuriles, y el reconocimiento de la independencia de las repúblicas bálticas. De manera categórica, Bush dejó saber a Gorbachov que Occidente no prestaría ayuda económica suficiente a la URSS sin la resolución de estos problemas.

En un discurso ante los académicos del Instituto de Relaciones Internacionales de Moscú, Bush indicó que la URSS debía poner fin a la ayuda económica y militar a Cuba ya que "Fidel Castro –aislado en su totalitarismo obsoleto– no compartía los ideales de la *Perestroyka* y su gobierno era el último vestigio de la guerra fría".[80]

Sin embargo, y a pesar del fracaso de Gorbachov en su reunión con el Grupo de los 7 en Londres,[81] y también ante el embate estadunidense para limitar aún más las relaciones entre la URSS y Cuba, las fuerzas políticas soviéticas, "centristas" y "conservadoras", negaron toda posibilidad de acatar las disposiciones de Bush sobre todo en lo que se refería a sus relaciones con la isla caribeña.

Por el lado de los "centristas", habló el académico Evgeuni Primakov, asesor del presidente soviético y especialista en asuntos del Medio Oriente. El funcionario afirmó que si bien el gobierno de Gorbachov no apoyaba las acciones de Cuba contrarias a los intereses de Estados Unidos, tampoco podía aceptar las presiones externas dirigidaa a reducir la ayuda de Moscú a La Habana. Advirtió Primakov que no obstante la solicitud de su país a Washington de ayuda económica, la URSS "no estaba en disposición de aceptar ultimátums en este tema".[82]

[80] "Estados Unidos no es ningún peligro para la isla", *Excélsior*, 1 de julio de 1991, Sección A, pp. 1 y 10.

[81] R. Miguel García, "Los programas económicos en la ex Unión Soviética, hoy Comunidad de Estados Independientes", *El Financiero*, Sección Enfoques, 20 de febrero de 1992.

[82] "Rechazo a presiones para bajar ayuda a Cuba: Primakov", *Excélsior*, 15 de julio de 1991, Sección A, pp. 1 y 26.

Por parte de los "conservadores" habló Valentín Pavlov, quien en ese entonces era el presidente del Consejo de Ministros de la URSS y uno de los ocho funcionarios soviéticos que organizaron el golpe de Estado contra Gorbachov en agosto de 1991. Al referirse a la petición de la Casa Blanca para que Moscú reconsiderara su ayuda civil y militar a Cuba, Pavlov asentó:

> [...] nadie tiene el derecho de imponer sus políticas a una nación soberana [Cuba]. No veo motivos para una revisión de las relaciones de amistad y colaboración entre la URSS y Cuba [...] Cuba ha sido y será para nosotros un país amigo y un aliado de iguales derechos [...] Estamos cooperando con Cuba para desarrollar nuestras economías y nadie tiene derecho a interferir en nuestras relaciones bilaterales, más aún cuando estas relaciones se ubican en el área económica.[83]

Sin embargo, los esfuerzos de conservadores y centristas para evitar que la URSS retirara su apoyo a Cuba resultaron vanos ante los acontecimientos de la madrugada del 19 de agosto de 1991. Ese día, los opositores a la *Perestroika* organizaron en Moscú y en Crimea un golpe de Estado contra Gorbachov.

El hecho de que Fidel Castro haya guardado silencio durante el conato de golpe de Estado perpetuado por un supuesto Comité Estatal de Emergencia en contra del presidente electo de la URSS y que además haya tenido una tenue reacción en los dos días posteriores al evento, provocó el enojo de los dirigentes soviéticos, y de manera especial de Boris Yeltsin, quien defendió la *Perestroika* de Gorbachov.

Diez días después del frustrado golpe en la URSS, la estación de radio cubana Radio Rebelde y el periódico *Granma* reconocieron que los sucesos en la URSS y el desenlace de los mismos iban a repercutir de manera negativa en el país caribeño.[84]

Las consecuencias del silencio cubano no se hicieron esperar: el 5 de septiembre, Boris Pankin, nuevo canciller soviético, declaró a la prensa internacional que su país "reconsideraría" sus relacio-

[83] "Estados Unidos, sin derecho a pedir que cese la ayuda a Cuba: Pavlov", *Excélsior*, 3 de agosto de 1991, Sección A, pp. 1 y 22.

[84] "Tendrán una clara repercusión para Cuba los sucesos de la URSS, afirman", *Excélsior*, 27 de agosto de 1991, Sección A, p. 3.

nes con el régimen de Fidel Castro con el fin de eliminar "toda ideología comunista en esos vínculos". En conferencia de prensa, Pankin, sucesor de Alexander Bessmertick, afirmó que las relaciones con la isla no se basarían en la ideología , sino "en otros criterios", como el económico.[85]

Por su parte, el gobierno de Castro, ante la decisión del gobierno soviético de restructurar sus relaciones con la isla, se mostró más renuente a cambiar el "camino que el pueblo cubano había elegido: socialismo o muerte". Con el propósito de enfrentar las críticas de sus exaliados, Castro advirtió, a través de un boletín del Partido Comunista Cubano, a los pocos días de los fatídicos sucesos en la URSS: "Continuaremos con nuestra línea independiente y socialista."[86]

El 12 de septiembre, dentro de las actividades que realizaba en Moscú la Conferencia para la seguridad y Confianza en Europa, y ante la presencia del secretario de Estado de Estados Unidos James Baker, Gorbachov dio a conocer la noticia del retiro de 12 mil soldados soviéticos emplazados en territorio cubano. Esta medida unilateral tomó por sorpresa a los cubanos, quienes protestaron de manera inmediata ya que no se les había informado con antelación. En respuesta, y lejos de mostrar indicios de flexibilidad hacia su vecino socialista, Washington indicó que su base militar en Guantánamo, al oriente del territorio cubano, no sería desmantelada sino que continuaría reforzando la presencia de Washington en el Caribe.

Estados Unidos tenía contratada en alquiler desde 1903 la base militar de Guantánamo, y en 1934 acordó junto con el gobierno cubano la renovación a perpetuidad del arriendo. Actualmente, el gobierno estadunidense deposita en un banco de Estados Unidos la renta mensual que asciende a 4 mil dólares.[87]

Para acallar las protestas del gobierno cubano ante la decisión soviética, el canciller de la URSS Boris Pankin exigió de Estados

[85] "Reconsideraremos los nexos con el gobierno de Cuba: B. Pankin", *Excélsior*, 6 de septiembre de 1991, Sección A, pp. 1 y 23.

[86] "Aun sin ayuda soviética, Cuba sobrevivirá", *Excélsior*, Escena Mundial, 9 de septiembre de 1991, pp. 3 y 4.

[87] "Mantendrá EU su base naval en la bahía de Guantánamo", *Excélsior*, 14 de septiembre de 1991, Sección A, pp. 1 y 27.

Unidos una medida recíproca por parte de la Casa Blanca. Puntualizó Pankin:

> La salida de los 3 mil soldados soviéticos de La Habana –no los 12 mil que en principio señaló Gorbachov– forma parte de la tarea emprendida para desideologizar la política exterior de la URSS; además, con ello tratamos de liquidar todos los vestigios del pasado en nuestra relación con Cuba [...] Esperamos una respuesta análoga por parte de Washington.[88]

Por su parte, el gobierno cubano trató de disminuir los efectos que tendría en el interior del país esta decisión de la URSS y declaró que para Cuba tenían más importancia los vínculos comerciales y económicos que los de tipo militar. Sin embargo, Fidel Castro señaló en un comunicado lo improcedente de la acción soviética ya que "esta declaración no fue precedida de consultas ni aviso previo alguno... Así pues, constituye un comportamiento improcedente tanto desde el punto de vista de las normas internacionales como de los convenios suscritos por ambos estados".[89]

De acuerdo con la prensa internacional, ante el temor de que la reducción de los efectivos militares provocara protestas callejeras en la isla, el líder cubano ordenó la formación de unidades antidisturbios bajo el esquema de las tropas del ministerio soviético del Interior, mejor conocidas como Omones.

La nueva posición del gobierno soviético, auténticamente anticastrista, quedó muy clara cuando en Roma, el 14 de septiembre de ese mismo año (1991), la diputada soviética Galina Starovoitova (quien era también miembro consejero de la Federación Rusa) advirtió al gobernante latinoamericano que Cuba tenía que abandonar el socialismo para no quedarse aislado en un mundo que se dirigía al libre mercado y a la democracia liberal. En Italia, la parlamentaria soviética le envió un mensaje a Castro, en el cual apuntaba:

[88] "Espera Moscú menos presencia militar de EU en Cuba", *Excélsior*, 13 de septiembre de 1991, Sección A, p. 1.

[89] "La presencia militar soviética tiene un carácter simbólico para nuestra defensa", *Excélsior*, 13 de septiembre de 1991, Sección A, p. 2.

> [...] es lógico que Cuba deberá cambiar [...] Entendemos que Fidel Castro siguió durante mucho tiempo nuestra política, el régimen comunista, pero ahora deberá ser diferente, Castro parece aislarse más que nunca [...] Hay que darse cuenta de que el comunismo fracasó; tal vez debamos decir que el comunismo soviético. Pero es normal que no sigamos apoyando la política de Castro [...] Tendremos dentro de poco una reunión con Estados Unidos para tratar la situación de Cuba y la posición de Fidel Castro frente a la escena internacional. Esto será definitivo para nuestras relaciones con Cuba.[90]

También el vicecanciller soviético para Asuntos Latinoamericanos, Valeri Nikolaenko, sugirió al régimen cubano encaminarse "a un ritmo y con modalidades propias" hacia una economía de mercado e inicar un proceso democrático que desemboque en elecciones libres. El funcionario señaló además que precisamente el retiro de las tropas soviéticas del territorio cubano obedecía al deseo de la URSS de "relajar tensiones" en la región y contribuir así al mejoramiento de las relaciones entre Cuba y Estados Unidos.

Nikolaenko manifestó que, eventualmente, Cuba tendría que pagar su deuda externa a la URSS, la cual ascendía a la suma de 16 mil millones de rublos, es decir unos 25 mil millones de dólares. En su mensaje a Cuba el diplomático ruso afirmó:

> Cuba tiene que actuar en circunstancias particularmente difíciles por el bloqueo estadunidense, pero incluso bajo esas condiciones se pueden hacer cambios. La URSS ha elegido el camino de la economía de mercado, que no le gusta a los cubanos porque consideran que se trata de un procedimiento capitalista; pero el mercado ha existido siempre en todas las organizaciones sociales y no es exclusivo del sistema capitalista.[91]

Boris Yeltsin, una vez fortalecido en el poder, decidió mostrar las verdaderas intenciones (contrarias a cualquier acercamiento)

[90] "Cuba debe cambiar; el socialismo fracasó, afirmó G. Starovoitova", *Excélsior*, 14 de septiembre de 1991, Sección A, pp. 3 y 35.

[91] "Socialismo o muerte: Barton", *Excélsior*, 14 de septiembre de 1991, Escena Mundial, p. 1.

tanto del gobierno ruso como del moribundo gobierno soviético hacia Cuba. Por esta razón invitó a miembros destacados de la disidencia cubana en el exilio para que visitaran Moscú. Con esta acción, Yeltsin dejó en claro que la URSS se alejaría del régimen de Castro para, segun él, consolidar la distensión en el Caribe.

Al llamado del presidente ruso respondieron el poeta Armando Valladares, el empresario y jefe de la fundación cubano-americana Jorge Mas Canosa,[92] el escritor Carlos Alberto Montaner[93] y el banquero Carlos Arboleya.[94] Ante su anfitrión, los disidentes cubanos coincidieron en afirmar que para debilitar al gobierno cubano era necesario cortar los apoyos económicos que recibía del extranjero, entre ellos el soviético.

Por su parte, Fidel Castro aprovechó el IV Congreso del Partido Comunista de Cuba, que se realizó en la ciudad de Santiago a mediados de octubre de 1991, para acusar a los soviéticos del incumplimiento del protocolo firmado por ambas naciones en diciembre de 1990. Ante los delegados al congreso, Castro señaló:

> En 1989 la situación fue más o menos normal. Ahora para 1990 ya empezaban los problemas, pero todavía se hizo un buen acuerdo con la URSS, se acordaron exportaciones soviéticas por valor de 5 131 millones de rublos, de los cuales se embarcaron hasta el 31 de diciembre de ese año (1990) 3 820 millones de rublos, para un 75% del protocolizado, quedando un volumen de productos por embarcar ascendente a 1 300 millones de rublos; es decir, de los 5 mil 131 millones acordados no se embarcaron alrededor de 1 300 millones. Eso en 1990 [...] De esos 1 300 millones, 300 millones llegaron en mayo del año siguiente (1991), quedándose sin embarcar en esa fecha mil millones de rublos, de los cuales 559 millones correspondían a los 3.3 millones de toneladas de combustible dejados de recibir [...] Así, si en 1991 se habían acordado exportaciones soviéticas a Cuba por 5 131 millones de rublos, que no se cumplieron totalmente, para 1991

[92] "Valladares y Mas C. brindan en Moscú por la caída de Castro", *Excélsior*, 15 de septiembre de 1991, Sección A, pp. 1 y 30.

[93] Carlos Alberto Montaner, "Moscow's Perspective on Fidel Castro's Cuba", *The Wall Street Journal Europe*, 10 de diciembre de 1991, p. 11.

[94] "Ya negocian con Moscú los banqueros cubano-estadounidenses", *Excélsior*, 18 de septiembre de 1991, Escena Mundial, pp. 1 y 8.

se acordaron exportaciones por 3 940 millones de rublos, más de mil millones menos.[95]

En el terreno político, Castro Ruz también reiteró el respeto que sentía su gobierno por los cambios en la URSS. En su discurso el mandatario cubano indicó que su país, desde antes de la *Perestroika*, había implementado la Rectificación con el propósito de perfeccionar el socialismo. De igual manera, reconoció que su país tal vez había equivocado el rumbo de su historia al haber copiado modelos externos. Al respecto dijo el mandatario cubano:

> Siempre hay experiencias útiles en muchos campos que pueden utilizarse, pero desgraciadamente en nuestro país se cayó en una tendencia a la copia mecánica; todo lo que de allí venía [de la URSS] era sagrado, todo lo que venía de allí era incuestionable, todo lo que estaba en un librito era indiscutible. Esta tendencia se desarrolló con notable fuerza y lo digo sinceramente no con poco desagrado por parte de algunos de nuestros compatriotas.[96]

Así, en esta dinámica negativa para ambos gobiernos, la URSS siguió alejándose de Cuba. La potencia exsocialista dio la cuchillada final al gobierno cubano el 8 de diciembre de 1991, cuando en la ciudad de Minsk, capital de la república de Bielorrusia, los dirigentes de tres repúblicas soviéticas eslavas acordaron acabar con la URSS y formar la Comunidad de Estados Independientes (CEI). Los líderes de Rusia, Ucrania y Bielorrusia determinaron que el centro político de esta nueva entidad jurídica fuera la ciudad de Minsk. Posteriormente, el 22 de diciembre, a estas tres repúblicas exsoviéticas se les unieron las centroasiáticas Kazajstán, Uzkekistán, Tadjikistán, Kirguizia y Turkmenia, y las del Cáucaso: Azerbaidjian y Armenia; por último se integró a la CEI la república de Moldavia pero advirtió que en un futuro no muy lejano se juntaría con Rumania, país con el que la unían lazos históricos y culturales. Las únicas repúblicas exsoviéticas que decidieron no formar parte de la CEI fueron Georgia, que en esos momentos se enfrentaba al

[95] "Lo único que no tendría perspectiva es si pierde la patria, la revolución y el socialismo". Discurso pronunciado por el comandante en jefe Fidel Castro Ruz en la inauguración del IV Congreso del PCC, octubre de 1991, La Habana, p. 9.

[96] *Ibid.*, p. 13.

espectro de la guerra civil, y las tres repúblicas bálticas Estonia, Lituania y Letonia, que ya habían logrado su independencia de Moscú.

La aparición de la CEI en la comunidad internacional marcó el fin de la tercera etapa en el proceso de desgaste en las relaciones entre Cuba y la antigua Unión Soviética y permitió el inicio de la última fase, la cual sea tal vez la que decidió el destino de los vínculos de amistad que alguna vez existieron entre ambas naciones.

Cuarta etapa (a partir de 1992)

La predominancia de las ideas reformistas radicales en las estructuras de la CEI, heredera de la URSS, permitió a las repúblicas exsoviéticas alcanzar cierta autonomía política con respecto a Moscú. Esta independencia se reflejó en la descentralización de las acciones por parte de los miembros de la CEI, antes monopolizadas por Moscú. Sin embargo, esta descentralización política no se dio en el terreno económico.

Debido a los fuertes lazos que crearon las 15 repúblicas durante los más de 70 años de poder soviético en la URSS, fue imposible que cortaran dentro de la CEI, al menos a un corto plazo, sus vínculos económicos. Además no cabía la menor duda de que algunas de las repúblicas exsoviéticas, como las centroasiáticas, no deseaban llevar a cabo esta separación económica.

Esto se debía a la dependencia que tenían de Rusia el resto de las naciones socialistas en primer lugar por causa de los mecanismos de relación creados por la división socialista de trabajo, y en segundo término por la presencia soviética que el proceso de rusificación llevado a cabo por José Stalin en el bloque socialista impuso en cada una de las naciones que vivían bajo la protección de la "Madrecita Rusia".

Sin embargo, y a pesar de que en lo interno les fue imposible a las repúblicas exsoviéticas romper sus lazos económicos, en el aspecto externo sí se logró cortar algunos de ellos pero sobre todo con sus aliados subdesarrollados, entre los que se encontraba Cuba.

Así, a partir del nacimiento de la CEI, la mayoría de las repúblicas de la antigua URSS empezaron a alejarse gradualmente del Tercer Mundo, y de manera significativa de sus socios socialistas.

Esto provocó una restructuración en sus lazos comerciales con el resto de las naciones de la comunidad exsocialista. A partir de enero de 1992, los miembros de la CEI exigieron al gobierno cubano firmar por separado, con cada uno de ellos, nuevos acuerdos comerciales y de amistad.

Esta nueva etapa de relaciones entre Cuba y los miembros de la CEI se dio en un ambiente de indiferencia por parte de los exsoviéticos, quienes justificaron su actitud de abandono hacia la isla señalando que sus prioridades eran restructurar sus economías y abrirse al exterior. Para ello adujeron la necesidad de reconvertir su Complejo Industrial Militar[97] y modernizar el resto de su planta industrial, sobre todo la manufacturera y la de alimento.

En este contexto de ideas, en marzo de 1992, el embajador de la Federación Rusa en México, Oleg Darusenkov, quien fue también embajador de la URSS en Cuba, dejó en claro que la Federación Rusa deseaba tener en el futuro una relación "más pareja con Cuba". Dijo el diplómatico ruso: "Queremos tener con La Habana una relación normal, pareja, basada en el respeto mutuo y la reciprocidad, y no ser su protector y sostén." El diplomático ruso advirtió que esta nueva situación obligaba a la isla a llevar a cabo operaciones comerciales con cada uno de los miembros de la CEI; por lo pronto, afirmó Darusenkov: "Cuba ya firmó acuerdos con Rusia, Ucrania, Kazajstán, Uzbekistán y Moldavia".[98]

En Moscú, Boris Yeltsin, presidente de la Federación Rusa, también confirmó que su país no seguiría subsidiando la economía cubana. En una visita que realizó a una planta textil en la ciudad de San Petersburgo, antes Leningrado, Yeltsin afirmó ante los trabajadores de esa empresa que "los días de ayuda masiva terminaron [...] En el pasado, más de 50 países recibieron aproximadamente 60 mil millones de rublos en ayuda al año [...] Ahora, esos recursos los destinaremos a nuestra gente".[99]

97 R. Miguel García, "De la industria militar soviética a la industria civil de la CEI", *México Internacional*, julio de 1992, pp. 4-7.

98 "Rusia busca una relación pareja con Cuba, afirma Oleg Darusenkov", *Excélsior*, 5 de marzo de 1992, Sección A, p. 4.

99 "Rusia no subsidiará a Cuba, afirma Yeltsin. Significaba 85% de sus importaciones", *Excélsior*, 28 de enero de 1992, Sección Financiera, pp. 2 y 11.

De igual manera, el vicecanciller ruso Valeri Nikolaenko, encargado de los asuntos latinoamericanos en la cancillería rusa, declaró, que después de ayudar a EU a resolver las guerras civiles salvadoreñas y nicaragüenses, Rusia iba a dar máxima prioridad al levantamiento del bloqueo estadunidense contra Cuba y al restablecimiento de las relaciones normales entre los dos países. Este mensaje fue bastante claro para Cuba, la cual se mostró renuente a acatar indicaciones de su exaliado.

El 20 de junio de 1992, el periódico ruso *Izvestia* hizo público el acuerdo entre la Federación Rusa y Cuba de intercambiar un millón de toneladas de azúcar cubana por 1.8 millones de toneladas de petróleo ruso. Esta operación comercial, la primera en las nuevas condiciones políticas en la CEI, significó que por primera vez en muchos años ambas naciones estaban realizando sus transacciones comerciales a precios mundiales (una tonelada de azúcar cuesta 220 dólares y una tonelada de petróleo 120 dólares).

Asimismo, el diario ruso indicó que el proyecto soviético-cubano que más pérdidas había reportado a Moscú era la suspensión de la construcción de la central nuclear cubana en Juragua, en la cual la URSS había invertido 750 millones de dólares mientras que la inversión cubana había sido de casi 1 150 millones de dólares. Para evitar que las pérdidas fueran demasiado altas, el gobierno ruso propuso reiniciar la obra con materiales que pudieran ser comprados ya fuera en el mercado cubano o cerca del mismo, esto con tal de abatir los costos.[100] Sin embargo, en su discurso del 5 de septiembre de 1992, Fidel Castro anunció la suspensión indefinida de la obra por considerarla no prioritaria dentro de los programas de desarrollo contemplados en el "periodo especial en tiempos de paz". Además, semanas antes, la cúpula gobernante cubana, aprovechando que su mandatario se encontraba en Madrid –asistiendo a la reunión cumbre iberoamericana–, había destituido al hijo de Fidel Castro del puesto de director de dicha planta nuclear.[101]

[100] Evgueni Bai, "El comercio entre Cuba y Rusia se realiza a precios mundiales", *Izvestia*, 20 de junio de 1992, p. 4.

[101] "Posible complot contra Fidel la detención de su hijo", *Excélsior*, 15 de agosto de 1992, Sección A, pp. 2 y 20.

Finalmente, otro detalle que reflejó también la actual animadversión de una parte considerable del gobierno ruso hacia Cuba se dio el 1 de mayo de 1992, cuando la televisión rusa transmitió un programa en el que participó el disidente cubano Jorge Ullúa. El título del programa, "Nadie estuvo escuchando", revela muy bien los tintes anticastristas de la transmisión. En esa ocasión los televidentes pudieron presenciar los momentos en que los disidentes cubanos, que habían visitado Moscú por invitación del gobierno ruso, conversaban con las decenas de ciudadanos cubanos, entre estudiantes y trabajadores, que no desean regresar a la que hasta hace unos pocos meses se había denominado la "Isla de la Libertad".

Inmediatamente después de este programa se transmitieron también los trabajos de la conferencia intitulada "Rusia y Cuba: del totalitarismo a la democracia", que se había realizado el pasado mes de abril en la ciudad de Moscú. En esta conferencia participaron los disidentes cubanos Carlos Alberto Montaner, Carlos Franqui y Ricardo Bonfil. Durante el evento se anunció que el gobierno ruso había dispuesto lo necesario para ayudar a los disidentes cubanos en su labor de influir en la política interior de la isla.

Sin embargo, la fuente que dio a conocer la realización de estos dos eventos de suma importancia para las relaciones entre Cuba y la Federación Rusa señaló también que a pesar de los intentos que se hacían para cortar la ayuda rusa a Cuba, esto no iba a ser muy fácil. La razón, indicó *Izvestia*, son las relaciones militares entre ambas naciones: "actualmente hay en Cuba una brigada del antiguo Ejército Rojo; la base de submarinos en el puerto de Cienfuegos y la estación de rastreo en Lourdes, que es manejada por oficiales rusos. Además, como lo reportó Radio Libertad, oficiales de los servicios secretos cubanos siguen siendo entrenados en territorio de Rusia".[102]

Por este último detalle de las relaciones militares entre La Habana y Moscú es posible señalar que a pesar de que en los últimos meses las relaciones entre ambos exaliados se han enfriado a un alto grado, esos viejos compromisos que adquirieron ambas naciones durante la Guerra Fría impedirán que la CEI abandone

[102] Evgueni Bai y Andrei Kamorin, "Moscú recibe disidentes cubanos", *Izvestia*, 4 de mayo de 1992, p. 5.

por completo a la isla, tal y como lo hizo con sus exaliados de Europa oriental, Nicaragua, Mongolia y Afganistán.

Por otra parte, no es aventurado señalar que en la actualidad los rusos tienen en Cuba una última carta de negociación con Occidente, la cual podrán utilizar en caso de que vuelvan a soplar en Estados Unidos vientos contrarios a la actual distensión.

Para el gobierno ruso es importante no perder, al menos a un corto plazo, la posibilidad de seguir influyendo en la política interior de Cuba para seguir conservando ahí el espacio militar que le permite influir en el escenario internacional.

Como están las cosas, y como corolario a este recuento de hechos y actitudes suscitados en la última década de las relaciones entre los gobiernos de Cuba y la URSS y actualmente de la CEI, se puede decir que en el futuro será muy difícil para Cuba evitar la marginación de la que es objeto por parte de su exaliado, el cual está muy ocupado transitando del socialismo real hacia una economía de libre mercado y una democracia de tipo liberal.

Tendencias políticas en la Federación Rusa respecto a Cuba

Actualmente, en la sociedad exsoviética, sobre todo en la rusa, subsiste una peligrosa polarización acerca del trato que debe dar la expotencia socialista a sus exaliados, entre ellos a Cuba.

En la Federación Rusa, que es el núcleo de la CEI y la principal protagonista de las acciones de política exterior de la URSS, cohabitan tres corrientes de pensamiento, las cuales luchan por predominar en las acciones que lleva a cabo en el exterior el gobierno de Boris Yeltsin.

Por un lado están los "reformistas", "atlantistas" o también llamados "prooccidentales" que pugnan por un mayor acercamiento a Occidente en detrimento de sus relaciones con Cuba. Esta corriente la encabeza el actual canciller ruso Andrei Kosiriev. En este grupo existe un amplio espectro de opinión, de gente que se encuentra en el gobierno, la academia y el arte, y que están a favor de la descentralización y la privatización. En la primavera de 1991 muchos de estos reformistas se impacientaron con la política doméstica de Gorbachov, que era indecisa y que dependía de lo que decían los conservadores, y decidieron apoyar a Boris Yeltsin para que se convirtiera en el primer presidente de la historia de Rusia, ya que les había prometido reducir de manera sustancial la asistencia soviética a otras naciones, en particular a las socialistas subdesarrolladas.

A diferencia de los conservadores, los reformistas consideran que el régimen de Castro –personalista, totalitario, políticamente represivo y económicamente dependiente– es el tipo de gobierno que se debe dejar de ayudar.[103]

Los reformistas creen que los recursos de la CEI no ayudarán a los cubanos. Por el contrario, piensan que éstos son necesarios en casa y serán mejor gastados allí. En una palabra, no quieren seguir ayudando a Cuba.

Un segundo grupo es el de los conservadores, el cual está a favor de mantener las relaciones con la isla para que la CEI no pierda este valioso espacio político que ganó la URSS y que supo mantener con base en muchos sacrificios durante los años más gélidos de la guerra fría. Se cree que en el núcleo de este grupo están los militares, los oficiales de inteligencia y miembros del antiguo PCUS, elementos que fracasaron en el anterior golpe de Estado en agosto de 1991.[104]

Finalmente está el grupo de los realistas que opina que una vez que se vaya Fidel Castro, Cuba será un buen lugar para invertir. Advierten que en caso de que Rusia se salga de la isla, perderá una buena oportunidad para penetrar en un mercado que podría servir de puente para introducirse en el bloque de Norteamérica, que estará formado por México, Estados Unidos y Canadá.

En la actualidad, según los últimos informes que llegan de Moscú, se puede decir que en el marco de las relaciones entre Cuba y la Federación Rusa (y en general con la CEI) predomina el pensamiento de los reformistas o prooccidentales. Debido a esto, en los últimos meses del primer semestre de 1992, la ayuda rusa a Cuba disminuyó a niveles insospechados. Esto ha provocado que los mismos dirigentes cubanos hayan reconocido públicamente la

[103] Irina Zorina, "El otoño del patriarca: no ha preparado Fidel un espléndido funeral para su gente", *Megapolis-Express*, 30 de agosto de 1990, p. 20.

[104] "La nueva faz de la cancillería", *Krasnaya Zvesda*, 8 y 10 de marzo de 1990, y *Pravda*, 8 y 9 de abril de 1990, Moscú.

mala situación económica por la que atraviesa la isla del Caribe. Por ejemplo, a mediados de año, durante su visita a España, Fidel Castro señaló que la economía de su país tenía pocas posibilidades de recuperarse; por su parte, Roberto Robaina y Juan Escalante, prominentes funcionarios cubanos, declararon en La Habana que la crisis de su país, lejos de remediarse se estaba complicando. Por último, en su discurso del 26 de julio, que pospuso Fidel Castro para el 5 de septiembre de 1992, reveló de nueva cuenta, con amargura, que la desaparición del campo socialista y la desintegración de la Unión Soviética habían significado para Cuba en 1991, una disminución de su capacidad de compra al exterior de 5 939 millones de dólares, lo que representaba 70% de pérdida en relación con 1989. Esta mala situación, reconoció Castro, está aún lejos de terminar, lo cual obliga a los cubanos a seguir resistiendo las penalidades impuestas en el "periodo especial en tiempos de paz".[105]

Punto de vista de los académicos soviéticos del proceso de deterioro

A partir de 1986 Gorbachov decidió poner en vigor en la URSS la *Glasnost* (transparencia informativa) con el objetivo de que la sociedad soviética participara en la promoción de la *Perestroika*. Gorbachov intuía que con las críticas al socialismo real, las proposiciones de nuevas alternativas para el sistema socialista, e incluso con los desafíos a su autoridad por parte del pueblo, el programa de reformas se arraigaría en una sociedad que se había acostumbrado a la pasividad y a la subordinación.

De esta manera, los primeros que decidieron utilizar la *Glasnost* en la URSS para fustigar al sistema fueron los académicos soviéticos, entre los cuales se encontraban Andrei Sajárov, Alexander Yakovlev, Yuri Afanasiev, Stanislav Shatallin y Abel Aganbeguian, entre otros.

Con la *Glasnost*, varios de estos investigadores sociales pudieron publicar sus estudios acerca de las desviaciones que había

[105] "Zafra de 7 millones de toneladas", *Excélsior*, 6 de septiembre de 1992, Sección A, pp. 1 y 10.

sufrido el marxismo-leninsimo en la URSS durante los años de "estancamiento". Según estos especialistas, entre los elementos que causaron el fracaso del socialismo en el bloque soviético estaban: la planificación férreamente centralizada; la militarización de la sociedad y la industrialización del ejército; la colectivización del campo y el método extensivo de trabajo.

Entre los grupos académicos que destacaban en esta labor de crítica hacia el socialismo real se encontraban los de la ciudad científica de Novosibirsk, que encabezaba el economista Abel Aganbeguian y la socióloga Tatiana Zaslavskaya. Estaban también los de la Universidad Estatal de Moscú, dirigidos por el economista Gabriil Popov.

Otros especialistas que también aportaron agudos análisis acerca de la caída del socialismo y el impacto de la *Perestroika* en la sociedad soviética eran: Georgui Arbatov y Nikolai Shmeliov, del Instituto de Estados Unidos y Canadá; Evgueni Primakov y Alexander Yakovlev, del Instituto de Relaciones Internacionales y Economía Mundial y Stanislav Shatallin, Nikolai Petrakov y Leonid Abalkin del Instituto de Matemáticas de la Academia de Ciencias de la URSS.

En sus trabajos, éstos coincidían en afirmar que eran tres los factores que incidían en la crisis económica que abatía a la URSS: primero, los enormes gastos del erario soviético en la esfera militar; segundo, los recursos que usaba la URSS en sus aventuras imperiales en el Tercer Mundo, y tercero, la escasa actualización de la planta industrial y la agricultura soviéticas.

Como el primer y tercer factor afectaban directamente los intereses de la burocracia soviética, los académicos sugirieron a Gorbachov que no alterara los esquemas económicos internos de la URSS sino que atacara el segundo punto que se refería a la ayuda que proporcionaba Moscú al Tercer Mundo, incluyendo a los aliados socialistas.

Fue así como a partir de 1987 la dirigencia soviética empezó a revisar los conceptos que antes habían sido dogmas en la URSS, como los de dependencia, imperialismo y políticas progresistas de los estados de orientación socialista.

En el análisis de la mala situación económica de los países del Tercer Mundo, se dejó de considerar que ésta era ocasionada por influencias externas desfavorables (legado colonial, corporaciones transnacionales), sino por los errores en la política económica de sus regímenes.

La solución que planteó la academia soviética fue la de seguir el ejemplo de los llamados Nuevos Países Industrializados o NIC's, lo que significaba entre otras cosas: implantar la economía de mercado; poner fin a la intervención estatal; crear una sociedad civil y un sistema democrático pluralista aun sacrificando la inmediata resolución de problemas sociales como la pobreza y el hambre; poner en práctica zonas económicas libres para instalar en ellas plantas maquiladoras y en general acelerar las inversiones extranjeras.[106]

Los académicos soviéticos señalaron que en el marco del nuevo pensamiento debía considerarse que el concepto de "orientación socialista" era causante de todos los males que aquejaban a los países que lo habían adoptado. Así, estos especialistas, que eran los nuevos aliados del libre mercado, criticaron la ineficiencia del sector público, su corrupción, su voluntarismo, paternalismo y autoritarismo, fuente de una profunda desmoralización entre la población y del florecimiento del mercado negro.

Para algunos otros investigadores sociales, el concepto de "orientación socialista" era rescatable si se le restructuraba como era el caso de la URSS con la *Perestroika*. Esto quería decir que cada uno de los países socialistas debería aplicar sus propias *perestroikas*.

Uno de los primeros actos de la academia soviética en contra del socialismo real se dio el 8 de mayo de 1989, cuando en la penúltima sesión del I Congreso de los Diputados del Pueblo de la URSS el economista y escritor ruso Nikolai Shmeliov aseveró que la bancarrota económica aguardaba a la URSS si no abatía la inflación y el déficit presupuestal. Shmeliov propuso un conjunto de medidas que incluían, entre otras: el restablecimiento de la venta normal de bebidas alcohólicas, la concertación de un préstamo

[106] Otros trabajos de académicos soviéticos donde se trata el tema de la adopción por parte de la URSS de un esquema industrial como el de los NIC's son: Alexander Kovaliov, "Zonas económicas libres: experiencias extranjeras y perspectivas de su creación en la URSS", *Comercio Exterior*, Moscú, enero de 1990; "Zonas de la actividad empresarial conjunta en la URSS (concepción de creación y funcionamiento)", *Comercio Exterior*, diciembre de 1989, pp. 2-7; Vladimir Labrentev, *Nuevas naciones industrializadas:* Perestroyka *de las estructuras industriales*, Moscú, Editorial Nauka, Academia de Ciencias de la URSS, Instituto de Estudios Orientales, 1990, 190 pp. (en ruso).

con el extranjero por 15 mil millones de dólares y también la reducción de la ayuda a otros países, en concreto a los latinoamericanos.[107]

El académico ruso puso el dedo en la llaga con respecto a la inoperancia de las relaciones "de amistad" entre Moscú y el Tercer Mundo, incluyendo de manera especial a Cuba, al señalar que muchos de los recursos que enviaba Moscú a estos países no eran utilizados de manera eficiente por sus gobernantes. Nikolai Shmeliov indicó la necesidad de dismuir la ayuda a Cuba para utilizar esos recursos en la restructuración de la economía soviética. Ante los diputados soviéticos señaló de manera tajante el académico ruso:

> [...] la URSS gasta en Cuba entre 6 y 8 mil millones de dólares cada año [...] Paga por el azúcar cubana 400% más que los precios mundiales [...] Esto bastaría para apoyar nuestro mercado en varios años y para entrar al camino de las refomas [...] Dos repúblicas asiáticas, Tadjikistán y Kirguizia, en conjunto reciben tres veces menos recursos que la isla del Caribe [...] Esto no puede seguir así.[108]

De igual manera, en una entrevista con la revista soviética *América Latina*, Shmeliov reiteró sus apreciaciones sobre la ayuda externa que proporcionaba la URSS a las naciones del Tercer Mundo. Dijo el académico:

> Mi punto de vista no ha cambiado. No discuto la ayuda como principio, sino ciertos aspectos de la misma. Primero, los criterios de la ayuda, a quién y cómo ayudar, sin hacer distingos o hacerlo donde la ayuda sea positiva por los resultados. Si en un país africano, digamos, se construye con nuestra asistencia el mausoleo de un poeta, pienso que podemos vivir sin tal ayuda nosotros y los africanos. Segundo, no estoy convencido de que podamos permitirnos mantener las actuales dimensiones de la ayuda cuando es tan lamentable nuestra situación económica, y bajo el nivel de vida en nuestro país. No debemos prestar tanta ayuda sin hacer diferencias y, para colmo, con efecto tan mínimo para nosotros y para aquellos a quienes

[107] *Granma*, 25 de junio de 1989.
[108] B. Sergueiev, art. cit., pp. 6 y 8.

queremos ayudar. Para el año en curso (1990) se dispuso el monto de la ayuda en 15 mil millones de dólares. Estoy convencido de que si nos limitáramos a la mitad, con lo ahorrado se podría aliviar en parte la tensión en nuestro mercado de consumo.[109]

Para el caso de las relaciones entre la URSS y Cuba Nikolai Shmeliov declaró de manera enfática:

> Con Cuba se ha formado un sistema de precios deformado. No sabemos cuánto nos cuesta realmente la importación de azúcar y de níquel ni a qué precio vendemos nuestros productos. Es de vieja data el argumento de que en todo caso resulta más barato comprar azúcar cubana que producir azúcar en la región del Volga. Nadie podrá convencerme de que hay que pagar por el azúcar un precio cuatro veces mayor que el mundial ni 1 000 o 1 200 por ciento más por el del níquel.[110]

Estas declaraciones del diputado y académico ruso sirvieron de piedra de toque para que, a partir de ese momento, en la academia y en la prensa soviética se multiplicaran las críticas al gobierno y también a su homólogo cubano.

En la primavera de 1990, la Universidad de Miami organizó un seminario en el que participaron académicos y políticos cubano-estadunidenses y también académicos, diputados y periodistas soviéticos. Por el lado de la URSS destacaron el director del Instituto de Estudios de Estados Unidos y Canadá de la URSS, Georgui Arbatov, y el experto soviético en asuntos latinoamericanos Serguei Mikoyan, hijo de Anastas Mikoyan. Según el corresponsal de la revista soviética *Tiempos Nuevos*, la firme actitud de los parlamentarios de la URSS invitados a la conferencia se reducía a este postulado: "El pueblo cubano debe decidir por cuenta propia qué gobierno prefiere tener; nosotros no queremos ni podemos inmiscuirnos en los asuntos internos de Cuba."[111] En su ponencia, Arbatov, que ha sido consejero de casi todos los líderes rusos,

[109] "Nikolai Shmeliov: creo en el país, creo en el pueblo", *América Latina*, núm. 7, Editorial Progreso, julio de 1990, pp. 41 y 44.

[110] *Ibid.*, p. 41.

[111] Mijail Beliat, "Descubrimiento de Miami: Una delegación parlamentaria soviética en el sur de Estados Unidos", *Tiempos Nuevos*, núm. 28, 1990, p. 26.

empezando con Nikita Krushchev, indicó que "Cuba había dejado de ser un asunto prioritario para la URSS ya que, debido a los cambios económicos domésticos, resultaba demasiado costoso seguir manteniendo el imperio [...] Además la ayuda soviética, abundante y generosa es gastada de manera ineficiente por las autoridades administrativas de los aliados". A su vez, Serguei Mikoyan advirtió que ya "era hora de que Cuba permitiera las elecciones directas y la existencia del pluripartidismo".

Sin embargo, ambos académicos coincidieron con Yuri Pavlov de la cancillería rusa al afirmar que Estados Unidos debe poner fin al embargo comercial contra Cuba para facilitar la "apertura de la isla". Días después, la cancillería soviética emitió un comunicado en el que negó cualquier acercamiento de la URSS con los grupos cubanos en el exilio, reiterando a la vez la solidez de las relaciones con el gobierno de Castro.[112]

En otro seminario que se organizó también en 1990, en el Instituto de América Latina de la Academia de Ciencias de la URSS, los participantes soviéticos criticaron el socialismo real y la ayuda que proporcionaba su país al Tercer Mundo. En su participación, Irina Zorina, investigadora del Instituto de Economía Mundial y Relaciones Internacionales, al hablar de la profunda crisis de la izquierda latinoamericana, enfatizó el hecho de que el "nuevo pensamiento" soviético había sorprendido y confundido a los participantes latinoamericanos que todavía creían en las ilusiones de un socialismo reformado. La especialista dijo también que "el colapso de los gobiernos comunistas totalitarios había probado que el comunismo había sido un *impasse* en el camino del desarrollo humano y lo importante no eran los resultados mismos del fracaso del socialismo real, sino el pecado básico del comunismo: la violencia como medio universal para resolver todos los problemas sociales".[113]

Asimismo, al hablar sobre las economías del Tercer Mundo que apoyaba su país, la investigadora indicó que en el caso de Cuba "la isla no era más que una dictadura apoyada sólo por el ejército,

[112] C. Meza-Lago, art. cit., p. 12a.

[113] Irina Zorina, "Simple Question to Fallen Angels, or Difficult Discussion with the Latin American Left", *New Times*, Moscú, 1990, núm. 26, p. 27.

con una economía altamente ineficiente y artifical. De tal forma que el cese de la ayuda soviética terminaría por completo con este 'experimento socialista'".[114]

Por su parte, Andrei Kortunov, compañero de Arbatov y Shmeliov en el Instituto de Estudios de Estados Unidos y Canadá de la Academia de Ciencias de la URSS, en uno de sus trabajos que publicó en 1990, puso en tela de juicio (ante todo en el sentido económico) la ayuda que prestaba la URSS a los países en desarrollo, habida cuenta de las dificultades que afectaban al sistema soviético.

En un artículo que publicó en el semanario *Novedades* de Moscú, el académico afirmó que en 1989 la "asistencia de la URSS al mundo en desarrollo había sido de 12 mil millones de rublos, o sea 1.4% del PIB de la URSS. De esta cantidad, a Cuba le corresponden más de 3 mil millones de rublos".

Otro especialista que apoyó el corte de asistencia económica al Tercer Mundo y en especial a Cuba fue Yuri Chernichenko, exdiputado soviético. En una entrevista, Chernichenko declaró que le causaba irritación el hecho de que se

> [...] le comprara azúcar a Cuba a precios subsidiados cuando este dinero podría ser repartido entre las repúblicas soviéticas productoras del dulce para que ellas pudieran modernizar sus instalaciones [...] No le deseo a Cuba ni el atraso ni el racionamiento, pero tampoco quiero que allá vayan nuestras divisas, lo digo como hombre y literato, y es asunto de especialistas valorar si esto es correcto.[115]

Meses después de la declaración de Andrei Kortunov, Serguei Tarasenko, jefe de la Dirección de Planificación del Ministerio de Relaciones Exteriores de la URSS, aliado de los grupos conservadores que se mostraban contrarios a los cortes drásticos de ayuda al Tercer Mundo, respondió a la crítica de Kortunov diciendo que si bien era cierto que la URSS pagaba "cuatro veces más caro" el azúcar cubana, también lo era el hecho de que en ningún otro país se podría conseguir esta azúcar con rublos transferibles. "Lo mis-

[114] *Idem.*

[115] Yuri Chernichenko, "He visto los jardines colgantes Semiramis", *América Latina*, núm. 1, Editorial Progreso, 1990, pp. 25-39.

mo pasa, advirtió Tarasenko, con los cítricos, el café, el tabaco y otros productos que son pagados por la URSS con máquinas-herramientas y artículos manufacturados de dudosa calidad".[116]

El funcionario de la cancillería soviética indicó que el problema del azúcar se repetía con el níquel-cobalto cubano, el cual representaba la sexta parte de las importaciones soviéticas de este mineral; "de comprarlo en el mercado libre, dijo Tarasenko, tendríamos que gastar cerca de dos mil millones de dólares anuales". Abundó el funcionario soviético y dijo que

> [...] a estas divisas que nos ahorramos en nuestras importaciones cubanas hay que sumarles los casi 318 millones de rublos transferibles que obtenemos por el mantenimiento de nuestros barcos en puertos cubanos, los 4 millones de rublos transferibles que ahorramos por la reparación de nuestras embarcaciones de gran calado en Cuba y los doce millones de rublos que gana Aeroflot por utilizar los aeropuertos cubanos.[117]

En el mismo tono de protesta hacia el nuevo trato que pretendía darle la URSS a sus aliados en el mundo subdesarrollado se encuentran las declaraciones de Leonid Kunelskii, Dzhamal Mutaquirov y Serguei Mikoyan.

El primero precisa que si bien es cierto que hay algo de razón en las peticiones de algunos autores que claman por el cierre de canales de envío de recursos a Cuba para ocuparlos en la resolución de sus propios problemas, también lo es el hecho de que en otros países la URSS tendría que pagar con divisas el azúcar, níquel y cítricos que compran en la isla en rublos transferibles o con artículos de mala calidad. Para el economista ruso es necesario considerar el valor real del rublo sobre el dólar. Dice Kunelskii:

> Cuba envía a la URSS 4 millones de toneladas de azúcar al año. No sería difícil predecir qué nos pasaría si nos suspenden los envíos del dulce. La tonelada cuesta 850 rublos o sea 85 kopeks el kilogramo (sin contar el transporte). Estados Unidos compra azúcar a sus socios

116 "Azúcar que sabe amargo o respuesta a Andrei Kortunov", *América Latina*, núm. 4, Editorial Progreso, 1990, pp. 31-32.

117 *Idem.*

en 500 dólares la tonelada. Ahí está la gran diferencia entre pagar en rublos y no en dólares.[118]

Por su parte, Dzhamal Mutaquirov de la Universidad de Leningrado, hoy San Petersburgo, se lamenta al decir que hoy "los adversarios de ayer son proclamados amigos y conmilitones, mientras que amigos y conmilitones verdaderos son relegados al olvido y hasta más: se los convierte –en beneficio de imágenes nuevas– en objeto de ataques y calumnias". Al igual que Tarasenko, el académico de San Petersburgo advierte que si su país compra en el mercado internacional el azúcar que antes venía de Cuba, tendrá que pagar mucho más, y en divisas convertibles.[119]

Serguei Mikoyan recalca el hecho de que las exportaciones soviéticas provenientes de Cuba la mayoría de las veces son pagadas con rublos transferibles o con productos soviéticos que difícilmente podrían venderse en otros países. Señala además que el petróleo soviético refinado en la isla (gasolina) era vendido en el extranjero en divisas, las cuales iban a parar a las arcas de Moscú.[120]

Sin embargo y a pesar de estas "voces en el desierto" a finales de los ochenta, la tradicional "solidaridad internacionalista" soviética empezó a disminuir, amenazando con desaparecer a principios de los noventa.[121]

[118] Leonid Kunelski, "URSS-Cuba: sobre el azúcar", *Ekonomika y Shisn*, núm. 52, diciembre de 1990.

[119] Dzhamal Mutaquirov, "El anticubanismo en la URSS", *América Latina*, núm. 6, 1991, Editorial Progreso.

[120] S. Mikoyan, art. cit., pp. 4-20.

[121] W. Raymond Duncan y Ekedahl Mc Giffert, *Moscow and the Third World Under Gorbachov*, Boulder, Co., Westview Press, 1990, p. 196.

III. CRISIS ECONÓMICA Y NUEVA ESTRATEGIA DE DESARROLLO

Causas de la crisis (septiembre de 1986-1990)

Para abordar las principales causas de la crisis económica en Cuba es necesario recurrir, una vez más, como lo hicimos en los capítulos anteriores, a las estadísticas que revelan las relaciones económicas cubanas con el exterior, principalmente con sus exaliados socialistas. De esta manera, al encontrar la alta concentración del comercio exterior de la isla en el mercado del CAME, es fácil comprender el porqué de la caída tan abrupta de la economía cubana al momento en que la URSS y el resto de las naciones europeas ex-socialistas empezaron a retirar su apoyo a la isla.

Las estadísticas señalan que en relación con las exportaciones de Cuba, en 1989 se dirigió a esos países el 63% del azúcar, el 73% del níquel, el 95% de los cítricos y el 100% de las piezas y componentes electrónicos. En lo que a las importaciones se refiere, el mercado del CAME abasteció a la isla con el 63% de los alimentos, el 86% de las materias primas, el 100% del petróleo y sus derivados, el 85% de las maquinarias y equipos y el 75% de las manufacturas.[1]

Como puede observarse, la mayoría de las importaciones vinculadas al consumo de la población cubana provino de las economías centralmente planificadas. En general, se calcula que entre el 80-85% del intercambio comercial de la isla se mantuvo con las naciones exsocialistas en rublos transferibles, mientras que el 15% restante se realizó con los países capitalistas en divisas fuertes.

Por otra parte, al medir los efectos negativos de la desaparición del bloque socialista en 1989 sobre la economía cubana, es necesario reconocer que los cambios que tuvieron lugar en Europa

[1] J. L. Rodríguez, "La economía de Cuba ante la cambiante coyuntura internacional", art. cit., p. 6.

oriental y en la URSS no le causaron el mismo impacto; para la isla, el retiro del apoyo soviético fue la causa principal de su caída económica.

Esto se debe, como ya lo señalamos, a que del 85% del intercambio comercial de Cuba con los países del CAME, la isla mantuvo un 15% de su comercio con Europa oriental. De tal forma, las repercusiones de la ruptura comercial con estas naciones fueron relativamente menos dañinas. En cambio, las transformaciones de la URSS, con quien la isla realizaba alrededor del 65-70% de su intercambio comercial, afectaron en alto grado a la economía de la isla.

Las cifras anteriores resultan sorprendentes. Su importancia radica en el hecho de que, por sí mismas, ilustran las drásticas repercusiones que tuvo en la economía cubana la desaparición del bloque soviético. Por esta razón, y sin caer en el peligro de realizar un análisis reduccionista del problema cubano, se puede pensar que de las seis causas principales que provocaron la crisis económica que vive hoy en día Cuba, la que mas influyó fue la del retiro de la ayuda soviética a la isla del Caribe.

Las otras cinco causas que convergieron a mediados de los ochenta en el proceso de desestabilización financiera-productivo-comercial de Cuba son: la mínima infraestructura industrial manufacturera y alimentaria de Cuba; la dependencia de la economía cubana del petróleo soviético; el retiro de la ayuda de los exmiembros industrializados europeos del CAME al gobierno de Castro; la deuda externa cubana, y el embargo comercial de Estados Unidos hacia la isla.

A partir de 1986, y de manera dramática en los primeros meses de 1992, estos seis elementos internos y externos se combinaron y provocaron la disminución del crecimiento económico de la isla del Caribe, dando paso a la aparición de un periodo de dificultades económicas que hasta el momento no desaparece a pesar de los esfuerzos del pueblo y gobierno cubanos.

Escaso desarrollo de la planta industrial

A lo largo de sus treinta años de existencia, el gobierno revolucionario de Fidel Castro trató en dos ocasiones de implementar una estrategia de desarrollo industrial intensivo en su país que le permitiera acelerar el desarrollo económico de la isla. Sin embargo, ambos intentos fracasaron rotundamente.

En 1972, con su ingreso al CAME, Cuba se vinculó de manera definitiva al destino de las naciones socialistas, cuando aceptó formar parte de la División Socialista del Trabajo, la cual funcionaba bajo los designios de los planificadores soviéticos.

En el CAME, como cualquier otra nación socialista subdesarrollada, Cuba se convirtió en un mercado abierto para los productos de los países socialistas industrializados y en un abastecedor de materias primas.[2]

El escaso desarrollo industrial que se dio en la isla se refleja en el cuadro III.1, el cual señala los bajos niveles de las áreas industriales del sector A de la economía cubana, como son la química, la energía eléctrica, combustibles, etc., y el crecimiento relativamente eficiente de las áreas del sector B, como son la alimentaria, la azucarera y otras.

De esta manera, durante el tiempo que estuvo en vigor el CAME, al igual que Vietnam, Mongolia y el resto de naciones subdesarrolladas aliadas de Moscú (Nicaragua, Afganistán y los países africanos de orientación socialista), dentro del esquema de cooperación socialista, Cuba se convirtió en una proveedora de materias primas, productos básicos y de abundante mano de obra.

[2] A partir de los años sesenta, en el sistema capitalista se creó el modelo maquilador que es conocido también como internacionalización de la producción. A través de este sistema, las naciones industrializadas ejecutan en sus territorios las partes de la producción que utilizan tecnologías de punta y mano de obra altamente calificada. Las naciones menos desarrolladas adquieren la responsabilidad de ejecutar las labores productivas que requieren de abundante materia prima y baja calidad en la mano de obra. Así se crearon las plantas gemelas, que no son más que las maquiladoras que establecen las trasnacionales en los países del Tercer Mundo. En el caso del mundo socialista, el esquema funcionó de la misma manera. Las naciones socialistas industrializadas ejecutaban las labores con gran uso de tecnología y calificación (URSS, Alemania Democrática, Checoslovaquia y Hungría, entre otras) y el resto de las naciones, Bulgaria, Cuba, Vietnam y Mongolia o bien elaboraban productos básicos o desarrollaban trabajo de maquila.

CUADRO III.1
Estructura industrial en Cuba *(porcentajes)*

	1975	*1980*	*1985*	*1989*
Energía eléctrica	3.9	5.8	5.6	7.9
Combustible	9.0	7.3	5.6	6.5
Minería y metalurgia ferrosa	1.3	1.4	1.5	1.7
Minería y metalurgia no ferrosa	1.6	1.9	1.5	1.7
Maquinaria no eléctrica	4.7	6.8	9.8	8.1
Electrónica	0.9	1.1	1.9	2.2
Productos metálicos	1.6	1.9	2.4	2.6
Química	6.2	5.6	5.1	4.7
Papel y celulosa	1.9	1.5	1.8	1.7
Gráfica	1.0	1.1	1.0	1.1
Forestal y elaboración de madera	1.6	1.5	1.8	1.7
Materiales de construcción	5.1	4.9	4.1	4.7
Vidrio y cerámica	0.5	0.5	0.5	0.7
Textil	2.3	2.2	2.3	2.5
Confecciones	2.5	2.4	2.5	2.4
Cuero	2.3	1.7	1.7	1.4
Azucarera	*19.4*	*18.1*	*15.4*	*14.4*
Alimentaria	*23.1*	*22.2*	*21.1*	*20.5*
Pesquera	2.4	3.2	3.2	2.8
Bebidas y tabaco	4.9	3.6	5.5	5.0
Otras actividades industriales	3.8	4.9	5.5	6.1
Bienes de consumo	63.0	60.9	60.0	57.9
Bienes intermedios	29.5	29.3	25.9	29.2
Bienes de capital	7.2	9.6	14.1	12.9

Fuente: Carlos Fernández de Bulnes, del Instituto Nacional de Investigaciones Económicas, con base en información de los anuarios estadísticos de Cuba 1980, 1986 y 1989, a precios constantes de 1981. Citado en A. Miguel Figueras, "La producción de bienes de capital en Cuba: retos y opciones", *Comercio Exterior,* vol. 42, núm. 12, diciembre de 1992, pp. 1149-1155.

Fue a partir de los primeros años de los setenta, como ya lo señalamos con anterioridad, cuando Cuba empezó a abastecer a la URSS y a las naciones de Europa oriental de productos básicos como azúcar, níquel, cítricos, café, tabaco y pescado. A cambio de estos productos, la isla recibía petróleo, manufacturas, alimentos elaborados, máquinas herramientas, aparatos eléctricos, autobuses y tecnología de punta.

Por esta razón, no es raro encontrar que entre los programas cubanos que contaron con una mayor afluencia de recursos soviéticos y en general de Europa oriental se encontraran los del procesamiento de níquel y azúcar; elaboración de cigarros; cultivo de cítricos, café y cacao; prospección geológica (petróleo y minerales no metálicos) y procesamiento de petróleo, es decir, aquellas áreas donde se elaboraban productos básicos.

Una de las pocas cuestiones positivas de la política industrial que indujo el Kremlin a los cubanos fue el hecho de que, a principios de los ochenta, las autoridades de la isla emprendieran el desarrollo de novedosas áreas industriales orientadas a la exportación, las cuales en el futuro deberían reportar al gobierno de Castro jugosas ganancias. Las áreas en cuestión son: la químico-farmacéutica, la biotecnología, la fabricación de equipos médicos y la informática.[3]

Los soviéticos, en su calidad de mentores de los cubanos, previeron que el desarrollo de estas nuevas áreas industriales en Cuba –que incluso no existían en algunas naciones capitalistas desarrolladas– permitirían a sus protegidos captar divisas que podrían utilizar en su desarrollo económico, que de hecho ya empezaban a dejar de fluir de manera abundante desde Moscú.

Sin embargo, y a pesar de los buenos deseos de los soviéticos y de los gobernantes cubanos para maximizar las utilidades de estas novedosas áreas industriales, éstas aún no aparecen. Las causas principales de la tardanza son: por una parte el bloqueo estadunidense y por la otra, la escasa diversificación de los socios comerciales de Cuba.

Actualmente, a pesar de que en Cuba la industria biotecnológica, la químico-farmacéutica y la de construccción de equipos médicos trabajan a toda su capacidad, no se logra un aumento en las exportaciones de estos productos a terceros países.

En cierta manera, ésta es una de las causas del agravamiento de la crisis económica en Cuba, la cual adoptó tintes dramáticos a partir de octubre de 1990.

[3] La exportación de productos asociados a la biotecnología y a la electrónica, pasó de unos 300 millones de pesos cubanos en 1989-1990 a entre 730 y 800 millones en los contratos para 1991; véase J. L. Rodríguez, "La economía de Cuba ante la cambiante coyuntura internacional", art. cit.

La carencia de una infraestructura industrial eficiente que sea capaz de mitigar los efectos negativos del "doble bloqueo" al que está siendo sometido Cuba[4] se refleja en los datos que proporcionó Carlos Lage –asesor de Fidel Castro para asuntos económicos y el tercer hombre más imporante de la cúpula cubana– en su discurso ante los delegados comunistas cubanos que asistieron al IV Congreso del PCC en la ciudad de Santiago.

En su alocución, Lage reconoció que a pesar de que Cuba cuenta actualmente con una gran capacidad para la elaboración de productos básicos, no la tiene para fabricar artículos con un mínimo de valor agregado como son la ropa, los alimentos y en general los bienes de capital.

En una parte de su discurso, el joven político cubano señaló:

> La revolución ha creado industrias y una infraestructura económica que tienen pocos o ningún país subdesarrollado. Producimos o podemos producir en un año 8 millones de toneladas de azúcar, 50 mil toneladas de níquel, 400 mil toneladas de acero, más de un millón de toneladas de cítricos; los ingresos por tabaco y pesca alcanzan los 250 millones de dólares; el turismo nos proporciona ya hoy más de 400 millones de dólares y aumenta aceleradamente; la industria médica y biotecnológica crecen pujantes; la ciencia y la técnica ocupan un papel cada vez más protagónico en nuestro desarrolllo económico; se acorta el plazo entre lo creado y lo aplicado; podemos asimilar la inversión de capital extranjero sin renunciar a nuestros principios.[5]

Como puede observarse, esto es el reconocimiento tácito de la inexistencia en Cuba de una planta industrial que sea capaz de elaborar los productos de exportación o de consumo interno que tanto requiere su economía para lograr la sobrevivencia de esa sociedad aún socialista.

[4] Una población de 10 millones de habitantes; un crecimiento poblacional anual de 0.9%; una distribución de la población del 71% en las ciudades y del 29% en el campo; un alto nivel de educación y un incremento en las necesidades energéticas.

[5] *Este es el congreso más democrático, 10-14 de octubre de 1991,* La Habana, Editora Política, 1991, 186 pp.

Dependencia de la economía cubana del petróleo soviético

Otro elemento interno que colaboró en la aparición de la actual crisis económica que vive Cuba es el de la dependencia casi total de la economía cubana del petróleo soviético.

Durante varias décadas, la URSS mantuvo precios preferenciales en sus operaciones comerciales de petróleo y gas con sus aliados a cambio de que éstos lo apoyaran en su política expansionista.

Sin embargo, a partir de 1989 las cosas empezaron a cambiar en la URSS en el área de la cooperación energética. Esto sucedió una vez que la primera potencia socialista empezó a disminuir su producción y exportación de crudo al exterior y en especial al mundo socialista.

En 1987, la URSS redujo en 7 millones de toneladas sus exportaciones de crudo (incluyendo a las naciones socialistas) alegando problemas internos y necesidades mayores de consumo interno. En agosto de 1987, el gobierno cubano anunció que hasta ese mes, el déficit en el envió de petróleo soviético era de casi millón y medio de toneladas, por lo cual era necesario reducir el consumo de los combustibles derivados del petróleo.[6]

Para justificar su nuevo proceder, los soviéticos señalaron que su industria petrolera se estaba desplomando. La metrópoli socialista indicó que las razones del declive petrolero doméstico eran el retraso tecnológico y el uso irracional del combustible en el mundo socialista (véanse los cuadros III.2 y III.3).

CUADRO III.2

Volumen de producción de petróleo, gas y carbón en la URSS

Producto	*1986*	*1987*	*1988*	*1989*	*1990*	*1991*
Petróleo, aceite y gas licuado (millones de toneladas)*	614.5	623.8	623.9	606.6	570.4	518.1
Gas (billones de metros cúbicos)	686.0	727.3	770.1	796.1	814.8	811.0
Carbón	751.0	760.0	772.0	740.0	703.0	642.0

* Una tonelada de petróleo es el equivalente a 7.5 barriles de crudo.

[6] C. Meza-Lago, art. cit., p. 26.

CUADRO III.3
Volúmenes de exportación de petróleo, productos petroleros y gas de la URSS

Producto	*1986*	*1987*	*1988*	*1989*	*1990*	*1991*
Petróleo (millones de toneladas)	116.7	121.1	122.4	114.9	99.3	46.0
Productos del petróleo (millones de toneladas)	56.8	59.2	61.0	57.4	44.5	30.0
Gas (billones de metros cúbicos)	79.2	84.4	88.0	101.0	108.7	103.0

Fuente: G. Yablinskogo, *Ekonomika SSSR: preodoloneia naslediia totalitarnoi sistemy*, Short Reporte of the Leader of the Oficial Delegation of the USSR at the Annual Combined Meeting of the Executive Councils of the International Monetary Fund and the World Bank, 15-17 de octubre 1991, p. 18.

Fue así como la disminución en la producción y ventas al exterior del petróleo soviético convulsionó al mundo socialista pero de manera especial a Cuba.[7]

Ante las nuevas condiciones de austeridad energética, en mayo de 1990 los cubanos iniciaron un plan de conservación de energía para ahorrar 150 mil toneladas de petróleo en las 45 principales empresas de la isla. A finales de agosto de ese año, en vísperas de entrar en vigor la quinta estrategia de desarrollo económico, las autoridades cubanas llamaron al cumplimiento de un nuevo plan de ahorro de energéticos en Cuba.

Las primeras medidas de este plan contemplaban lo siguiente: disminuir la producción de níquel en la planta "Che Guevara"; suspender la apertura de la nueva refinería en Cienfuegos; un recorte del 50% a las ventas de gasolina al sector público y del

[7] Entre 1984 y 1987 Cuba importó de la URSS el 99% de sus requerimientos de petróleo, incluido el que reexportaban y por el cual recibía al año cerca de un mil 500 millones de dólares. De acuerdo con estadísticas cubanas, las entregas del crudo soviético a la isla disminuyeron en un 6.8% en 1986 pero se incrementaron en un 6.5% en 1987. En 1988 las entregas volvieron a disminuir, esta vez en un 1.6%. Aunque no se tienen cifras oficiales para 1989-1990, se sabe que a partir de 1990 la URSS dejó de enviar a Cuba las cantidades previstas en los acuerdos comerciales. Para los ocho primeros meses de 1990, la URSS canceló el envío de 1.7 millones de toneladas de crudo, las cuales estaban contempladas en el acuerdo comercial entre ambas naciones. Para fines de 1990, Castro anunció que el déficit total de petróleo de ese año fue de tres millones de toneladas (una reducción de 13 millones de toneladas en 1988 a 10 millones en 1990).

30% al sector privado; un recorte del 10% en el consumo de electricidad en industrias, granjas y centros urbanos y la exhortación a los campesinos para que usaran tracción animal en lugar de la mecánica.

Una segunda ronda de restricciones de energéticos se dio al mes siguiente. Esta vez se suspendieron las labores en una fábrica de autobuses; se redujo al mínimo el funcionamiento de la planta textil; se dio un recorte en la producción de cemento y otros materiales de la construcción, de 4 a 1.5 millones de toneladas; se interrumpieron programas sociales; se disminuyó el número de autobuses en circulación en un 25%; se redujo la semana laboral de 5.5 días a 5 días sin la pérdida de salario correspondiente; hubo un recorte del 50% de los burócratas que laboraban en el Partido Comunista y se les reinstaló en otras áreas productivas como la industria y la agricultura; se redujo el número de publicaciones (periódicos y revistas) y algunos diarios se convirtieron en semanarios (*Juventud Rebelde* y *Trabajadores*), y finalmente se introdujo el racionamiento de 28 productos y 180 bienes de consumo.[8]

Esta situación se agravó en 1992, cuando las repúblicas exsoviéticas, ahora integradas en la CEI, decidieron modificar los mecanismos de cooperación que en el pasado mantuvo la URSS con su aliado del Caribe. Las nuevas formas de gobierno que aparecieron en lo que fue la Unión Soviética, que entre otras cosas contemplaban la descentralización de las estructuras económicas en la exnación socialista, alcanzaron el área petrolera de la CEI.

Las nuevas disposiciones que emanaban de los gobiernos de la Federación Rusa, Kazajstán y Azerbaidjian, principales productores de petróleo en la CEI, obligaron a Cuba a realizar un intercambio de productos a precios del mercado internacional, cosa que no favoreció a los cubanos puesto que no contaban con las divisas suficientes para pagar los nuevos precios del petróleo.

Este nuevo trato, desventajoso para Cuba, por parte de los rusos y en general de los exsoviéticos, se hizo patente en el discurso del comandante Castro en el pasado IV Congreso del PCC.

[8] Entrevista personal del autor con Luis Suárez, director del Instituto Cubano de Estudios de Estados Unidos, febrero de 1992, La Habana, Cuba.

En su alocución, ante los delegados a dicho congreso, Fidel Castro indicó:

> [...] en el segundo semestre de 1990 se produce un déficit en los embarques de combustible soviético, una reducción en el año de 3.3 millones de toneladas, lo que nos obligó a reducir el consumo del crudo. Era la primera vez que eso ocurría en la historia de nuestras relaciones económicas con la URSS, por primera vez falló el combustible, que fue una de las cosas que más religiosamente y más rigurosamente se cumplieron siempre.[9]

En la actualidad, con base en los nuevos esquemas de cooperación que funcionan entre los países exsocialistas y en especial entre Cuba y los exmiembros del CAME (en particular con la antigua URSS), Cuba recibe al año sólo 1.8 millones de toneladas de petróleo ruso por cada millón de toneladas de azúcar cubana. Estas cifras contrastan notablemente con las del pasado, que indican un intercambio de 13 millones de toneladas de petróleo soviético por 4.5 millones de toneladas de azúcar cubana. Esto quiere decir que hoy día, por los mismos 4.5 millones de toneladas de azúcar que les envía a los rusos, Cuba recibe solamente 7 millones 800 mil toneladas de petróleo ruso.

En el presente los cubanos no pueden explotar los yacimientos petroleros en su territorio, debido en primer lugar a la falta de recursos para llevar a cabo estas labores y en segundo a que es un crudo bastante pesado, el cual difícilmente podría colocarse en el extranjero (incluso es costosa su refinación en Cuba).

Sin embargo, el interés que tienen algunas transnacionales de Europa y América Latina de participar en el mercado petrolero cubano ha permitido la creación en la isla de empresas mixtas que empiezan a explotar las posibilidades petroleras de Cuba. Entre los países interesados están: Francia, Italia, Suecia, Venezuela y Colombia. Por su parte, el gobierno cubano ofrece también a las compañías extranjeras las instalaciones de sus tres plantas procesadoras de crudo. El objetivo es que en ellas se refine el crudo local o el importado y después se venda éste, ya sea en el mercado interno cubano o en el extranjero.

[9] F. Castro, *op. cit.*, p. 6.

Retiro del apoyo de la URSS

Sin duda, el principal factor externo de la crisis económica en Cuba fue la disminución y posterior suspensión de la asistencia proveniente de la Unión Soviética.

Durante muchos años la URSS volcó una gran parte de la ayuda que otorgaba al exterior a su aliado en el Caribe. Al referirse a la dependencia de Cuba con respecto a la URSS, Tomás Borge reconoce que "la isla levantó una infraestructura industrial, con todas las limitaciones, sobre la base de la colaboración y los acuerdos bilaterales del este europeo; su transporte, sus comunicaciones, la explotación minera y la capacidad militar dependieron de ellos".[10] A su vez, Vladimir Kamenetzev, exvicepresidente del Consejo de Ministros de la URSS, indicó que "en la economía cubana no existe prácticamente una sola rama sin una fuerte colaboración soviética".

Así pues, en 1988 existían en Cuba más de 400 objetivos de obra industrial, en donde la URSS participaba activamente. Incluso se aseguró que el intercambio comercial entre ambos países se había incrementado casi 50 veces en el periodo comprendido entre 1960 y 1988.[11]

La visita de Mijail Gorbachov a Cuba en abril de 1989 fue una demostración del valor que la URSS seguía otorgando a sus relaciones con la isla. Incluso, el Tratado de Cooperación y Amistad por 25 años que se firmó durante este encuentro hizo patente el apoyo que el gobierno de Gorbachov pensaba otorgar al régimen cubano, pese a la voluntad soviética de mejorar sustancialmente sus relaciones con Estados Unidos.

Al poco tiempo, el desajuste en los procesos de producción y distribución soviéticos provocó el retardo en el envío de las exportaciones hacia Cuba. Comenzó a evidenciarse así el desgaste de las relaciones comerciales entre ambos países. De esta manera, a finales de 1989 se registró el retraso y la reducción de los abastecimientos soviéticos de cereales, a los que se sumarían más tarde los

[10] Tomás Borge, "Gorbachov no fue el asesino del socialismo: Fidel Castro", *Excélsior*, 30 de mayo de 1992, Sección A, p. 10.

[11] "Cooperación entre Moscú y La Habana", *Granma*, 14 de febrero de 1988, p. 2.

de petróleo, terminando por abarcar, en noviembre de 1990, toda la gama de productos que debía sumistrar la URSS a Cuba. La clara disminución del nivel de cumplimiento de los compromisos comerciales se pone de manifiesto en el hecho de que, en 1990, el 29% de las mercancías soviéticas no llegó a la isla y, en general, el comercio global disminuyó en ese año en un 12% con respecto a 1989.[12]

Así, un conjunto de factores negativos se vieron relativamente compensados con la visita a Cuba del vicepresidente del Consejo de Ministros de la URSS Leonid Abalkin, con motivo de la XX Sesión de la Comisión Intergubernamental Cubano-Soviética de Colaboración Económica, Científica y Tecnológica celebrada en abril de 1990. La delegación soviética predijo un aumento del 8.7% en el intercambio comercial entre ambos países en relación con 1989, a pesar de que en los círculos políticos soviéticos ya existían grupos que propugnaban por la eliminación de la asistencia económica a Cuba.[13] Asimismo, Abalkin hizo un análisis muy positivo del desarrollo de las relaciones bilaterales y justificó la continuación de la ayuda soviética. Por ello, se firmó un convenio de intercambio comercial para 1990 y se comenzaron a estudiar las perspectivas de las relaciones comerciales bilaterales para 1991.[14]

Sin embargo, en diciembre de 1990 Moscú se negó a renovar el acuerdo comercial de cinco años con Cuba que entraría en vigor en los primeros días de 1991, marcando el principio del fin de la relación especial entre ambas naciones. Los soviéticos habían anunciado, desde enero de 1990, que ya no estaban dipuestos a mantener un intercambio con sus socios comerciales tradiciona-

[12] J. L. Rodríguez, *op.cit.*, p. 9.

[13] Tal es el caso del diputado ruso Nikolai Shmeliov, quien desde julio de 1989, durante el Primer Congreso de Diputados del Pueblo de la URSS, aseveró que la bancarrota económica aguardaba a la URSS si no se paralizaban la inflación y el déficit presupuestal nacional. Para corregir esa situación, Shmeliov propuso un conjunto de medidas, entre ellas la reducción de la ayuda a otros países, concretamente a algunos de América Latina. En forma específica, señaló que la URSS ya no debía pagar por el azúcar cubana un precio superior al del mercado internacional.

[14] Susana Olmo, "El nuevo pensamiento soviético y el Tercer Mundo", *América Latina*, núm. 1, Moscú, Editorial Progreso, 1990, p. 60.

les, entre ellos Cuba, basado en el trueque y en los precios preferenciales.

En este marco, a principios de 1991 la URSS implementó una nueva base comercial con Cuba de pagos en efectivo y en divisas. Asimismo, los soviéticos introdujeron el principio de los beneficios mutuos en las relaciones económicas entre ambos países. Esto significó que, a partir de entonces, el valor de los bienes y servicios en el comercio bilateral se calcularía con base en los precios del libre mercado y en monedas convertibles. De tal forma, en vez de que la URSS pagara cuatro o cinco veces más por las cuatro toneladas de azúcar cubana,[15] el precio mundial en dólares del producto sería la nueva fórmula de evaluar el intercambio. Este esquema se aplicó a las exportaciones cubanas de níquel y cítricos, así como a las importaciones provenientes del resto de los miembros del CAME. Por último, se estableció que los pactos comerciales se negociarían anualmente.[16]

Sin más remedio que adaptarse a las nuevas condiciones del intercambio con la URSS, Cuba aceptó las exigencias de los soviéticos establecidas en el reciente acuerdo comercial de 1991, el cual era mucho menos ventajoso para Cuba con respecto a los anteriores. Se trataba de un pacto en el que los mayores niveles de incertidumbre se mantenían asociados a las dificultades económicas internas que enfrentaba la URSS desde 1990. A partir de este periodo de transición comenzó la franca disrupción de las relaciones comerciales entre los dos países.

En primer lugar, de los 3 900 millones de dólares originalmente pactados de importaciones cubanas de bienes soviéticos para 1991, en junio se ajustó la cifra a 3 400 millones de dólares. A esto se sumó el hecho de que los barcos soviéticos que debían llegar a Cuba en enero de 1991 lo hicieron hasta mayo de ese año. Así pues, al cierre del primer semestre de 1991, llegaron a Cuba mercancías de la URSS por 710 millones de rublos. De este monto, 650

[15] Según fuentes rusas, en 1988 los soviéticos pagaron 2 613 millones de rublos por las cuatro toneladas de azúcar cubana, en vez de los 370 millones de rublos que costaba el producto a precios del mercado mundial. Véase B. Sergeiv, art. cit., p. 7 (en ruso).

[16] Tim Coone, "Cuba Falls Prey to *Perestroika*", *Financial Times*, Londres, World Trade News, 16 de octubre de 1990, p. 20.

millones cubrían el presupuesto del combustible; los 60 millones restantes fueron para mantener a la economía, a la industria y al comercio.[17]

Posteriormente, Castro señaló que, para septiembre de 1991, los soviéticos sólo habían entregado el 38% de las mercancías prometidas: nada de las 90 mil toneladas de arroz que la URSS aseguró que enviaría a Cuba; sólo el 16% de las provisiones de aceite vegetal y menos de la mitad de la mantequilla fueron abastecidas por la URSS. También se redujeron las entregas soviéticas de fertilizantes, de materias primas, refacciones, neumáticos y químicos, lo que por supuesto influyó en forma negativa sobre la economía cubana en general (véase el cuadro III.4).

CUADRO III.4
Retrasos en los abastecimientos de la URSS a Cuba en 1991

	Cantidad prometida por los soviéticos (toneladas)	*Cantidad entregada hasta septiembre (%)*
Petróleo	10 millones	71
Cereales	1.5 millones	45
Fertilizantes	1.1 millones	16
Sulfuro	200 mil	0
Amonia	100 mil	38
Refacciones	100 mil	38
Arroz	90 mil	0
Aceite vegetal	70 mil	16
Cobre y aluminio	30 mil	26
Madera	10 mil	0
Jabón	5 mil	5

Fuente: El gobierno de Cuba citado por Stephen Fidler, "Castro Searches for New Economic Allies" en *Financial Times*, Londres, World Trade News, 1 de noviembre de 1991, p. 3.

Mientras que en 1989 Cuba recibió 5 200 millones de rublos por concepto de los suministros provenientes de la URSS, en 1991 sólo se convinieron entregas soviéticas por un valor de 2 300

[17] Stephen Fidler, "Castro Searches for New Economic Allies", *Financial Times*, Londres, World Trade News, 1 de noviembre de 1991, p. 3.

millones de rublos, lo que representa un 40% menos en relación con la cifra de 1989.[18]

Ese año el intercambio comercial entre Cuba y la URSS continuó con una tendencia a la baja. Para noviembre de 1991, solamente se habían recibido productos por un valor de 1 650 millones de pesos, lo que representó 2 mil millones de pesos menos en relación con lo pactado para 1991 y 4 mil millones de pesos menos que lo suministrado en 1990. Así pues, hacia finales de 1991 el panorama de los incumplimientos soviéticos era el siguiente: sólo se recibió el 40% del alimento para el ganado; el 48% de la harina de trigo; el 4% del papel y cartones; 10% de la manteca y 33% de la leche condensada. Según un periodista cubano, estas circunstancias provocaron un brusco decrecimiento de la economía cubana en 1991, calculado en -25 por ciento.[19]

En la esfera de la cooperación militar también se registró una disminución del apoyo soviético. Según documentos del Ministerio de Relaciones Exteriores de la URSS, en 1991 el gobierno soviético redujo la venta de equipos militares a Cuba. Esto contrastó con la asistencia de años anteriores: por ejemplo, en 1984 Cuba importó 1 500 millones de dólares en armamento soviético y, en 1986, 1 800 millones de dólares.[20] Asimismo, los subsidios a las importaciones de azúcar cubana descendieron hasta los 300 millones de rublos, en comparación con los 2 800 millones que se otorgaron en 1990. Lo mismo sucedió con los créditos comerciales, pues de los 6 mil millones de rublos transferidos en 1987, la cifra disminuyó a unos mil millones durante 1991.[21]

Las irregularidades en las relaciones comerciales y económicas entre ambos países fueron cada vez más acusadas, agravando la situación en Cuba. Los soviéticos señalaban que tales incumplimientos eran el resultado directo de los cambios en las estructuras

[18] Gloria Analco, "Cuba vive ya en la órbita del dólar", *Excélsior*, 26 de marzo de 1992, Sección A, pp. 1 y 29.

[19] Lázaro Barrueto "Será 1992 el año más duro de la Revolución Cubana", *Excélsior*, 8 de mayo de 1992, Sección Ideas, p. 2.

[20] Jan Adams, "Cambio y continuidad en la política soviética centroamericana", *Problemas Internacionales*, vol. XXXVIII, núm. 2, Washington, US Information Agency, marzo-junio de 1989, p. 119.

[21] "Reducirá la URSS drásticamente la venta de equipo militar a Cuba", *Excélsior*, 27 de noviembre de 1991, Sección A, p. 2.

económicas de la URSS, así como de los problemas de producción y distribución internos de la potencia socialista.

La orientación de la URSS a descentralizar la actividad económica exterior al conceder a las compañías soviéticas el derecho a realizar por cuenta propia transacciones en los mercados internacionales produjo notables tensiones en el mecanismo ajustado de colaboración cubano-soviético. Tal es el caso de las entregas de petróleo soviético a Cuba, las cuales comenzaron a ser cada vez más inseguras debido a un acuerdo establecido por el Kremlin de conferir el control de la industria petrolera a las recién creadas empresas mixtas de la URSS.[22]

Otros factores que afectaron el alto nivel de preferencialidad de la URSS hacia Cuba fueron los siguientes: por una parte, los rublos transferibles que acumulaban los soviéticos no servían para comprar bienes en el mercado mundial, ni siquiera en los países del CAME; por otra parte, la exportación de productos hacia Cuba requería de gastos adicionales por concepto de embarcos especiales para el transporte a larga distancia y de adaptación para las condiciones del trópico. Además, las compañías navieras soviéticas buscaban obtener divisas por concepto del transporte de mercancías a Cuba, pero el régimen cubano se opuso a pagar las tarifas internacionales de flete.

En este marco, no es de sorprender que, bajo las nuevas condiciones internas de la economía soviética, numerosas empresas de ese país consideraran desventajoso continuar el intercambio comercial tradicional con Cuba. Este enfoque fue característico de las compañías soviéticas cuyos productos tenían demanda en el mercado exterior.

Bajo estas condiciones, para diciembre de 1991, el volumen de las importaciones cubanas provenientes de la URSS era de un 70% menos en relación con lo recibido en 1989.[23] Más aún, desde principios de 1992 la URSS comenzó a eliminar en efecto todos los subsidios comerciales a Cuba.

[22] Charles Thurston, "Cuba Courts Hemispheric Trade as Soviets Demand Cash Payments", *The Journal of Commerce*, 22 de mayo de 1991, p. 2.

[23] J. L. Rodríguez, *op.cit.*, p. 9.

Retiro del apoyo del CAME

Durante 19 años (1972-1991) Cuba recibió un fuerte apoyo de las naciones socialistas europeas agrupadas en el CAME. En ese periodo, Cuba organizó sus planes quinquenales de acuerdo con los proyectos de los demás miembros del CAME. Dentro del organismo socialista, la isla obtuvo sus ingresos básicamente por la comercialización del azúcar, el tabaco y el níquel. De Europa del Este, Cuba importó el 40% de sus medicamentos, el 16% de sus fertilizantes, el 17% de sus textiles y el 90% de sus autobuses.[24] Así pues, la isla organizó el 15% de su comercio exterior con estos países.

Conforme las economías planificadas se orientaban hacia los parámetros del mercado mundial, se incrementó el debilitamiento de los vínculos en el mundo socialista. En forma paralela, se intensificó la insistencia de los países de Europa oriental por el pago de la deuda que Cuba contrajo con ellos. De inmediato, las relaciones económicas con estos países se ajustaron a los parámetros de economías capitalistas, con todas las limitaciones e inconvenientes que ello suponía para Cuba.[25]

En este sentido, en 1988 Checoslovaquia y Bulgaria se negaron a renovar sus acuerdos de comercio preferencial con Cuba. Un año más tarde, varias empresas húngaras aumentaron en un 20% el precio de los suministros a Cuba. En el área del transporte, la firma húngara Ikarus anunció su decisión de incrementar el precio de sus vehículos y de sus refacciones. Con los precios de 1988, Cuba podía comprar 580 unidades nuevas, pero con el aumento sólo adquirió 512.[26] Así pues, el déficit comercial de la isla con estas naciones aumentó en un 41% en 1989, cifra que los europeos no estaban dispuestos a subvencionar.[27]

Asimismo, en enero de 1990 las autoridades de Alemania Democrática decidieron suspender la ayuda militar a Cuba y reti-

[24] Business International Corporation, *Developing Business Strategies for Cuba*, *op. cit.*, p. 21.

[25] *Ibid.*, p. 7.

[26] "Hungría aumenta el precio de los vehículos para el transporte público", *Granma*, 1 de octubre de 1989, p. 6.

[27] E. Domínguez Reyes, art. cit., p. 26.

raron de la isla a sus asesores militares; en junio de ese año, anunciaron también su decisión de iniciar sus operaciones comerciales con sus exaliados latinoamericanos en divisas y a precios del mercado mundial.

El 1 de julio, con motivo de la reunificación, los alemanes suspendieron las compras de azúcar a Cuba debido a los excedentes del dulce aportados por la RFA. Finalmente, a partir de 1990, Cuba perdió los casi 3 millones de dólares que enviaban anualmente a la isla los casi 10 mil trabajadores cubanos que laboraban en esa nación europea. De igual manera, los barcos cargueros de Polonia y de la RDA se negaron a transportar mercancías a Cuba por menos de las tarifas internacionales de flete. Sin embargo, aun cuando durante 1990 las importaciones cubanas provenientes de esta área cayeron en un 26% en relación con 1989, el gobierno cubano nunca supuso la desaparición total de los vínculos económicos entre Cuba y Europa oriental.[28]

En enero de 1990, los jefes de gobierno de los países miembros del CAME se reunieron en Sofía, Bulgaria, para decidir la suerte del organismo. En aquel entonces sólo había dos opciones: la restructuración o la disolución del CAME. A pesar de la oposición de varios integrantes, Nikolai Rishkov, en ese entonces presidente del Consejo de Ministros de la URSS, logró que el CAME continuara funcionando. En franco apoyo a la postura de los soviéticos con inclinación centrista (Gorbachov, Abalkin, Rishkov, Schevardnadze), el gobierno cubano propuso la necesaria renovación del organismo, con el fin de lograr una mayor cohesión y un mayor dinamismo entre los países miembros. Durante el encuentro, Ernesto Meléndez, presidente del Comité Estatal de Colaboración Económica (CECE), señaló que no se debía negar la integración económica entre los países socialistas, cuando ésta resulta una creciente tendencia mundial hasta para los países industrializados. Incluso, abogó por la constitución de una organización multilateral sucesora del CAME.

Para los especialistas, esa reunión marcó el inicio de la agonía del CAME. Sin embargo, el régimen de Castro mantuvo la esperanza de que se firmaran nuevos convenios de intercambio comercial con

[28] *Ibid.*, p. 25.

Checoslovaquia y Bulgaria en 1990 y 1991; que Bulgaria y Rumania renovaran los convenios para la compra de azúcar en 1991; y, por último, que los representantes de firmas y empresas de la URSS, Bulgaria, Checoslovaquia, Hungría, Rumania y la antigua RDA ratificaran, en octubre de 1990, su interés por comprar níquel cubano y construir una nueva planta para su producción.[29]

Estos pronósticos se apoyaban en el hecho de que el vicepresidente del Consejo de Ministros de Cuba, Carlos Rafael Rodríguez, parecía haber ganado una importante batalla durante la reunión del CAME celebrada en Sofía a principios de 1990. Según esto, las naciones industrializadas prometieron que continuarían brindando, por lo menos durante el periodo de transición, un trato preferencial a los países en desarrollo miembros del organismo.

No obstante, las naciones del este europeo no disimulaban el cambio en su política exterior hacia Cuba y, por ende, iniciaron el apresurado recorte de los suministros a la isla. La nueva posición asumida por la mayoría de los países de Europa oriental en torno a la deuda de Cuba contraída con ellos se convirtió en un fuerte factor de presión. Además, el nuevo carácter de los vínculos de Europa oriental con Occidente erosionó las estrechas relaciones entre la isla y las naciones socialistas. Así pues, en 1991, se registró una máxima reducción del comercio entre el CAME y Cuba. Los efectos del próximo desmantelamiento del sistema socialista en Europa del Este causaron serios estragos sobre la economía cubana.

El CAME concluyó sus labores en Budapest, Hungría, el 28 de junio de 1991. Sin lugar a dudas, los países más afectados fueron los de menor desarrollo, como Mongolia, Vietnam y Cuba. De inmediato, la isla caribeña se vio en la necesidad de proceder a una profunda restructuración de su economía. Los lineamientos de desarrollo, trazados en concordancia con los de Europa oriental, ya no tenían sentido. Fue entonces cuando se aceleró la reorientación del comercio hacia las economías de Occidente. El mercado interno se contrajo cada vez más y, en cosecuencia, el gobierno

[29] J. L. Rodríguez, *op.cit.*, p. 7.

cubano introdujo profundas medidas de urgencia contempladas en el "periodo especial en tiempos de paz".[30]

Deuda externa

La agudización de los problemas de liquidez interna y de pagos sobre la deuda externa no se hizo esperar, exacerbando todavía más las dificultades para la isla. Así pues, otro factor determinante sobre la crisis económica de Cuba es la deuda externa.

Según fuentes soviéticas, en 1985 la deuda externa de Cuba con Occidente era de 3 mil millones de dólares. Para 1990, la cifra se había duplicado; se calculó que la deuda convertible cubana versaba entre 6 y 8 mil millones de dólares. Por otra parte, la isla adeuda 16 mil millones de rublos (24 mil millones de dólares) a sus acreedores rusos.[31] Un reporte del Deutsche Sudamerikanische Bank confirma el monto de la deuda externa cubana con la antigua URSS, es decir, más de 23 mil millones de dólares. De tal modo, el total de la deuda cubana contraída tanto con Occidente como con la URSS asciende a 32 mil millones de dólares.

Sin embargo, en septiembre de 1990 la revista *Bussiness in the USSR* y a mediados de 1992 el diario *Izvestia* difundieron de manera separada versiones iguales sobre la deuda del Tercer Mundo a la URSS. En ambas publicaciones se denunció el hecho de que los países en desarrollo, entre ellos la isla del Caribe, en su conjunto, adeudaban a Moscú la suma de 137 800 millones de dólares. Entre los principales deudores de la extinta Unión Soviética están Cuba y Mongolia, con 24 mil y 9 700 millones de dólares, respectivamente.[32]

Por su parte, el periódico *Izvestia* justificó también la condena del actual gobierno ruso que critica la abundante ayuda que, en el

[30] Carlos Batista, "La estructura económica de Cuba", *Excélsior*, 20 de julio de 1991, Escena Mundial, p. 3.

[31] E. Domínguez Reyes, art. cit., pp. 15 y 17.

[32] Otros deudores de la desaparecida Unión Soviética son: Vietnam, con 9 300 millones; Corea del Norte, con 2 230 millones; Polonia, con 4 950 millones; Angola, con 2 020 millones; Argelia, con 3 050 millones; India, con 8 090 millones, Irak, con 3 790 millones; Siria, con 15 mil millones; Etiopía, con 2 860 millones y Nicaragua, con 910 millones de dólares.

pasado, otorgó la URSS a Cuba, la cual, según el diario, alcanzó hasta 1990 la cantidad de 5 mil millones de dólares en asistencia económica y 2 mil millones de dólares anuales en ayuda militar (el académico Nikolai Shmeliov señala que la asistencia económica de la URSS a Cuba fue de casi 7 mil millones de dólares anuales).[33]

Por otra parte, de manera sorprendente, otro diario ruso, el *Komsomolskaya Pravda*, publicó en sus páginas unas declaraciones del ministro de Comercio Exterior de Rusia, Piotr Aven, en las que se afirma que los exaliados socialistas deben a Moscú cerca de 140 mil millones de dólares (la deuda externa de la CEI es de 80 mil millones de dólares) y que estas deudas corresponden en gran medida a entregas de armas y trabajos de construcción realizados en los sesenta y setenta.

El funcionario reveló al diario que el mayor deudor de Rusia es Cuba ya que la nación caribeña adeuda a la CEI la suma de 75 mil millones de dólares, lo cual supera tres veces la cifra que se menciona en los documentos oficiales.

El ministro de Comercio Exterior de Rusia (miembro del grupo de Kosiriev) manifestó también al *Komsomolskaya Pravda* un sentimiento de amargura por la actitud que están asumiendo algunos deudores en el sentido de que han señalado que no están dispuestos a pagar el dinero que en el pasado les prestó el gobierno soviético. "Muchos de nuestros deudores, dijo el funcionario ruso, no quieren entablar negociaciones. Por lo general se trata de nuestros más viejos amigos."[34]

Por otra parte, la insuficiencia en los abastecimientos soviéticos y los gastos que el gobierno cubano tuvo que efectuar por concepto de la compra de azúcar en el exterior para cubrir las cuotas a la URSS provocaron la drástica disminución de las reservas cubanas de divisas. En septiembre de 1989, Cuba contaba con reservas internacionales en moneda convertible por la cantidad de 120 millones de dólares, pero para finales de abril de 1990 habían

[33] "Ayudando a Cuba", *Izvestia*, 15 de mayo de 1992, p. 3; y "Soviet Economic Aid to Developing Countries", *Bussiness in the USSR*, Moscú, septiembre de 1990, p. 63.

[34] "Exaliados en deuda con Moscú", *Excélsior*, 29 de julio de 1992, Sección A, pp. 1 y 10.

descendido a 50 millones y se estima que en la actualidad estén cerca de cero.[35]

A esto se suma el hecho de que, desde 1986, el gobierno cubano dejó de recibir fondos de capital fresco por parte de sus acreedores occidentales a causa de la suspensión del pago tanto de los intereses como del monto principal de la deuda. Esta medida unilateral por parte de Cuba se tomó a causa de la difícil situación interna de la isla: en 1986 hubo un descenso en el crecimiento de la economía, disminuyó la producción del azúcar y cayeron los precios internacionales del petróleo, causando la reducción de los ingresos cubanos por concepto de la reventa del crudo soviético.

Ante la necesidad de obtener recursos frescos en divisas, en agosto de 1990, Cuba solicitó a sus acreedores occidentales la apertura de nuevos créditos y préstamos. La intención era reiniciar negociaciones con el Club de París sobre la deuda convertible cubana. Sin embargo, el vicepresidente del Banco Nacional de Cuba, Raúl Amado, señaló que la postura de los acreedores era inflexible, lo que derivó en resultados poco fructíferos para la isla.[36] Así pues, la afluencia de recursos y de suministros provenientes de las economías de mercado más importantes, quizá con la excepción de España y Canadá, fue muy limitada.

Además, el régimen cubano ha mostrado la voluntad de renegociar con Occidente mediante el intercambio de deuda por capital extranjero en la isla. Se trata de ofrecer a los acreedores, en primer lugar, la oportunidad de realizar inversiones en Cuba. Así pues, Japón y algunos países de la Comunidad Europea tienen la preferencia de participar en el esquema del intercambio de deuda cubana por inversiones extranjeras, ya que Cuba contrajo considerables niveles de deuda con estos países.

En el IV Congreso del PCC se establecieron algunas directrices para solucionar el problema de la deuda externa cubana. Se propuso la búsqueda, junto con los acreedores, de posibles soluciones a la deuda externa del país. Se indicó que el gobierno de Castro

[35] Spencer Reiss, "Autumn of the Patriarch", *Newsweek*, World Affairs, 10 de agosto de 1992, p. 24.

[36] "Cuba Presses for Restart to Talks with Creditors", *Financial Times*, Londres, World Trade News, 7 de agosto de 1990, p. 4.

está dispuesto a considerar renegociaciones flexibles, las cuales implican nuevas formas de pago. Al respecto, Eugenio Rodríguez Balari, director del Instituto Cubano de Investigación y Orientación de la Demanda Interna, señaló recientemente que "pueden buscarse fórmulas no convencionales para negociar determinados montos de la deuda contraída por el país en años anteriores".[37]

Embargo estadunidense

El embargo comercial de Estados Unidos contra Cuba, que se iniciara el 3 de febrero de 1962, ha perjudicado en alto grado a la economía cubana, sobre todo en la actualidad, que es cuándo se resienten profundamente los efectos de la postura estadunidense. El CAME y la Unión Soviética compensaron las pérdidas económicas en Cuba debidas al embargo e incluso lograron que el nivel de vida de la población cubana se elevara. Por ello, durante 28 años, el bloqueo de Estados Unidos no causó los graves estragos que se esperaban; pero una vez que se desintegraron los estrechos vínculos con el bloque socialista, la isla se ha quedado a merced de los ataques estadunidenses.

Se calcula que desde 1962 a 1988, el bloqueo impuesto por Estados Unidos tuvo un costo para Cuba de 15 mil millones de dólares, lo que equivale a más de 450 millones anuales.[38] De acuerdo con cifras del Banco Nacional de Cuba, el bloqueo ha costado alrededor de 6 500 millones de dólares en lo que se refiere sólo a la esfera monetario-financiera. Esto se debe a que el embargo ha imposibilitado el acceso de Cuba a más créditos; ha afectado las transacciones comerciales de la isla ante la variación en los tipos de cambio del dólar frente a las principales monedas socialistas, y, por último, ha causado el encarecimiento de la deuda externa.[39]

Asimismo, las autoridades cubanas declararon que, durante la década de los sesenta, el embargo estadunidense provocó que el

[37] Gloria Analco, "Legislan en Cuba para atraer inversiones", *Excélsior*, 29 de marzo de 1992, Sección A, pp. 1 y 28.

[38] Andrés Escobar, "Cuba ha pagado muy caro el embargo estadunidense", *La Jornada*, 7 de julio de 1991, Economía, p. 27.

[39] "Cuba no está aislada: múltiples visitas comerciales a la isla", *Excélsior*, 18 de septiembre de 1991, Sección Financiera, p. 2.

país pagara importaciones, con carta de crédito confirmada, por un valor equivalente al 100% de la operación. Las pérdidas durante esa década fueron por 150 millones de dólares. En el siguiente decenio, y en particular a partir de junio de 1982, Cuba comenzó a sufrir el recorte en su nivel de préstamos y depósitos bancarios que recibía con regularidad por parte de sus acreedores de Occidente. El país se vio obligado a recurrir a entidades que otorgan créditos más caros, lo que ocasionó erogaciones de recursos cubanos por 230 millones de dólares más de lo que hubiera pagado en condiciones normales. Todo ello por el efecto del bloqueo en lo que se refiere a materia financiera.

La postura estadunidense frente a Cuba es cada vez más rígida. El presidente de Estados Unidos George Bush proclamó: "estamos hoy más cerca que nunca de nuestro objetivo de hacer retornar la libertad a Cuba". El mandatario anunció el reforzamiento del bloqueo económico contra la isla y convocó a "todos los gobiernos democráticos a estrangular al régimen de Castro por medio del aislamiento económico y político; de no hacerlo, se prolongará el control castrista y con ello la miseria y el sufrimiento del pueblo cubano".[40]

Rebasando la propuesta del congresista demócrata Robert Torricelli, Bush recomendó la prohibición de la entrada en muelles estadunidenses a embarcaciones de cualquier nacionalidad que llevaran mercancías a la isla, a menos que obtuvieran una licencia expedida de manera discrecional por el Departamento del Tesoro. También proscribió la ayuda de Washington a todos los países que subsidien al gobierno cubano, mientras que solamente permitirá la exportación de medicinas a Cuba y la ampliación de las comunicaciones telefónicas entre ambos países.

Ante la actitud estadunidense, el vicecanciller cubano Ramón Sánchez Parodi hizo saber que Washington lleva a cabo un "genocidio económico" contra su pueblo, intentando rendirlo de hambre para que abandone el socialismo. Sánchez Parodi se refería al proyecto presentado por el demócrata del estado de

[40] "Ningún libre comercio que dé ayuda a Cuba, dice Estados Unidos", *Excélsior*, 19 de abril de 1992, Sección A, pp. 1 y 10.

Nueva Jersey Robert Torricelli. La propuesta pugna por prohibir el comercio a través de las subsidiarias de empresas estadunidenses que comercien con la isla y porque Washington pida a otros gobiernos que secunden el embargo de manera más estricta.[41]

Agudización de la crisis (octubre de 1990-1992)

Cuba vive hoy en día acaso la crisis económica más severa de su historia. Como ya lo señalamos, razones de índole interna y externa se han entramado a un mismo tiempo para originar una situación verdaderamente compleja.

Tanto los cambios en el entorno internacional como las ineficiencias estructurales del sistema de planeación en Cuba provocaron que los objetivos para el quinquenio 1986-1990 no se llevaran a cabo. Se estimaba un crecimiento promedio del 5% en el PSG durante esos cinco años. Sin embargo, en 1987 hubo una caída del 3.5% y en 1988 hubo una ligera recuperación en la economía, alcanzando ese último año un PSG del dos por ciento.[42]

Más aún, rumbo al final de la década de los ochenta, la situación se tornó cada vez más difícil. Para 1989 y 1990 el gobierno cubano pronosticó un crecimiento en la economía del 2.5% y del 1.5%, respectivamente. Al comparar estas cifras con los resultados obtenidos durante esos años, resulta evidente que Cuba había entrado en una fase de agudización de la crisis económica. En este sentido, expertos académicos de Estados Unidos aseguran que la economía cubana se contrajo de manera dramática en por lo menos un 25% desde 1989.[43]

De tres años a la fecha, la capacidad instalada utilizada es mucho más baja. Las metas de producción ya no se cumplen, las exportaciones han descendido y la escasez de divisas se acentúa.

[41] "Acusa Cuba a EUA de genocidio económico contra su pueblo", *Excélsior*, 9 de junio de 1992, Sección A, pp. 2 y 20; "En crecimiento, el flujo de inversión extranjera en la República de Cuba", *El Financiero*, 20 de abril de 1992, Economía, p. 34.

[42] The Economist Intelligence Unit, *Cuba, Country Profile 1990-91*, *op. cit.*, p. 10.

[43] Lee Hockstader, "Castro's Tenacious Art of Survival", *Washington Post*, 9 de mayo de 1992, p. 1.

En particular, en 1988 se restringió la importación de productos ante el déficit presupuestario del gobierno cubano.

Asimismo, la tendencia declinante de los precios mundiales del azúcar –principal generador de divisas para este país– provocó el deterioro económico a partir de 1986. No menos importante ha sido la trayectoria igualmente a la baja de las cotizaciones internacionales del petróleo, toda vez que las reexportaciones cubanas del crudo soviético habían sido otra muy destacada fuente de moneda dura. Por ello, desde 1986 se impusieron severas medidas de austeridad con el fin de paliar la situación de la economía.

También las transformaciones radicales en las economías de la URSS y Europa oriental acaecidas en 1989 tuvieron un fuerte impacto sobre la isla. Era de suponer que en la siguiente reunión del CAME, a celebrarse en enero de 1990, se tomarían decisiones acordes a las necesidades de las naciones europeas del CAME. En efecto, se estableció que las transacciones entre los países miembros se realizarían, a partir de 1991, en monedas convertibles. Ya no existirían los términos favorables del intercambio, como así tampoco los créditos de inversión. Además, Cuba perdería sus mercados tradicionales de Europa oriental y la URSS para el azúcar, el níquel y los cítricos.

En resumen, durante el IV Congreso del Partido Comunista Cubano se mencionaron los factores incontrolables que agudizaban la crisis económica en la isla. Por su importancia, destacan los siguientes: el intercambio desigual entre Cuba y Occidente que tiende a reducir los ingresos por exportación; los cambios en la cotización del dólar; la aplicación de altas tasas de interés para la deuda externa cubana; el descenso de los precios internacionales del azúcar; la pérdida de los mercados tradicionales cubanos para sus exportaciones; el bloqueo estadunidense, y la imposibilidad de recibir créditos financieros.[44]

En este marco, la agudización de la crisis cubana comenzó a mediados de 1990, cuando Cuba tomó conciencia de que los pagos por los abastecimientos de petróleo soviético serían, a partir del siguiente año, en divisas con base en los precios internacionales

[44] "Resumen de las resoluciones sobre el desarrollo económico de Cuba", *Granma*, 17 de octubre de 1991, p. 2.

del crudo. El gobierno de Castro llegó a la conclusión de que se acercaba una época aún más difícil que seguramente se agravaría con el tiempo. Los pronósticos fueron positivos.

Para octubre de 1990, los abastecimientos soviéticos se redujeron en un 10%; las entregas de crudo disminuyeron en una cuarta parte y los créditos procedentes de la URSS fueron significativamente menores, afectando a la producción industrial y al consumo cubanos. Fue así como la crisis adquirió rasgos de profunda gravedad.

Esta problemática desembocó en la necesidad de asumir, a partir del último trimestre de 1990, la primera fase del "periodo especial en tiempos de paz". Se trata de una serie de medidas internas de austeridad con el fin de restringir los niveles de consumo de la población y de la actividad económica. Con ello, el gobierno cubano se propuso hacer un uso más racional de los limitados bienes de consumo y energéticos con que cuenta su economía.

La primera etapa del "periodo especial" fue el costo mínimo que tuvo que asumir de repente la población ante la crisis impuesta por la debacle del socialismo europeo. Con ello, la dirección de la Revolución estableció la estrategia de proteger el suministro de los servicios vitales para la población, al tiempo que aseguró la realización de ciertos programas de alta prioridad, como el del turismo, la biotecnología y la investigación científica. Se planeó que el desarrollo de estos programas conduciría a buscar salidas propias en estas condiciones extraordinarias.[45]

En caso de que la crisis económica se agudice aún más, el gobierno cubano implementará un plan de contingencia denominado "opción cero": cero energía, cero electricidad, cero transporte. De tal modo, los cubanos se aprestan a enfrentar tiempos difíciles en una virtual economía de guerra. La perspectiva de una "opción cero" se vislumbra, en palabras del actual canciller cubano Roberto Robaina, como una situación en la que "debemos estar preparados para distribuir la nada en partes iguales".[46]

[45] L. Barrueto, art. cit., p. 2.

[46] "Cuba está bajo restricciones de una economía de guerra: Roberto Robaina", *Excélsior*, 2 de enero de 1992, Sección A, p. 1.

Así pues, se pusieron en marcha planes de emergencia destinados al ahorro de energía. Estos programas contemplaban los cortes escalonados de energía eléctrica en todo el territorio de Cuba, sobre todo en La Habana; cerraron varias industrias, entre ellas la planta productora de níquel ubicada en Bahía Moa, de donde se obtenían cantidades considerables de divisas por concepto de exportaciones. Se racionaron más de 28 productos alimenticios; se previó movilizar a los trabajadores al campo; utilizar 100 mil animales para suplir la maquinaria paralizada por falta de combustible, y se procedió al recorte del personal burocrático en un 50 por ciento.[47]

Conforme se agotaban las reservas de petróleo, Fidel Castro pidió a la población que se preparara para reducir el consumo personal de energía. Reveló que se retiraban del servicio cerca de 10 mil tractores, es decir, un tercio del total; éstos fueron remplazados por arados de bueyes. También se redujeron en un 50% las cuotas de combustible para automovilistas particulares y en un 30% para los transportistas estatales. Cabe mencionar que, antes del periodo de crisis, los particulares recibían 240 litros de gasolina trimestralmente, cifra que se redujo a 40 litros por mes, aunque cada dos meses reciben 30.[48] La reducción del combustible se refleja en la mínima circulación de los vehículos particulares, la cual ha disminuido en un 60-70%, en tanto que los automóviles estatales lo han hecho en un 30 por ciento.

Las medidas restrictivas continuaron con la eliminación de 120 autobuses ruteros de gasolina y de 700 taxis, al tiempo que se importaron más de 750 mil bicicletas de China. Esto significa que las rutas de transporte terrestre se redujeron en un 40% y el tráfico ferroviario en un 38 por ciento.[49]

En forma paralela, se introdujeron los ruteros de diesel con el fin de garantizar el traslado del 60% de los 53 mil pasajeros que transportaban los autobuses de gasolina. Hasta enero de 1992, los

[47] T. Coone, art. cit., p. 20.

[48] G. Analco, "Transporte y alimentos insuficientes en Cuba", *Excélsior*, 28 de marzo de 1992, Sección A, pp. 1 y 28.

[49] "Invierno inclemente en Cuba", *Excélsior*, 17 de diciembre de 1991, Sección Financiera, p. 2.

autobuses urbanos hacían unos 16 mil viajes diarios para transportar a cerca de tres millones de personas en La Habana.[50]

El reajuste del transporte alcanzó restricciones más severas. La carencia de combustible prevista para 1992 obligó al régimen cubano a implementar, en febrero de 1992, la cuarta y última fase de reducción del servicio del transporte, la cual supuso la supresión de cinco líneas más de camiones y varios cambios de itinerarios en muchas otras. En total se eliminaron 48 líneas y se estipuló que sólo 113 autobuses seguirían circulando. Además, en toda la isla comenzaron a efectuarse los intercambios de plazas laborales de manera que los trabajadores pudieran permanecer en los centros de trabajo próximos a su domicilio para no hacer uso del transporte público.[51]

En este "periodo especial en tiempos de paz", el cual equivale prácticamente a una economía de guerra, también se ha visto afectado el sector de la alimentación. Mientras que en 1989 Cuba importaba alrededor de 5 500 millones de dólares en artículos básicos provenientes de la URSS, para 1991 la cifra se redujo hasta los 1 700 millones de dólares. En este sentido, el especialista Andrew Zimbalist señaló que "con una baja como ésta ya no se puede hablar de rendimiento económico, sino de permanecer vivo y alimentar al pueblo".[52]

En la actualidad, el cubano sólo tiene derecho a recibir mensualmente, a través del sistema estatal de racionamiento, 2.3 kilogramos de arroz, 0.23 kilogramos de grasa de cocina, 1.84 kilogramos de azúcar, 0.46 kilogramos de pescado y 0.46 kilogramos de carne o de pollo mezclado con soya. Además, la leche para los niños ha sido limitada hasta la edad de siete años.[53]

Otros reportes coinciden en afirmar que la mayoría de los cubanos reciben menos de una libra y media de carne al mes, la mitad de lo que recibían hace un año. Pueden obtener cinco

[50] "Empeora la situación en el transporte de Cuba", *Excélsior*, 4 de enero de 1992, Sección Financiera, p. 2.

[51] "Transfieren plazas laborales y planean nuevos reajustes en el transporte en Cuba", *Excélsior*, 4 de febrero de 1992, Sección Financiera, pp. 2 y 15.

[52] "La represión política acabará por hundir la economía cubana", *Excélsior*, 6 de enero de 1992, Escena Mundial, pp. 2 y 3.

[53] "La caída de Fidel no es previsible ni a mediano plazo", *Excélsior*, 3 de junio de 1992, Sección A, pp. 2 y 20.

huevos a la semana, una tercera parte de lo que disponían el año anterior.[54] Así, una vez extinguidos los generosos acuerdos con la otrora URSS, incluso los artículos comunes como jabones, ron, y aceite de cocinar se han vuelto lujos raros.

Ante la escasez de alimentos básicos, las autoridades cubanas, que por más de 30 años mantuvieron precios subsidiados bajos para los alimentos básicos, anunciaron sus planes de incrementar de manera gradual el costo de algunos productos agrícolas con el fin de impulsar la producción y reducir fuertes subsidios. Es claro que este aumento de precios podría convertirse en un resorte de mayor estimulación productiva, ya que permitiría aumentar los salarios de los trabajadores agrícolas con el consiguiente crecimiento de la productividad del trabajo. El incremento de los precios de ciertos productos agrícolas agregaría al gasto mensual de una familia campesina promedio un estimado de 8 a 10 dólares.[55]

Sin embargo, esta medida resultaría perjudicial para muchas otras personas que no están ligadas al sector agrícola y que recurren al mercado negro para conseguir ciertos alimentos carentes en el mercado cubano. Además, los precios de los productos básicos en el mercado negro se han disparado. Por ejemplo, un pescado grande en la economía subterránea se consigue a 100 pesos y un pedazo de carne o pollo a 35 pesos. El problema es que el salario promedio es de 160 pesos cubanos.[56]

En lo que se refiere al sector de la energía eléctrica, a principios de 1992 se implementó un plan nacional de ahorro de energía dentro del cual se redujeron hasta los programas de TV y las funciones de cine. Las medidas de ahorro se incrementaron en abril de 1992, cuando la Compañía Estatal de Luz comenzó a recortar la energía eléctrica en La Habana durante cuatro horas diarias. Hasta entonces, la capital no había padecido los recortes de energía que desde hace tiempo afectan a otras provincias.

[54] L. Hockstader, art. cit., p. 1.

[55] "Se encarecen los alimentos en Cuba", *Excélsior*, 31 de enero de 1992, Sección A, pp. 21 y 23.

[56] L. Hockstader, art. cit., p. 1.

De igual manera, de los 800 productos médicos que con certeza se encontraban en hospitales y farmacias, ahora están disponibles menos de 600 medicinas.[57]

Por primera vez en su historia, en mayo de 1992, el régimen castrista admitió que el desempleo en La Habana asciende al 6%. Las calles de la ciudad están llenas de gente desempleada, lo cual asegura que la cifra oficial es mucho menor que la real.[58]

Así, la conjugación de todos los factores mencionados, aunados a la pérdida de los favorables términos del intercambio que mantenía con sus exaliados comerciales, ha provocado una desesperada situación en Cuba. En particular, esto repercutió sobre el principal producto de exportación cubano, el azúcar, que históricamente ocupa más del 25% de la producción total del país y genera más del 75% de su intercambio comercial.

En este sentido, Castro señaló que "cuando el rublo equivalía al dólar o hasta era más valioso que el dólar, Cuba recibía 800 rublos por cada tonelada de azúcar. La reducción en el precio del azúcar causó pérdidas en nuestros ingresos por 2.5 mil millones de dólares. A últimas fechas, la URSS nos ha pagado por el azúcar menos de 200 dólares por tonelada". Esto significa que el precio del azúcar en el comercio con la antigua URSS cayó de 36.3 ctvs de dólar/libra a 9.1 ctvs/libra, es decir que ahora Cuba recibe una cuarta parte de los ingresos que acumulaba por concepto de las exportaciones azucareras.[59] Además, en años recientes, los soviéticos importaban un promedio anual de cuatro millones de toneladas de azúcar cubana. Sin embargo, las ventas del producto a Rusia se calculan para 1992 en un millón de toneladas.

Más aún, a cambio de una tonelada de azúcar cubana, la isla recibía siete toneladas de petróleo soviético. La proporción actual es de una tonelada de azúcar por 1.7 toneladas de crudo. Si antes Cuba compraba 13 millones de toneladas anuales de petróleo soviético sólo con 2 millones de toneladas de azúcar, ahora

[57] "Inversión externa y aislamiento minan al comunismo cubano", *Excélsior*, 21 noviembre de 1991, Escena Mundial, pp. 1 y 5.

[58] L. Hockstader, art.cit., p. 1.

[59] Nicolás Rivero, "Cuba's Sugar Markets Go Sour", *The Journal of Commerce*, 7 de mayo de 1992, p. 6.

tendría que vender 7.2 millones de toneladas del producto para adquirir aquella cantidad de petróleo soviético (13 millones de toneladas).[60] De tal modo, Cuba tendrá que gastar 750 millones de dólares para importar sólo 6 millones de toneladas de crudo a precios del mercado mundial.

Por otra parte, la producción de azúcar en Cuba ha caído. La situación interna es muy tensa debido a la carencia de combustible, fertilizantes y refacciones. Trabajadores voluntarios provenientes de las 14 provincias han sido movilizados para ayudar en la zafra de caña y en su transportación a los más de 150 cañaverales del país. No obstante, la cosecha de 1991-1992 que debió comenzar en noviembre pasado con la "zafra chica", nunca inició la operación completa. Tres de las provincias azucareras –Ciego de Ávila, Camagüey y Las Tunas– están muy por debajo de la producción habitual.

En este marco, la producción para 1992 se estima en 6 millones de toneladas, mientras que en 1991 fue de 7.6 millones y en 1990 fue de 8 millones.[61] Esta tendencia a la baja en la producción de azúcar es muy delicada. El país depende de las exportaciones del producto para generar divisas, que a su vez son indispensables para importar petróleo, alimentos y refacciones de Occidente, por lo que cada tonelada de azúcar es vital y determinante para la economía cubana.

El problema radica en que se estiman exportaciones azucareras por 5 millones de toneladas para 1992, cifra que está por debajo de los 6.8 millones de 1991. De tal forma, las ventas de azúcar podrían equivaler a 978 millones de dólares en comparación con los 4 mil millones de dólares de 1990.[62]

Fuentes occidentales han señalado que la crisis económica en Cuba ha provocado que, después de tres décadas de revolución, exista un serio retroceso en el nivel de vida de la población. En este sentido, aseguran que, en primer lugar, el ingreso per cápita reportado de 1 540 dólares no corresponde a la realidad; si se toma en cuenta el verdadero valor de la moneda cubana cotizada en el mercado negro a 20 pesos por dólar, en vez de la tasa oficial de

[60] *Idem.*

[61] "Cuba Shift to High Gear to Finish Sugar Harvest" *The Journal of Commerce*, 16 de abril de 1992, p. 6.

[62] N. Rivero, art. cit., p. 6.

1 a 1, veremos que el ingreso real es mucho más bajo que el nominal. En segundo lugar, la dieta diaria es deficiente; si fueran excluidas las compras ilegales de comida en el mercado negro, la actual dieta estaría por debajo de los requerimientos calóricos mínimos. Por último, aun cuando el número de médicos y camas en los hospitales ha aumentado, el servicio se ha deteriorado ante la insuficiencia de medicamentos.[63]

Esta opinión contrasta con las aseveraciones de Carlos Lage, miembro del Buró Político y responsable de la economía, quien afirmó que la economía cubana presentó signos de recuperación durante el primer trimestre de 1992. El turismo aumentó en un 23%, la producción de níquel en un 17% y la producción agrícola en un 11%, en comparación con las cifras de 1991.[64]

Sin embargo, es un hecho que Cuba ha perdido el 50% de su capacidad de importación. También es una realidad que la isla ya no cuenta con el apoyo económico de sus exaliados comerciales. De tal modo, el régimen de Castro está consciente de que no puede compensar su dependencia con respecto a la asistencia soviética sólo con la venta de productos básicos como el azúcar, el níquel o los cítricos. Por ello, el gobierno cubano ha diseñado una estrategia en la cual se establecen prioridades para el desarrollo económico de Cuba. En este contexto, resultan de vital importancia dos medidas que se perfilan como fundamentales para el crecimiento futuro de la isla: por un lado, la diversificación de los socios comerciales y, por el otro, las inversiones extranjeras como un instrumento necesario para ampliar la base económica de la isla.

NUEVA ESTRATEGIA DE DESARROLLO

La estrategia económica que Cuba plantea para hacer frente a la crisis en la década de 1990 se centra básicamente en tres elementos rectores: *1)* abrir su economía, priorizando actividades que incrementen la captación de divisas en el corto y mediano plazos

[63] "La dictadura y no el hambre, causa de la Revolución cubana", *Excélsior*, 3 de febrero de 1992, Escena Mundial, pp. 2 y 6.

[64] François Le Pennec-Escarpit, "Cuba face a l'adversité, *L'Humanité*", París, 8 de mayo de 1992, p. 7.

(turismo e industria de la exportación); *2)* restringir al máximo posible los gastos en monedas convertibles, y *3)* contraer de manera severa el mercado interno, restringiendo los niveles de consumo de la población.

Como puede verse, el gobierno de Castro intenta por todos los medios posibles sustituir las mercancías que provenían del mundo exsocialista con productos básicos de origen cubano; diversificar sus socios comerciales y mantener o aumentar el volumen de las exportaciones nacionales y capitalizar la debilitada economía local a través de la atracción de las divisas extranjeras en forma de inversiones foráneas, sobre todo en los sectores que están dirigidos a la exportación.

Para lograr estos objetivos, contemplados en la nueva estrategia de desarrollo, que es la quinta y última estrategia implementada por el gobierno revolucionario, el régimen ha concentrado los esfuerzos y los recursos disponibles en los programas de máxima prioridad.

Por lo pronto, y ante la gravedad de la situación económica por la que atraviesa Cuba, según un reporte del Instituto Cubano de Investigaciones y Orientación de la Demanda Interna, las autoridades han establecido un plan de cinco puntos que intenta paliar los efectos de la crisis. Los puntos del plan son: la ampliación y estabilización de los fondos exportables, la sustitución de importaciones, un ambicioso programa alimentario, una lucha sin cuartel para sostener en los actuales niveles los servicos de salud y educación y, por último, una severa estrategia de ahorro energético.[65]

En relación con el primer punto, se contempla el desarrollo de la economía a través del incremento de los ingresos en divisas mediante la consolidación de los productos tradicionales exportables, como el azúcar, el níquel, el acero, el tabaco, el café y el camarón. Según cifras oficiales, el valor de las exportaciones asciende a 6 mil millones dólares anuales. Asimismo, se considera la ampliación de las nuevas líneas que permiten la captación de

[65] José Zaldúa, "Confía Cuba en superar todos los problemas a fines de esta década", *La Jornada*, 21 de septiembre de 1991, p. 1.

monedas convertibles como el turismo, la industria de equipo electrónico, la biotecnología y los productos médicos.

La sustitución de importaciones es el segundo punto del plan económico. Se calcula que el valor de las importaciones es de 6 500 millones de dólares al año. Para ello, deberán ponerse en marcha, a corto plazo, las nuevas industrias que nacieron en la década de los ochenta. Se trata de la producción de maquinaria e implementos agrícolas, sistemas de regadío, excavadoras, camiones, omnibuses e incluso bicicletas.

El tercer punto del plan gubernamental es esencial para el proceso revolucionario. Se trata del programa alimentario, la base del apoyo o del malestar social. Este país enfrenta hoy una crítica situación en el abastecimiento de productos tan esenciales como la leche, alimento que Cuba recibía de la URSS por una cantidad de casi 10 mil toneladas de leche en polvo al año. Por esta razón, hace dos años el gobierno lanzó un plan ganadero que incluye la ampliación de las cabezas vacunas y porcinas, así como una agresiva política para triplicar la producción avícola, dado que Cuba se encuentra entre los 10 primeros consumidores de huevo en el mundo.

Este programa alimentario también contempla la ampliación de los almacenes de agua, con el objetivo de expandir el riego y el consumo doméstico. Además, la ampliación de los depósitos de agua servirá para incrementar el cultivo de especies de agua dulce. Paralelamente se realizan esfuerzos para garantizar la autosuficiencia arrocera para 1995. Hoy en día Cuba produce el 60% del arroz que consume, mientras que China y Vietnam suministran el resto.

El cuarto punto es particularmente sensible e implica un gran reto. Se trata de mantener el nivel actual de los servicios de salud, educación, deporte y cultura, así como los servicios sociales tales como las guarderías y la atención a los ancianos.

Por último, el quinto punto se refiere al ahorro energético. Con este programa se pretende evitar el despilfarro de energía que se presentó durante la década de los ochenta. Éste incluye el uso masivo de la bicicleta, el racionamiento extremo del combustible automotor, la sustitución de tractores por bueyes en las labores agrícolas donde la tracción animal no daña la tierra. En fin, toda una estrategia para minimizar el uso del petróleo.

Este plan de cinco puntos, que se diseñó a raíz del "periodo especial en tiempos de paz", sirvió como antecedente para la elaboración del documento económico aprobado durante el IV Congreso del PCC en octubre de 1991. En el documento, Carlos Lage, el encargado de implementar medidas económicas en Cuba, dio a conocer los lineamientos que se adoptarían, a partir de entonces, para enfrentar los años de la dura crisis económica que se avecinan en la isla. Estas directrices, 18 en total, se basan en el programa anterior pero son más amplias y precisas:[66]

1) Asegurar el incremento de un grupo de alimentos básicos que sean factibles de ser producidos en el país, mediante la introducción de adelantos científicos y tecnológicos en sistemas de riego para el cultivo de la caña, plátanos, cítricos, etc., así como apoyar el desarrollo del sector ganadero y pesquero.

2) Potenciar la industria médico-farmacéutica para lograr competir en precio y calidad en importantes mercados con productos tradicionales y otros novedosos, en especial aquellos que proceden del campo de la ingeniería genética y biotecnología.

3) Utilizar las extensas áreas de playas y cayos de Cuba para desarrollar el turismo, el cual es una importante fuente de ingresos para el desarrollo económico, de empleos y de estímulo para diversas ramas de la economía asociadas a esta actividad. Junto a ello, es de vital importancia la política de la sustitución de importaciones y la reducción de las no esenciales.

4) Explotar de manera racional y eficaz el potencial científico técnico que se expresa en la existencia de miles de profesionales y obreros altamente calificados.

5) Impulsar al máximo posible las exportaciones tradicionales como el azúcar, los cítricos, el níquel, los productos de la pesca, el café y el tabaco, y priorizar la exportación de nuevos productos y servicios (deportivos-culturales, educacionales y de la salud).

6) Impulsar las inversiones extranjeras en sectores de la industria, el campo y los servicios.

7) Utilizar el autofinanciamiento en las empresas.

8) Estimular la cooperación entre las nuevas empresas y las entidades estatales con el objeto de mejorar la calidad de la

[66] *Este es el Congreso más democrático, op. cit.*, pp. 80-90.

producción; conservar la infraestructura industrial local, y racionalizar el uso de las materias primas.

9) Conservar la centralización en algunas áreas de la economía para evitar dispendios y desviaciones en los planes económicos nacionales. Regular (permitir) el trabajo individual que está llamado a desempeñar un papel complementario, sobre todo en el sector de los servicios menores.

10) Garantizar la información a los obreros y empleados sobre sus centros de trabajo, la importancia de sus actividades y los grandes problemas del país.

11) Priorizar la atención al hombre y los problemas que lo afectan para compartir entre todos los bienes de consumo y los servicios disponibles, asegurando que nadie quede desamparado.

12) Enfrentar y aplicar correctivos a los actos de indisciplina laboral, que incluye en su sentido más amplio al ausentismo, la falta de aprovechamiento de la jornada de trabajo y el incumplimiento de múltiples reglamentaciones vigentes en la esfera de la producción material y los servicios.

13) Buscar nuevas formas de organización y dirección de la economía, así como de la estructura y el funcionamiento de organismos y empresas, a modo de lograr la máxima eficacia, partiendo del principio de que siempre deberán predominar los intereses del país en su conjunto.

14) Se ratifica la planificación como el instrumento por excelencia para la dirección económica del país, desde el nivel global hasta el empresarial, ajena a toda expresión de burocratismo y manifestaciones de inflexibilidad, y de acuerdo con las características de la nueva situación.

15) El saneamiento de la economía interna demandará continuar avanzando en la disminución de los gastos del aparato estatal y planteará inexorablemente en el futuro la necesidad de reducir el exceso de circulante, considerando los efectos negativos que este fenómeno, inevitable en el "periodo especial", provoca al desestimular el crecimiento de la productividad del trabajo y alentar el ausentismo, entre otras consecuencias negativas. La reducción del excedente se llevará a cabo mediante el aumento de la producción; el incremento en la oferta de artículos y servicios al pueblo; la estimulación al ahorro personal, y por último, la revisión de los precios para aumentar algunos de ellos, estimulando la producción y facilitando la distribución.

16) El reordenamiento del comercio exterior, basado en un análisis de las potencialidades reales de los mercados en la presente coyuntura internacional, así como en los intereses y en las posibilidades del país. El comercio exterior deberá transitar también por la concesión de facultades para exportar e importar directamente a organizaciones productivas seleccionadas por el Ministerio de Comercio Exterior con un examen previo de cada caso. El sistema bancario se deberá adecuar a estas nuevas realidades, diversificando y flexibilizando sus formas de operación, incluido el control estatal centralizado sobre la utilización descentralizada de divisas para empresas seleccionadas, así como el estudio de la tasa de cambio del peso cubano frente a las divisas extranjeras. Atención especial se dará a la potenciación y control de diferentes actividades de servicios que generan divisas, las cuales están asociadas al turismo, las empresas mixtas y a otras formas de asociación con entidades extranjeras.

17) Explorar soluciones a la deuda externa en Cuba, en especial con varios países latinoamericanos y otros acreedores que han mostrado una voluntad de encontrar términos aceptables para todas las partes. En esa dirección, Cuba estaría dispuesta a considerar renegociaciones flexibles que implicaran nuevas formas de pago convenientes por igual para acreedores y deudores.

18) Reorganizar los aparatos de la administración central del Estado y la administración territorial de forma cuidadosa y segura, en la medida en que las condiciones lo permitan, con el objetivo de garantizar la centralización necesaria de las decisiones, el control de las empresas y el funcionamiento adecuado de la economía nacional, sobre la base de la utilización racional de los recursos humanos y materiales y la eliminación de los actos burocráticos.

Diversificación del comercio exterior

Ante la coyuntura internacional, y en el marco de su nueva estrategia de desarrollo, Cuba se vio en la necesidad de reordenar su comercio exterior. Por un lado, el gobierno cubano intenta diversificar sus exportaciones con el fin de adquirir monedas convertibles que le ayuden a importar alimentos y artículos no perecederos. Por otro, el hecho de que Rusia y los países de la CEI compren pequeñas cantidades de azúcar cubana ha obligado a la isla a buscar con vehemencia mercados alternativos azucareros.

Así pues, en 1991 Cuba dio una mayor orientación a su comercio exterior con los países latinoamericanos, en particular México, Brasil y Venezuela, así como con sus tradicionales socios comerciales de Occidente, como Canadá, Reino Unido, España, Francia y algunas subsidiarias de compañías estadunidenses. Por su parte, la relación económica con China ha cobrado una gran importancia.

Cuba-México

En cuanto a las relaciones comerciales entre México y Cuba, es importante señalar que la cercanía geográfica y cultural de los dos países es un elemento que ha facilitado el acercamiento económico entre ambas naciones.[67]

En los últimos años, sobre todo a principios de esta década, una vez que los países exsocialistas iniciaron su retiro de Cuba, el comercio bilateral entre las dos naciones latinoamericanas creció en beneficio de ambas partes aunque de manera desfavorable para Cuba.[68] Lo anterior se confirma en el cuadro III.5.

[67] Es un hecho que México, de acuerdo con los principios de su política exterior, siempre ha mostrado imparcialidad en el caso de Cuba. Al triunfo de la Revolución cubana, México reconoció al nuevo gobierno de Fidel Castro, y lo defendió incluso contra los embates de Washington y de las naciones latinoamericanas que seguían los lineamientos de la Casa Blanca. México se opuso a la expulsión de Cuba de la Organización de Estados Americanos y últimamente votó en contra de la Ley Torricelli, una legislación que tiene como objetivo recrudecer el bloqueo económico que desde hace 30 años aplica Estados Unidos a la isla caribeña.

[68] El reporte de la décima sesión del Comité Empresarial entre Cuba y México coincide con las cifras del cuadro. El reporte señala que entre 1986 y 1992 el comercio total entre Cuba y México creció en más del 200%, con una balanza comercial tradicionalmente favorable a México. De acuerdo con el Ministerio de Comercio Exterior cubano, el intercambio en ambos sentidos alcanzó en 1992 unos 250 millones de dólares, que en su mayoría correspondió a ventas mexicanas a la isla caribeña (*Excélsior*, 7 de febrero de 1993, pp. 4 y 40 A).

CUADRO III.5
Intercambio comercial de Cuba con México *(millones de dólares)*

Exportaciones						*Importaciones*					
1986	1987	1988	1989	1990	1991	1986	1987	1988	1989	1990	1991
2.2	1.4	8.1	21.4	86.8	78.1	55.2	86.3	130	119	144	125

Fuente: *Direction of Trade Statistics Yearbook*, International Monetary Fund, 1992, Washington, DC, p. 928.

El aumento en el comercio bilateral se logró en parte debido a los múltiples acuerdos comerciales y de cooperación que ambas naciones han firmado, y los cuales incluyen varios proyectos de interés mutuo en casi todas las áreas de la economía, como el turismo, equipos para la construcción, alimentos y bebidas, la biotecnología, el níquel, el cemento, los textiles, la maquinaria y la metalmecánica.

Según un informe reciente de la Dirección General de Inversiones Extranjeras de la Secretaría de Comercio (Secofi), la cifra histórica de inversiones mexicanas en Cuba de 1989 a 1992 llega a los 60 millones de dólares. Hasta el momento, indica el estudio, siete empresas mexicanas invierten en Cuba en las ramas hotelera, de producción de vidrio, electrodos, cementos, textiles y telefonía.[69]

Respecto de la inversión directa mexicana en Cuba, la Secofi detalla que en 1989 se invirtieron 10.4 millones de dólares; 19.9 millones en 1990; un poco más de un millón de dólares en 1991, y 27.1 millones de dólares en 1992. Así, México ocupa el tercer lugar como inversionista en La Habana, después de España con 19 empresas y de Canadá con nueve.

La importancia potencial que tiene el mercado cubano para México se confirma en las declaraciones de Vicente Gutiérrez Camposeco, presidente de la Cámara Nacional de la Industria de la Transformación, Canacintra, quien durante la firma del reciente convenio entre México y Cuba para ampliar sus relaciones comerciales señaló que América Latina y el Caribe, y en especial Cuba, representan mercados alternativos para las medianas y pequeñas empresas mexicanas (unas 90 mil integran actualmente Canacin-

[69] "La inversión directa de México en Cuba es mínima: Secofi", *La Jornada*, 10 de mayo de 1993, p. 38.

tra), cuyo nivel de producción no alcanza a satisfacer los mercados de Estados Unidos y otros países industrializados.[70]

Por la parte mexicana, la cartera de proyectos es promovida por el Banco Nacional de Comercio Exterior de México, Bancomext, y por la parte cubana por el Comité Estatal de Cooperación Económica (CECE). En su labor por promover la participación de los empresarios mexicanos en la isla, Bancomext ha activado líneas de crédito para el financiamiento de las corrientes de intercambio, así como para ampliar la capacidad crediticia de Cuba en tanto importador de bienes y servicios de origen mexicano.[71]

El objetivo de esta labor, en opinión de Bancomext, es alcanzar una racional complementariedad de procesos industriales, la modernización de la planta industrial cubana con la participación de los empresarios mexicanos, así como una mejor utilización de las capacidades ociosas en Cuba.

Entre las áreas de la economía cubana que en el presente México trata de penetrar con recursos financieros y tecnológicos se encuentran el turismo, los sistemas de comunicación y las industrias de la manufactura, la construcción y la farmacéutica, entre otras. Hoy en día funcionan varias asociaciones de coinversiones entre cubanos y mexicanos, precisamente en las áreas antes citadas.

Así, por ejemplo, existen las inversiones en el ramo del turismo por un monto de 15 millones de dólares, en las cuales se incluye la participación mexicana en una empresa mixta que controla el Hotel Tuxpan en Playa Varadero. Destaca también la creación de una empresa mixta textil por parte del empresario mexicano Mauricio Fernández (55%) y el gobierno cubano (45%) sobre la base de 15 plantas ya existentes en Cuba que tiene 35 mil trabajadores y vale 500 millones de dólares. La nueva firma conjunta, denominada International Textil Corporation, tendrá una capacidad de producción superior a 376.2 millones de metros cuadrados de tejidos planos terminados. La empresa abastecerá al mercado interno de Cuba, y exportará a Canadá, Panamá, Venezuela, México, Argenti-

[70] "Convenio entre México y Cuba para ampliar relaciones", *Excélsior,* 7 de febrero de 1993, Sección A, pp. 4 y 40.

[71] The Economist Intelligence Unit, *Cuba, Dominican Republic, Haiti, Puerto Rico, Country Report 1989*, núm. 1, Londres, febrero de 1989, p. 17.

na y Japón. Mauricio Fernández, de la ciudad de Monterrey, prevé una inversión gradual de 611 millones de dólares que comenzó en noviembre de 1992 con 50 millones, destinados en su mayoría a proyectos de comercialización y abasto de insumos.[72]

Está también la concesión al empresario mexicano Luis Miguel Niño de Rivera, para que en forma mancomunada con el Estado cubano opere el servicio de telefonía celular en la isla a través de la nueva compañía "Cubacel", la cual fue registrada en la Cámara de Comercio Exterior el 27 de diciembre de 1991, bajo los folios 288 a 299 del tomo uno del Libro de Empresas Mixtas. La aportación del empresario mexicano a la empresa será de más de 200 millones de dólares en equipo de telecomunicaciones Erikson.[73]

Finalmente, está también el grupo industrial mexicano Infra, productor de gases industriales, maquinarias, herramientas y electrodos para soldadura, que estudia la posibilidad de incrementar las inversiones que ya tiene en la nación cubana.[74] Debemos mencionar que otras empresas mexicanas como Cemex (Cementos Mexicanos), Condumex, Pipsa, Buffete Industrial, Nacobre, Camesa, Domecq, la filial mexicana de Nestlé y Negromex pretenden ampliar sus operaciones comerciales con la isla.

Por otra parte, y para poder facilitar las operaciones comerciales en el ámbito bilateral, en octubre de 1991 México y Cuba tuvieron un acuerdo sobre la deuda externa cubana, al tiempo que México abría a la isla una línea de crédito por 300 millones de dólares a través del Bancomext. A raíz de este acuerdo, viajó a Cuba un grupo de 20 empresarios mexicanos, quienes estudiaron la posibilidad de invertir en el país caribeño.[75]

En una entrevista que sostuvieron en La Habana el presidente Castro y el anterior presidente de la Canacintra, Roberto Sánchez de la Vara, el mandatario cubano indicó que su gobierno otorga un tratamiento preferencial a las inversiones latinoame-

[72] "Inicia Cuba un proceso de economía capitalista", *Excélsior*, 6 de noviembre de 1992, p. 4.

[73] "Telefonía celular en Cuba con capital mexicano", *Proceso*, núm. 849, 8 de febero de 1993.

[74] "Viajará a Cuba una misión de empresarios mexicanos este mes", *La Jornada*, 15 de octubre de 1991, p. 27.

[75] David Scott, "In Bid To Save Sinking Economy, Cuba Invites Foreign Investors", *The Christian Science Monitor*, Miami, 9 de enero de 1992, p. 1.

ricanas y especialmente a las mexicanas, dentro del marco de la apertura local. En este contexto, ambas naciones acordaron realizar de manera permanente ciclos de conferencias sobre el comercio en cada país, así como intensificar el intercambio de ferias y exposiciones.[76]

En este sentido, resulta importante la aseveración del canciller mexicano Fernando Solana, quien señaló que

> en Cuba está habiendo una evolución importante: hay nuevas inversiones extranjeras debido a los intereses de varios países del mundo en varias ramas de la economía cubana. Cuba pasa por una situación de cambio muy radical. Por su parte, México desea para Cuba obviamente lo mejor, en cuanto a una apertura y a la mejor integración de la isla con el resto de continente.[77]

En lo que respecta a las relaciones económicas de Cuba con España y Canadá, dos países que tradicionalmente han mantenido buenos vínculos comerciales con La Habana, en los últimos años su intercambio comercial también ha crecido y esta vez favorable a Cuba en el caso de Canadá pero desfavorable con respecto a España (véase el cuadro III.6).[78]

En relación con sus exsocios comerciales principales, las naciones exsocialistas, Cuba intensifica la búsqueda de nuevos vínculos comerciales con las repúblicas que ahora integran la Comunidad de Estados Independientes (CEI). Así pues, la isla busca mercados para el azúcar en Rusia, la cual compró, en el transcurso de 1992, un millón de toneladas; asimismo, la república de Kazajstán adquirió otras 500 mil toneladas. A fines de diciembre pasado, la isla estableció un acuerdo de colaboración económica por tres años con Ucrania, república que posee refinerías de azúcar. Además, en febrero de 1992 se firmó un acuerdo de cooperación económica por cinco años entre Cuba y Bielorrusia.

[76] "Garantiza Fidel Castro seguridad para las inversiones en empresas mixtas: Canacintra", *Excélsior*, 1 de noviembre de 1991, Sección A, p. 5.

[77] "México no alterará relaciones con Cuba por lo que diga otra nación", *Excélsior*, 13 de mayo de 1992, Sección A, pp. 1 y 27.

[78] C. Thurston, art. cit., p. 1.

CUADRO III.6.
Intercambio comercial de Cuba con España y Canadá *(millones de dólares)*

	Exportaciones							
	1985	*1986*	*1987*	*1988*	*1989*	*1990*	*1991*	*1992*
España	112.4	79.4	90.2	74.4	83.3	72.7	83.3	82.0
Canadá	31.8	50.2	37.3	68.3	52.7	89.0	113.4	240.0
	Importaciones							
	1985	*1986*	*1987*	*1988*	*1989*	*1990*	*1991*	*1992*
España	320.0	320.8	212.0	231.0	237.3	332.7	311.6	300.0
Canadá	270.8	287.8	225.5	199.2	143.0	149.0	125.0	98.0

Fuente: *Direction of Trade Statistics Yearbook,* International Monetary Fund, 1992, Washington, DC. p. 928.

Hasta el momento, existen ocho acuerdos comerciales entre Cuba y las repúblicas de la antigua URSS.[79] En este sentido, Cubazúcar, organización nacional cubana del azúcar, considera que la CEI será en un futuro el mayor mercado para el producto. Esta organización confía en que, para 1993, las repúblicas importarán lo mismo que la URSS en años anteriores, es decir, 4 millones de toneladas.[80]

Desde que Cuba reconoció la independencia de las repúblicas bálticas (Lituania, Letonia y Estonia) en septiembre de 1991, el gobierno cubano se interesó en establecer vínculos comerciales directos con las recién independizadas naciones. Recientemente se creó la empresa mixta entre Tecenergo, la paraestatal cubana de tecnología eléctrica, y la empresa manufacturera de instrumentos eléctricos de Lituania.

En la diversificación de las relaciones comerciales cubanas resalta el creciente papel de China. Desde 1988 el comercio con China se incrementó en forma notable, al grado de que este país ocupó el tercer lugar entre los suministradores de artículos de amplio consumo y el segundo lugar entre los importadores del azúcar cubana. Según cifras proporcionadas por Business Interna-

[79] "Cuba, Belarus Sign 5-Year Trade Pact", *The Journal of Commerce*, 12 de febrero de 1992, p. 5.

[80] Blair Pethel, "Ex-USSR's Demand for Cuban Sugar Forecast at 4 Million Tons in 1993", *The Journal of Commerce*, 8 de mayo de 1992, p. 10.

tional Corporation, el comercio cubano con China ascendió de 180 millones de dólares en 1986 a 500 millones en 1990.[81] Incluso se subraya que la tasa de crecimiento del intercambio comercial entre ambos países es del 20-30% al año.

En febrero de 1992 ambos países firmaron el protocolo de un tratado comercial gracias al cual la isla exportará a China, por primera vez, níquel, además de azúcar, cítricos y productos médicos elaborados en su industria biotecnológica, como el interferón. Por su parte, China enviará alimentos, medicamentos, refacciones para la industria azucarera, ventiladores y más bicicletas. Aun cuando las cifras no son exactas, se estima que las naciones renegociaron un acuerdo de entre 800 mil y un millón de toneladas del dulce.

En junio pasado, China y Cuba crearon una empresa conjunta, la primera de este tipo entre ambas naciones socialistas. Se trata de la empresa Neuke, la cual producirá equipo médico de alta tecnología, como un sistema de electroencefalografía digital conocido como Medicid que analiza la actividad cerebral.[82]

Por otra parte, Cuba sobrepasó su amistad con Corea del Norte y estableció vínculos comerciales con Corea del Sur. Esto pone de manifiesto el esfuerzo desesperado de la isla por diversificar su comercio exterior. Por primera vez, en abril de 1992, la isla acordó vender 100 mil toneladas de azúcar a ese país a través de la comercializadora japonesa Nissho Iwai Corp. El interés de Corea del Sur se debe a la disminución de sus abastecimientos azucareros provenientes de Sudáfrica a causa de las sequías.[83]

Una segunda firma japonesa también trata de establecer acuerdos comerciales entre Cuba y Corea del Sur. Sin embargo, un gran obstáculo es el alto costo del flete, que equivale a 35-40 dólares por tonelada, cuando transportar este producto desde Tailandia a Corea del Sur cuesta sólo 20 dólares. Otro problema es el riesgo de enemistarse con Washington, ya que Corea del Sur mantiene varios negocios con ese país.

[81] Business International Corporation, *Developing Business Strategies for Cuba, op. cit.*, p. 21.

[82] "Crean primera empresa conjunta cubano-china", *Excélsior*, 9 de junio de 1992, Sección A, pp. 3 y 23.

[83] "Cuba, South Korea Ink First Sugar Agreement", *The Journal of Commerce*, 12 de febrero de 1992, p. 5.

Sin embargo, de todos los socios comerciales de Cuba, el que mayor sorpresa causa son las subsidiarias estadunidenses ubicadas fuera del territorio de Estados Unidos. Cuando en 1990 el senador republicano de Florida, Connie Mack, propuso sancionar las inversiones de las filiales de empresas estadunidenses en Cuba (Enmienda Mack), argumentó que las subsidiarias tuvieron un intercambio comercial con la isla de 2.7 mil millones de dólares en la década de los ochenta. Esto representa una sexta parte del total del comercio cubano con países no comunistas.[84]

Así pues, los productos de ese país siempre han encontrado la forma de penetrar en el mercado cubano, sobre todo después de que Washington levantara en 1975 la restricción de que las subsidiarias de Estados Unidos localizadas en el extranjero comerciaran con la isla. En este sentido, informes de la Oficina de Control de Bienes Foráneos del Departamento del Tesoro revelan que, a través de sus subsidiarias en el extranjero, corporaciones estadunidenses exportaron 193 millones de dólares en bienes a la isla durante 1988; en 1989, la cifra ascendió a 331 millones de dólares y en 1990 a 705 millones de dólares. De vital importancia resulta el hecho de que en cuestión de sólo dos años (1988-1990), el intercambio comercial entre las 178 subsidiarias estadunidenses y Cuba creció en más de un 250%.[85] Luego entonces, es posible afirmar que el flujo de inversión extranjera a Cuba, incluso de compañías estadunidenses, se incrementa al tiempo que los legisladores de ese país analizan un proyecto de ley presentado por el diputado demócrata del estado de Nueva Jersey, Robert Toricelli, para fortalecer el embargo económico.

Más aún, desde que Moscú redujo los subsidios a la isla a finales de los ochenta, varias subsidiarias estadunidenses aumentaron sus ventas a Cuba pese al férreo bloqueo comercial de Washington. Asimismo, conforme se desintegraban los vínculos comerciales entre la isla y la URSS, varios empresarios de ese país comenzaron a estudiar las oportunidades de inversión en Cuba. Esto provocó el descontento de círculos políticos de Estados Unidos

[84] Charles Thurston, art. cit., p. 2.

[85] Spencer Reiss, "After Fidel, a Deluge of Deals", *Newsweek*, 29 de junio de 1992, p. 42; "En crecimiento el flujo de inversión extranjera en la República de Cuba", art. cit., p. 34.

que se oponen al gobierno de Fidel Castro. Incluso, el Departamento del Tesoro expidió un documento en el que se mencionan cuáles son las transnacionales estadunidenses que buscan incrementar su comercio en Cuba. Se trata de las siguientes firmas: Exxon, Firestone, Celanese, Tenneco, Seagrams, Johnson & Johnson.[86]

Algunos de los productos que estas empresas exportan a Cuba son fertilizantes, partes automotrices, equipo para elevadores, tabaco y granos, entre otros. La mayoría de las filiales tienen sus registros en Suiza; están ubicadas en 25 países y se distribuyen de la siguiente manera: 12 en América Latina y 11 en Europa, Japón y Australia. Entre éstas se encuentran las siguientes: Dow Chemicals, Cargill Inc., Du Pont, Ford Motor Co., General Motors, General Electric, IBM, Firestone Industrial Products, Caterpillar, Decatur, Union Carbide y Otis Elevator.[87] En este marco, es evidente que Estados Unidos, a través de las subsidiarias de corporaciones ubicadas fuera del territorio cubano, es un socio comercial real. Sin embargo, la enemistad entre los mandatarios de la Casa Blanca y Fidel Castro ha evitado una mayor participación de ese país en Cuba. Por ello y debido a que no existen señales de que Washington levante el embargo comercial mientras Castro permanezca en el poder, los empresarios estadunidenses y los exiliados cubanos que radican en Miami se preparan para lo que se ha denominado la "era post-Castro". Luego entonces, es posible afirmar que, además de ser socios comerciales, también son inversionistas potenciales.

En este sentido, el diario español *La Vanguardia* señaló que los exiliados cubanos en Estados Unidos planean un proyecto de inversiones para la reconstrucción de Cuba tras la "caída de Castro". Jorge Mas Canosa, uno de los principales opositores al régimen de Castro, indicó que los exiliados elaboraron un proyecto de emergencia que prevé inversiones privadas internacionales de unos 17 mil millones de dólares para la infraestructura, la

[86] "Demandó EU que presionen a Castro para que se efectúen elecciones auténticamente libres en Cuba", *Uno más Uno*, México, 24 de octubre de 1991, p. 22.

[87] Howard French, "Cuba, Long Forbidden, Wins Major Attention Abroad", *The New York Times*, 19 de abril de 1992, p. 5; Charles Thurston, art. cit., p. 2; Gareth Jenkins, "Cuba, in Need of Cash Throws Open Doors to Investors", *The Journal of Commerce*, 2 de diciembre de 1991, p. 11.

industrialización y la agricultura cubanas una vez que haya un cambio de régimen en la isla.[88] En particular, se calcula que durante el primer año de esa nueva época los exiliados canalizarán 2 mil millones de dólares y que esa cifra podría ascender rápidamente a 6 mil millones.[89] También tienen contemplada la formación de una empresa que llevará por nombre "Reconstrucción de Cuba", integrada por industriales europeos y estadunidenses. Con esta firma, Mas Canosa prometió: "convertiremos a una nación de proletarios sin propiedades en una nación de propietarios".[90] Asimismo, los asistentes del líder opositor trabajan en una nueva Constitución para la era "posterior a Castro".

Por su parte, varias transnacionales de Estados Unidos han investigado el mercado cubano con el fin de colocarse en la isla en caso de que exista un cambio de escenario político en Cuba o una modificación en el marco legal de Estados Unidos. Sin embargo, la mayoría de estas compañías niegan tanto la existencia de estos estudios como sus intenciones de comerciar con Cuba. Esto se debe a que, por un lado, las violaciones al embargo son penalizadas con prisión durante 10 años y, por otro, Washington reclama a Cuba 5.8 mil millones de dólares por efecto de las propiedades estadunidenses nacionalizadas por Castro, razón por la cual no pueden ligarse a la isla.[91]

Importantes bancos en Miami atestiguan el hecho de que ciertas corporaciones multinacionales han contratado servicios con firmas localizadas en Miami para realizar estudios sobre las oportunidades cubanas de inversión. Tal es el caso del Banco Nacional Republicano de Miami, institución financiera que asegura que las compañías de Florida están particularmente pendientes del gran potencial de negocios que se podrían generar en Cuba una vez que comience la era "posterior a Castro". Dado el momento, este banco iniciaría el proceso necesario para establecer una sucursal en la isla. Esto resulta importante, ya que el 80% de las

[88] "Listo el proyecto económico para cuando se vaya Castro. Preparado por exiliados cubanos", *Excélsior*, 13 de mayo de 1992, Sección Financiera, pp. 2 y 15.

[89] H. French, art. cit., p. 5.

[90] "Caerá Castro cuando el hambre llegue a la élite", *Excélsior*, 18 de abril de 1992, Escena Mundial, pp. 1 y 3.

[91] S. Reiss, "After Fidel, a Deluge of Deals", art. cit., p. 42.

acciones del Nacional Republicano pertenece a hispanos y esto facilitaría la transferencia de fondos a Cuba por parte de los cubanos que radican en el extranjero. Además, la presencia de bancos estadunidenses en la isla brindaría confianza a las compañías de ese país que planean invertir en Cuba.[92]

Resultan muy ilustrativos los datos proporcionados por Business International Corporation sobre las perspectivas de inversión por parte de importantes corporaciones de Estados Unidos. En este sentido, en noviembre de 1991 se realizó una encuesta a los representantes de 117 compañías estadunidenses, casi todas ubicadas en Florida. La mayoría señaló que planea establecer vínculos comerciales con Cuba, pero no lo harán hasta que el régimen socialista abandone el poder y hasta que la ley de Estados Unidos lo permita. Por su parte, una minoría indicó que, a pesar de las condiciones actuales, tiene más deseos de comerciar con la isla que de invertir en Cuba, pues prefieren reducir los riesgos al mínimo.

Ante el escenario de que el régimen de Castro cayera y el embargo estadunidense se levantara, el 88% aseguró que, sin lugar a dudas, comerciaría con la isla y alrededor del 65% expresó su deseo de invertir. Asimismo, casi todas las empresas señalaron que establecerían nexos comerciales con la isla un año después de que se presenten ambas condiciones y entonces suceda un cambio.[93]

Hasta el momento, doce compañías estadunidenses con un gran interés por descubrir nuevos horizontes para la inversión en Cuba participaron –con 25 mil dólares cada una– en la creación de la llamada Comisión Listón Azul para la Reconstrucción Económica de Cuba. El objetivo de esta comisión es identificar las oportunidades de inversión en la Cuba postcastrista, sobre todo en las áreas del turismo, las comunicaciones y los parques industriales. Así pues, entre las firmas más importantes que integran la Comisión Listón Azul están el Hyatt, Ramada, Bellsouth y Royal Caribbean Cruise.[94] Otros ejemplos de empresas de Estados Unidos que consideran que encontrarán una mina de oro en Cuba son las comer-

[92] Business International Corporation, *Developing Business Strategies for Cuba*, *op. cit.*, pp. 3 y 4.

[93] *Ibid.*, p. 5.

[94] S. Reiss, "After Fidel, a Deluge of Deals", art. cit., p. 43.

cializadoras en Miami. Éstas emiten solicitudes en la Comisión de Intercambio y Seguridad de Estados Unidos para obtener fondos de inversión en la era "posterior a Castro". Asimismo, American Airlines, McDonald's y Johnson & Johnson han mostrado un gran interés. En lo que se refiere a la línea aérea, a finales de 1991, United Airlines adquirió los derechos de la ruta Miami-Key West-La Habana que pertenecía a Pan Am. Por su parte, las compañías de cruceros han señalado que ellos podrían realizar escalas en Cuba a sólo un mes de que se abrieran las posibilidades de comerciar con la isla.

En cuanto a las cadenas estadunidenses de "comida rápida", tanto Arby's como McDonald's han parcelado el mercado en La Habana, aun cuando no lo admitan abiertamente. No obstante, McDonald's señaló que tiene más de 40 solicitudes para establecer franquicias en la isla.[95] Por último, las empresas que fabrican bienes de consumo tienen grandes perspectivas. Tal es el caso de Johnson & Johnson, firma que considera que podrían abastecer a Cuba a través de sus plantas procesadoras ubicadas en Puerto Rico y República Dominicana.[96]

Al respecto, Sally Shelton, subsecretaria asistente de Estado para Asuntos del Caribe durante la administración de James Carter y asesora de varios multimillonarios de Nueva York, señala:

> Hay una creciente expectación entre mis clientes, correcta o incorrecta, que un cambio político en Cuba ocurrirá más temprano que tarde. Y finalmente este cambio será una buena señal para que inicien sus inversiones en Cuba. La creencia general es que Cuba no puede permanecer para siempre sin cambios, y muy aparte de la política, la necesidad de divisas que siente Castro lo llevará a una mayor liberalización y a volver aún más atractiva la inversión extranjera.[97]

Además es necesario señalar que, junto con la diversificación de sus socios comerciales, otro de los mecanismos que utiliza el gobierno cubano para capitalizar la economía, aumentar y mejorar la producción es la promoción de las inversiones extranjeras en

95 *Ibid.*, p. 42.

96 Business International Corporation, *Developing Strategies for Cuba, op. cit.*, p. 3.

97 "Crece la inversión en la isla; tarde o tamprano habrá cambios", *Excélsior*, 23 de abril de 1992, Escena Mundial, pp. 1 y 6.

Cuba. Esta medida está contemplada en el sexto punto del programa económico que se presentó, para su aprobación, en el pasado IV Congreso del PCC. El gobierno de Castro considera vital el flujo de recursos provenientes del exterior para lograr el avance de su nueva estrategia de desarrollo económico, la cual apoyará la reactivación de la capacidad instalada de la industria cubana, que se utiliza sólo en un 50 por ciento.

INVERSIONES EXTRANJERAS

> Es perfectamente posible para el sistema socialista colaborar con el sistema capitalista. Mantendremos nuestra independencia y los cubanos seguirán siendo los dueños del país, pero seremos los mejores socios comerciales para lograr los mejores resultados en beneficio mutuo.[98]

La crisis económica que se acentuó en la segunda mitad de la década de los ochenta obligó al gobierno de Fidel Castro a promover, dentro de su nueva estrategia de desarrollo económico, la apertura de la economía nacional, una política económica que se viene implementando en la isla desde principios de esa década. Asimismo, se impulsa la realización de actividades lucrativas en asociación con los intereses extranjeros de distintos países. Este tipo de actividades se formalizó en 1982 mediante la constitución de las empresas mixtas de capital cubano y foráneo, una vez que la isla contó con un marco legal que reguló, de manera específica, su creación y funcionamiento.

Aun cuando el gobierno cubano introdujo en 1982 el Decreto Ley Número 50 para regular la participación extranjera en las empresas mixtas, poco capital extranjero ingresó al país antes de 1987. La inminente agudización de la crisis hacia finales de la década pasada provocó que el concepto de "producción cooperada", entendido como la colaboración entre entidades nacionales y extranjeras, tomara una mayor fuerza. Fue así como se consolidó

[98] Business International Corporation, *Developing Business Strategies for Cuba*, *op. cit.*, p. 23.

la política de apertura económica que se iniciara a principios de la década pasada.

Desde entonces, la intención del régimen cubano es atraer flujos de capital y tecnología extranjeros con el fin de apoyar el desarrollo económico en general e impulsar el crecimiento de ciertos sectores de la economía. Así pues, la nueva estrategia económica se fundamenta en planes concretos de cooperación externa con el mundo capitalista. En este sentido, el periodista cubano Lázaro Barrueto confirma que

> el auge de la apertura en los últimos años es parte de la realización de una política bien trazada por el gobierno en 1982. Por ello, no se trata de entronizar un desarrollo anárquico, sino de conjugar intereses donde no riñan las empresas mixtas y determinadas formas de inversión extranjera con todo lo relacionado a la economía interna y al desarrollo económico propio.[99]

En forma paralela, el gobierno cubano se decidió a impulsar la empresa privada local con la finalidad de promover la creación de empresas nacionales que interactúen con una contraparte extranjera y atraigan divisas a la economía local. Al respecto, Tomás Benítez Martínez, presidente del grupo cubano de turismo Gaviota, S.A., reconoce que

> desde 1988 Cuba ensaya mecanismos empresariales privados con cubanos que viven en la isla, y que se asemejan a los que pueden existir en cualquier otro país, en su afán de buscar métodos de desarrollo que protejan al socialismo, a la vez que promueven la iniciativa e inventiva de potenciales empresarios locales, con vistas a generar divisas sin la intervención estatal.[100]

En los últimos años, la apertura al capital extranjero no sólo es un recurso para apoyar el desarrollo económico de la isla. También se pretende convertir a los sectores abiertos a la participación del capital extranjero en el "resorte" que impulse un proceso integral de modernización y ulterior eficientización de la planta producti-

[99] M. L. Barrueto, art. cit., p. 3.

[100] "En Cuba ensayan mecanismos para generar divisas sin intervención estatal desde 1988", *Excélsior*, 6 de junio de 1992, Sección A, pp. 4 y 14.

va. Para lograr estas metas, Cuba requiere de fuertes inversiones que difícilmente el gobierno local puede llevar a cabo en su actual situación. Por esta razón, esta nueva estrategia se reafirma como una vía de solución a la problemática cubana, "en el sentido de lograr una mayor utilización de la capacidad instalada, modernizar la planta productiva, eficientar los procesos de producción, mantener los niveles de empleo y acrecentar las entradas de divisas".[101]

La necesidad cubana por los dólares y la desesperada búsqueda de un nuevo benefactor obligó a los funcionarios cubanos a promover la llegada de los capitalistas en varios sectores de la economía. Si bien en un principio se promovió la creación de empresas mixtas con capital extranjero solamente en la rama del turismo, más tarde se ampliaron las áreas para la participación externa. De esta manera, conforme las industrias domésticas carecieron de insumos y refacciones, aumentaron las oportunidades para el inversionista extranjero que deseara colaborar en los sectores de la explotación petrolera, la electrónica, el procesamiento del níquel, la biotecnología, los derivados del azúcar y la energía nuclear.[102]

En consecuencia, los recursos financieros, las materias primas, la tecnología y los mercados que no están al alcance de Cuba y que además son indispensables para el aprovechamiento de los recursos naturales y humanos existentes en el país pueden ser adquiridos en el extranjero a través de la asociación económica entre entidades cubanas y foráneas.

Contexto histórico de las inversiones extranjeras en Cuba

El Decreto Ley Número 50 sobre Asociación Económica entre Entidades Cubanas y Extranjeras, emitido el 15 de febrero de 1982 por el Consejo de Estado, tuvo por objeto principal expandir las exportaciones cubanas, promover el turismo internacional y aprovechar en forma más eficiente los recursos de la isla. Esto se

[101] Carlos Sánchez Lara, "Negocios México-Cuba: una oportunidad para aprovecharse", ponencia presentada al Seminario sobre oportunidades de negocios entre México y la Cuenca del Caribe, Cancún, Banco Nacional de Comercio Exterior, 27-28 de junio de 1991, p. 7.

[102] Scott Clark, art. cit., p. 1.

lograría a través de las asociaciones económicas con entidades extranjeras que poseen amplias posibilidades de mercado, experiencia de producción y recursos financieros complementarios a los de la parte cubana. Por ello, el documento es muy preciso al puntualizar que "estas asociaciones, promovidas o aceptadas de forma absolutamente libre por el Estado socialista, ayudan a la consolidación de nuestro sistema económico y social, por lo que conviene establecer un régimen jurídico bajo el cual podrán continuar desarrollándose en el territorio nacional las asociaciones económicas entre entidades cubanas y extranjeras".[103]

A partir de entonces, los organismos pertinentes de la Administración Central del Estado emiten regulaciones complementarias al Decreto Ley 50 sobre asociaciones económicas. Este documento consta de 44 artículos divididos en cinco capítulos denominados de la siguiente forma: régimen jurídico, regulaciones financieras, obligaciones fiscales, regulaciones mercantiles y régimen laboral.

Ante la inminente participación extranjera en la economía nacional, el gobierno cubano decidió crear, a mediados de los ochenta, una comisión especial para impulsar y aprobar la formación de las empresas mixtas con base en el estudio de cada caso. La recién creada comisión es el Comité Estatal de Colaboración Económica (CECE), el cual surgió del Comité Ejecutivo del Consejo de Ministros. Este grupo de trabajo también mantiene un contacto directo con las entidades cubanas, ya que es necesario coordinar las acciones entre las delegaciones nacionales y extranjeras antes de adoptar una decisión en la respectiva negociación.

Fue así como el gobierno cubano emprendió negocios conjuntos con empresas extranjeras. Las especificaciones del Decreto Ley 50 de 1982 se mencionan en la compilación de documentos preparada por el Comité Ejecutivo del Consejo de Ministros. Por su importancia, destacan las siguientes:[104]

- Los negocios conjuntos lucrativos que coadyuven al desarrollo del país pueden llevarse a cabo mediante la constitución de

[103] Comité Ejecutivo del Consejo de Ministros (CECM), *Posibilidades de negocios conjuntos en Cuba*, La Habana, CECM, marzo de 1991, p. 9.

[104] *Ibid.*, pp. 4, 7 y 8.

empresas mixtas de capital cubano y extranjero, con personalidad y patrimonio propios o bajo otras modalidades que no impliquen la creación de una persona jurídica. Además de las empresas mixtas, las formas de asociación económica bilateral y múltiple pueden ser producciones cooperadas, acuerdos de comercialización y cuentas de participación.[105]

• Las empresas mixtas creadas adoptan la forma de sociedades anónimas por acciones nominativas.

• La participación extranjera puede alcanzar hasta el 49% de las acciones, con posibilidades de que en determinados casos sea mayor. La política actual no permite más del 50 por ciento.

• Las partes local y extranjera pueden hacer sus aportaciones en efectivo o en especie.

• La propiedad de las instalaciones se revierte a la parte cubana al disolverse la asociación, según las condiciones de la liquidación del negocio conjunto acordadas de antemano.

• En cuanto a la autonomía de las empresas mixtas, se establece que, una vez que esté aprobada y constituida, ésta adquirirá personalidad jurídica propia, y con ello total independencia con respecto al Estado cubano. Así, "la empresa tiene libertad absoluta para designar la junta de directores y gerentes; definir su programa de producción; fijar precios y planes de venta; exportar e importar directamente; determinar la plantilla de personal; suscribir contratos con entidades nacionales y extranjeras; definir su sistema de contabilidad y diseñar su política financiera".

• Una vez que la empresa mixta determina su plantilla de trabajadores, una entidad estatal cubana suministra trabajadores entre los cuales la empresa mixta seleccionará a su personal. Asimismo, las asociaciones económicas podrán contratar libremente al personal extranjero que requieran en sus funciones ejecutivas o altamente especializadas y que no resulte disponible en Cuba.

• Las asociaciones económicas están autorizadas a realizar todas sus operaciones, incluidas las del mercado local, en moneda libremente convertible.

[105] Claude Hackin, "La inversión extranjera en Cuba", *Enfoques*, La Habana, IPS, diciembre de 1991, p. 3.

• La banca nacional cubana ofrece condiciones de financiamiento en moneda convertible con el fin de que las empresas mixtas cubran una parte de sus necesidades.

• El socio extranjero puede remitir al exterior su participación en las utilidades.

• Aun cuando los objetivos básicos de la constitución de asociaciones económicas son la expansión de las exportaciones y del turismo internacional, el mercado interno es muy importante. Por ello, las empresas mixtas tienen una primera opción de venta en el mercado nacional.

• Las empresas mixtas no pagan impuestos sobre los ingresos brutos ni sobre los dividendos de sus accionistas.

• Las empresas mixtas son sujetos de los siguientes impuestos: sobre la utilidad neta anual y sobre ingresos de los trabajadores. Los primeros se gravan con un 30%, pero el Comité Estatal de Finanzas está facultado para conceder exenciones temporales; los segundos son del 25% sobre la nómina del personal cubano para cubrir la contribución de la empresa mixta a la seguridad social de tal personal.

• Se protege a las empresas particularmente en su etapa de despegue.

• Existen regulaciones especiales en zonas turísticas. Se plantea la posibilidad de que en determinadas zonas de desarrollo turístico se concedan regímenes especiales, es decir, todavía más favorables que los previstos para la generalidad de las asociaciones económicas, en materia fiscal, laboral, migratoria y de control de orden público.

Hacia finales de los ochenta, el gobierno cubano emprendió la actualización del Decreto Ley 50 con el fin de ampliar el abanico de posibilidades para hacer negocios conjuntos en la isla. Se procuró que este marco jurídico fuera mucho más versátil que el anterior.

La mayor apertura a los capitales extranjeros se confirma en la resolución económica del IV Congreso del PCC celebrado en octubre de 1991. Una de las 18 directrices planteadas en el documento económico establece la prioridad inmediata de promover las inversiones extranjeras en la isla. Se trata de la sexta directriz, la cual señala que "como complemento a los esfuerzos inversionistas que debe realizar el país, se estimula la inversión extranjera en las ramas y territorios donde resulte conveniente por su aporte en términos de capital, tecnología y mercado, utilizando para ese fin diferentes modalidades de asociación".[106]

Durante el congreso, Carlos Lage, encargado de las reformas económicas en Cuba y cuarto en la jerarquía burocrática de la isla, hizo hincapié en la necesidad de que el gobierno controle el consumo interno, ya restringido por fuertes racionamientos, mientras busca nuevos mercados para sus exportaciones. Asimismo, Lage recomendó canalizar fondos y recursos en las crecientes industrias médicas y biotecnológicas, pues estos sectores tienen la capacidad de producir grandes cantidades de productos médicos de exportación con un alto valor agregado. De igual manera, exhortó a las empresas del Estado vinculadas a la exportación a que se esfuercen por alcanzar la autonomía financiera en costos en divisas fuertes. Por último, propuso el intercambio de deuda por inversiones, esquema que se ofrece a acreedores extranjeros con la intención de que participen en las industrias cubanas o sectores lucrativos de la economía.[107]

Después del IV Congreso, Eugenio Rodríguez Balari confirmó que el gobierno cubano llevaba a cabo la actualización de la reglamentación para la creación de empresas conjuntas para atraer así mayores flujos de capital extranjero. El académico aseguró que existen más de 500 peticiones de inversión por parte de Occidente, en particular de España, Italia, Alemania y de los países escandinavos.

Una vez que se inició la reformulación del marco jurídico, los cubanos emprendieron una verdadera ofensiva de oferta. Así pues, se lanzó una campaña para la atracción de inversiones foráneas, propiciando que los capitales extranjeros se mostraron mucho más receptivos. De manera inmediata, funcionarios cubanos de gran relevancia emitieron opiniones favorables sobre la presencia del capital extranjero en Cuba.

[106] Gloria Analco, "Legislan en Cuba para atraer inversiones", art. cit., pp. 1 y 28.

[107] "Impulsará Cuba la exportación, inversión y el turismo", *Excélsior*, 15 de octubre de 1991, Sección Financiera, p. 2.

En este marco, durante la Primera Cumbre Iberoamericana celebrada en julio en 1991 en Guadalajara, México, Fidel Castro lanzó una propuesta de condiciones preferenciales para el capital extranjero, específicamente latinoamericano.[108] Esta propuesta fue bien acogida por Chile y Colombia, países que anunciaron el restablecimiento de relaciones consulares y económicas con Cuba. Asimismo, Fidel dio gran importancia a la integración de América Latina, región que los cubanos comienzan a considerar como su "mercado natural", al señalar que "lo esencial de esta reunión es la decisión de aunar nuestros esfuerzos y nuestras voluntades hacia la integración y la unidad de América Latina, no sólo económica sino también política".[109] Más tarde, el Grupo de los Tres (México, Venezuela y Colombia) recogió la preocupación de Cuba por la integración de los países de América Latina. En la declaración de Cozumel de octubre de 1991, los tres mandatarios abordaron la problemática de la isla caribeña y plantearon la necesidad de integrar a Cuba en la economía latinoamericana.

Más aún, entre octubre de 1991 y julio de 1992 se acentuó la exhortación al exterior de los líderes cubanos a través de sendas declaraciones, con el estricto propósito de aumentar los flujos de inversiones extranjeras a la isla.

Por ejemplo, durante la Novena Feria Internacional del Comercio celebrada en La Habana en diciembre de 1991, Fidel Castro señaló que "en ningún libro de Marx, Engels o Lenin se indica que los países pueden desarrollarse sin capital, sin tecnología y sin mercados". Ante representantes de 200 compañías provenientes de 26 países, Castro prometió incrementar las garantías y los beneficios de los inversionistas extranjeros otorgados en el Decreto Ley 50. Asimismo, el máximo líder aseguró que "Cuba será el mejor socio comercial de aquellos que lo deseen".[110]

Por su parte, Carlos Lage indicó a la prensa nacional que la economía cubana ha abierto casi ilimitadamente las puertas a la in-

[108] Román Orozco, "Cuba busca su integración en la nueva Iberoamérica unida", *Cambio 16*, Madrid, 22 de julio de 1991, p. 96.

[109] F. Castro, "Discurso pronunciado por el presidente del Consejo de Estado y del Gobierno de la República de Cuba, Fidel Castro Ruz, en ocasión de la Primera Cumbre Iberoamericana ", Guadalajara, 18 de julio de 1991, p. 3.

[110] Clark Scott, art. cit., p. 1.

versión extranjera, al tiempo que se eliminan las barreras para el florecimiento de la pequeña inicativa privada, gracias a la largamente esperada autorización al llamado "trabajo de cuenta propia".[111] El economista señaló que el leve repunte de la economía cubana en los últimos meses ha sido posible gracias a la línea que el gobierno ha seguido en materia de inversión extranjera, la cual ha dado la posibilidad de financiar la recuperación. Sin embargo, "las empresas mixtas con capital extranjero no son la solución a los problemas económicos de Cuba, sino el conjunto de medidas estratégicas que parten de las prioridades para reorganizar las diferentes actividades económicas del país con el fin de incrementar las exportaciones".[112]

En otra declaración, Lage aseguró que "el prestigio de la Revolución y la tranquilidad social, la carencia de robo o estafa de capitales y la ausencia de conflictos sociales son determinantes en la llegada de capitales extranjeros a la isla. Agregó que el gobierno cubano ha creado los mecanismos para que el proceso inversinista sea controlado, tenga el impulso necesario y ofrezca respuestas ágiles a todas las propuestas. También afirmó que las garantías para la inversión extranjera en Cuba son totales.[113]

En este sentido, la Agencia de Informacion Nacional de Cuba preparó un reporte que se titula "La isla comienza a despegar su recuperación económica". El texto coincide con las afirmaciones de Lage al señalar que las coinversiones con socios extranjeros permiten a Cuba reanimar la capacidad industrial de la nación.

El documento reconoce que, a pesar de que no es fácil "luchar contra las adversidades para establecer relaciones con nuestros socios y fomentar la habitualidad en los intercambios comerciales, este país se abre paso en la apertura a esos mercados con el fin de colocar productos nacionales y aumentar la capacidad adquisitiva; esto es cosa esencial".[114]

[111] "Renueva cuadros el PCC; cuatro líderes históricos fuera del Buró Político", *La Jornada*, 15 de octubre de 1991, p. 12.

[112] "Se recupera la economía cubana", *Excélsior*, 5 de mayo de 1992, Sección A, pp. 2 y 19.

[113] "Los capitales, atraídos por el prestigio de la Revolución", *Excélsior*, 28 de enero de 1992, Sección Financiera, p. 2.

[114] "Cuba, con vías adicionales para ingreso de divisas: AIN", *Excélsior*, 8 de marzo de 1992, Sección A, pp. 2 y 46.

Por su parte, Ernesto Meléndez, presidente del CECE, señaló en un discurso ante la Conferencia de la Naciones Unidas sobre Comercio y Desarrollo (UNCTAD) que

> [...] existen un buen número de empresarios capitalistas interesados en invertir en Cuba. Se han firmado 50 acuerdos con 26 naciones para formar asociaciones económicas con capital extranjero en diferentes modalidades, que incluyen a la empresa mixta como una de ellas, y más de 100 posibles nuevas asociaciones se encuentran en avanzado proceso de negociación en ramas como la farmacéutica, transporte y turismo. Las garantías para la inversión extranjera en Cuba son totales. Nuestro gobierno es serio y quienes nos conocen saben que para la Revolución, el honor vale más que todo el dinero del mundo.[115]

De igual manera, Roberto Robaina, jefe de los Jóvenes Comunistas de Cuba, señaló ante la prensa extranjera:

> Tenemos retos muy complejos, como por ejemplo encontrar una salida para la adversidad económica. Estamos descubriendo que tenemos que aceptar el reto de las inversiones extranjeras. Aceptaremos la pequeña propiedad en los trabajos por cuenta propia. El reto fundamental que tenemos es salvar al país de la actual crisis económica.[116]

Finalmente, el embajador de Cuba en México, José Fernández de Cossío, opinó favorablemente sobre la atracción de recursos financieros foráneos hacia su país. En este sentido, el diplomático afirmó que

> [...] todo sistema requiere de capital para desarrollarse. Cuba realiza una apertura muy amplia para darle participación al capital extranjero en sectores definidos de la economía, con el ánimo justamente de llevar a cabo los proyectos de desarrollo económico cubano. Tales inversiones extranjeras se reciben debido a las máximas garantías y mecanismos que estimulan la llegada de ese capital, como son las

[115] "Recurre Cuba a la coinversión para evitar una parálisis económica", *Excélsior*, 14 de febrero de 1992, Sección Financiera, pp. 2 y 15.

[116] "Preguntas sin respuestas en Cuba: Robaina", *Excélsior*, 24 de enero de 1992, Sección A, pp. 1 y 40.

facilidades para la transferencia de utilidades en su totalidad cuando así lo decidan los inversionistas extranjeros, exenciones fiscales y otro tipo de medidas.[117]

En este marco de gran dinamismo publicitario por parte de la cúpula cubana, las propuestas de enmienda a la Constitución de 1976 en el área económica emitidas en el IV Congreso del PCC fueron finalmente aprobadas en la Asamblea Nacional del Poder Popular celebrada los días 11, 12 y 13 de julio de 1992. Resulta evidente que la campaña nacional e internacional realizada por el gobierno cubano tuvo como principal objetivo sensibilizar a los potenciales socios comerciales de la isla.

De tal forma, entre las modificaciones constitucionales en el plano económico, destacan las siguientes: la eliminación del concepto de "irreversibilidad" de la propiedad del Estado socialista, contenida en el artículo 15 de la actual Constitución, aplicando la propiedad estatal socialista sólo a los medios de producción "fundamentales"; inclusive, se apunta que la propiedad de algunos de esos medios fundamentales de producción podrá ser transferida a personas naturales o jurídicas con el propósito de asegurar el desarrollo económico y social del país, sin que ello altere los fundamentos del Estado.[118]

Además, un nuevo artículo concede reconocimiento constitucional a la "propiedad de las empresas mixtas, sociedades económicas y asociaciones que se formen de acuerdo a la ley". Sin enunciarlo en forma explícita, el artículo se refiere a las inversiones extranjeras que participan en la formación de empresas mixtas en asociación con el Estado cubano. Así pues, el gobierno reconoce la propiedad privada extranjera en acuerdos de iniciativas conjuntas. Asimismo, se rompió el monopolio del comercio, permitiendo que algunas sociedades mixtas se aboquen a la importación y exportación de productos.[119]

[117] Luis Suárez, "Diálogo Cuba-EUA en un plano de igualdad", *Excélsior*, 17 de noviembre de 1991, Sección A, p. 1.

[118] "Propone Castro elecciones municipales: Juan Escalona", *Excélsior*, 10 de julio de 1992, Sección A, pp. 2 y 21.

[119] "Petróleo en Cuba, en términos comerciales", *Excélsior*, 29 de octubre de 1991, Sección A, p. 5.

Destaca el artículo 16 que estipula la desaparición del rígido plan único de desarrollo económico y social, al tiempo que propone la organización y control de la entidad económica conforme a un plan que mantenga la activa participación de los trabajadores en la elaboración y ejecución de los programas de producción y desarrollo. Esto significa el debilitamiento de la planificación centralizada de la economía cubana.

Las enmiendas constitucionales dan igualmente al Estado la posibilidad de crear empresas autogestionadas para administrar inmuebles e instalaciones de propiedad estatal. Por otra parte, se concede, por primera vez, el derecho a los minifundistas de vender su tierra a otros agricultores privados si el Estado decide no ejercer su opción prioritaria de compra.[120]

Oportunidades de inversión extranjera

Con el propósito de promover la actividad de los inversionistas extranjeros en la isla, el gobierno cubano organiza conferencias, exposiciones y viajes de negocios a la isla. En estos eventos, los interesados en conocer las perspectivas para la inversión en Cuba se entrevistan con funcionarios del Comité Estatal de Colaboración Económica (CECE), quienes comunican al visitante las oportunidades y facilidades para la colaboración bilateral.

De esta manera, en los últimos meses Cuba ha realizado importantes encuentros en La Habana y participado en otros que se han celebrado en el extranjero. Tales son los casos de la Novena Feria Internacional del Comercio celebrada en diciembre de 1991 en La Habana y el seminario "Cuba: Comercio y Oportunidades de Inversión" efectuado a mediados de junio de 1992 en Cancún y La Habana.

En estos eventos se destaca el ofrecimiento cubano de invertir en las industrias que cuentan con tecnología proveniente de Occidente. En la construcción de estas empresas, el Estado invirtió alrededor de 11 mil millones de dólares durante 30 años. Asimismo, se comunica a los interesados en invertir en Cuba que

[120] "Estamos atrincherados en el socialismo", art. cit., pp. 1 y 28.

las empresas estatales tienen la consigna de buscar el autofinanciamiento en dólares, por lo que deben encontrar socios extranjeros.[121]

El gobierno cubano explica a las delegaciones de empresarios extranjeros que están disponibles las siguientes oportunidades de inversión. En primer lugar, se establece que en la empresa mixta la estructura del capital permite una participación extranjera con porcentajes mayores al 50%. Éste es uno de los cambios fundamentales de la actual legislación en materia de asociaciones económicas, ya que el Decreto Ley 50 emitido en 1982 sólo autorizaba una participación del capital extranjero que no excediera el 50%, mientras que en la actualidad se permite la posesión mayoritaria de la propiedad por parte del extranjero. En segundo término, se concede plena autonomía a las empresas conjuntas para importar y exportar materias primas y maquinaria, así como suscribir contratos con entidades nacionales y foráneas. En este marco jurídico se mantienen intactos los artículos 25 y 26, los cuales establecen las obligaciones fiscales del inversionista extranjero. El primero señala que las empresas mixtas, sus socios, dirigentes y funcionarios están exentos del pago del impuesto sobre los ingresos brutos, sobre ingresos personales y sobre transmisión de bienes inmuebles y establecimientos mercantiles.

El artículo 26, por su parte, establece que las utilidades netas anuales de las empresas mixtas están gravadas con el 30%, pero el Comité Estatal de Finanzas puede conceder exenciones temporales en razón del interés nacional de la empresa en cuestión. En este sentido, será deducible de la utilidad neta la parte de las utilidades que se reinvierta incrementando el capital social de la empresa mixta.

De tal forma, los socios extranjeros pueden repatriar en forma automática la totalidad de sus ganancias al pagar el 30% de impuestos sobre su utilidad neta anual. Resulta necesario destacar que esta última prerrogativa pone de manifiesto la flexibilidad de la actual legislación cubana sobre inversiones económicas. A diferencia de

[121] "Inicia Cuba su III revolución económica, la pragmática", *Excélsior*, 2 de noviembre de 1991, Sección A, p. 2.

los países exsocialistas de Europa oriental, Cuba ofrece la oportunidad de convertir las utilidades obtenidas en pesos cubanos a dólares y su ulterior transferencia al país de origen del inversionista.

Otras dos facilidades que Cuba ofrece a los empresarios foráneos son las siguientes. Por un lado, el control sobre la administración de la empresa (contrato y despido de personal), lo cual no existe en otros países exsocialistas que practican una incipiente economía de mercado. Por otro lado, aun cuando las empresas mixtas no tienen la autorización para adquirir suelo cubano, los contratos de arrendamiento de la tierra son hasta por 25 años, renovables por 25 años más.

Con el fin de resaltar los esfuerzos del gobierno cubano para atraer inversiones, consideramos conveniente mencionar algunos aspectos del seminario "Cuba: Comercio e Inversión" celebrado a mediados de junio pasado. Resultó de vital importancia la participación de los representantes de las subsidiarias de Estados Unidos y de los hombres de negocios de importantes transnacionales de Europa occidental. Así pues, se contó con la presencia de un total de 132 empresarios, de los cuales 78 eran estadunidenses y 19 eran cubanos radicados en Estados Unidos. Entre las firmas que participaron en el encuentro destacan las siguientes: Kodak, Foods, Scott Paper, Philip Morris, Boeing y Bristol-Myers Squibb. En la organización del seminario se contó con el apoyo financiero y logístico de la publicación financiera inglesa *Euromoney*, la cual ubica al Banco Nacional de Cuba en el lugar 338 entre las 500 más importantes instituciones bancarias mundiales.[122]

Aun cuando los funcionarios cubanos se mostraron renuentes a mencionar a cuánto asciende el monto de la inversión extranjera en su país, reconocieron que el objetivo de tal encuentro era conseguir capitales foráneos dirigidos preferentemente a las áreas que generen exportaciones.

Durante esta reunión, el presidente del Banco Nacional de Cuba señaló a los invitados que, a pesar de las restricciones del gobierno cubano a causa de las presiones de Estados Unidos, el sistema bancario cubano es "capaz de operar con absoluta norma-

[122] S. Reiss, "After Fidel, a Deluge of Deals", art. cit., p. 42; "Inversión, clave del cambio en Cuba", *Excélsior*, 15 de junio de 1992, Sección Financiera, pp. 1 y 41.

lidad, garantizando la transferencia al exterior de las utilidades y ofreciendo seguridad y rápida recuperación del capital a las inversiones extranjeras".[123]

A su vez, Ernesto Meléndez, presidente de la CECE, señaló a la prensa internacional que ésta era la delegación empresarial más grande que visitaba la isla en los últimos tiempos. Asimismo, indicó a sus huéspedes que Cuba ponía a disponibilidad del capital extranjero que forme sociedad con el Estado cubano los siguientes sectores: el procesamiento de cítricos, la exploración petrolera, fábricas que actualmente no son utilizadas en todo su potencial, e incluso operaciones bancarias.[124]

De igual manera, los resultados de los esfuerzos del gobierno de Castro para fomentar la inversión extranjera se reflejan en recientes reportes oficiales. Éstos indican que más de 200 firmas foráneas han establecido empresas mixtas con el régimen cubano. La promoción atrajo a compañías de España, Canadá, México, Jamaica, Italia, Reino Unido, Alemania y Francia, entre otras. Más aún, en octubre de 1991 se aseguró que el gobierno estaba negociando 150 tratos adicionales con empresas extranjeras interesadas en formar empresas mixtas. Según el presidente de la Cámara de Comercio Julio García Olivares, estas compañías representan una inversión potencial de 1.2 mil millones de dólares.[125]

En particular, se nota una gran participación de los inversionistas españoles, canadienses e italianos. Del total de las *joint-ventures* existentes en Cuba, 39 se han establecido con inversionistas españoles y se espera que incrementen todavía más su actividad en la economía cubana. En 1989, las inversiones de España en Cuba ascendían a los 150 mil dólares y un año después aumentaron a 28 millones de dólares.[126] Por su parte, Canadá también posee gran experiencia en el comercio cubano. Desde que Estados Unidos

[123] "Amplias oportunidades de comercio para el mundo capitalista: Cuba", *Excélsior*, 11 de junio de 1992, Sección A, pp. 2 y 19.

[124] "Pretende Cuba atraer los capitales foráneos", *Excélsior*, 11 de junio de 1992, Sección Financiera, pp. 4 y 16.

[125] Business International Corporation, *Developing Business Strategies for Cuba*, *op. cit.*, p. 24.

[126] *Idem.*

impuso el embargo comercial a la isla, Canadá se convirtió en un recurso alternativo para Cuba: por un lado, el gobierno cubano pudo obtener productos terminados con características similares a las de los bienes estadunidenses; por otra parte, la isla pudo colocar su azúcar en los mercados canadienses. En lo que respecta a Italia, basta con mencionar que las exportaciones italianas hacia Cuba, principalmente en el área del turismo, se elevaron un 70% en 1990. Así pues, fuentes oficiales aseguran que, el año pasado, los inversionistas europeos y de Canadá canalizaron 500 millones de dólares a la isla.[127]

El endurecimiento del boicot de Estados Unidos ha obligado a los cubanos a inclinarse por los inversionistas europeos. Cuba necesita del capital extranjero, eso es un hecho. Por ello, la estrategia del gobierno cubano ha consistido en captar a inversionistas europeos al tiempo que las leyes estadunidenses prohíben a sus compañías competir en el mercado cubano.

En consecuencia, los hombres de negocios estadunidenses han perdido enormes oportunidades y ganancias, estimadas en 30 mil millones de dólares, desde que se impuso el embargo en 1962.[128] Mientras tanto, las compañías de Francia, Canadá, Reino Unido, España e Italia están aprovechando las recientes reformas sobre la inversión privada en Cuba. En este sentido, Kirby Jones, consultor comercial de Estados Unidos, señaló que:

> [...] los 97 representantes de compañías norteamericanas presentes en el seminario celebrado en Cancún y en La Habana a mediados de

[127] "Se intensifican en Cuba las inversiones extranjeras", *La Jornada*, 13 de abril de 1992, pp. 22 y 36.

[128] Según un estudio del Centro Cubano de Estudios de Estados Unidos, la potencia capitalista dejó de percibir 11 mil millones de dólares en 25 años, por concepto de la venta de los productos tradicionales que Cuba adquiría de Estados Unidos: químicos, herbicidas, granos, arroz, hierro, medicinas y equipos médicos, textiles y vehículos para el transporte. Más aún, si se toman en cuenta todos los productos posibles de comercializar entre ambos países, la cifra alcanzaría los 30 mil millones de dólares. El estudio asegura que al tomar en cuenta la cercanía de Estados Unidos y la isla, el primer país tendría ahorros de flete y combustible, por lo que Estados Unidos podría haber obtenido ganancias en sus operaciones comerciales con Cuba por un monto de 58 mil millones de dólares. Véase "Cuban Radio Chides US For Tightening Embargo", *The Journal of Commerce*, 22 de abril de 1992, p. 5.

junio pasado, hicieron una declaración en el sentido de que desean comerciar con la isla. Las compañías norteamericanas se dan cuenta de que están perdiendo negocios con sus competidores de todo el mundo. El proceso tiene que empezar y, para ello, las compañías norteamericanas tienen que proporcionar información.[129]

En su continua búsqueda de capitales extranjeras, el gobierno cubano no sólo recurre a la formación de las empresas mixtas, sino que además implementa otras vías destinadas a la atracción de capitales. Una de ellas es el esquema de compra de deuda cubana, el cual es analizado por varios inversionistas europeos y asiáticos. Los empresarios británicos consideran factible invertir 50 millones de dólares en los proyectos turísticos cubanos, suma que Cuba adeuda a ese país. Este plan podría incluir a firmas españolas e italianas que operan en Cuba y que además son acreedores del gobierno cubano.

Más aún, para incrementar las inversiones de Japón y reducir la deuda con ese país, el gobierno cubano propuso la creación de una empresa mixta en el sector turismo.[130] Este proyecto sería por 3 mil millones de dólares, de los cuales Cuba aportaría 1.5 mil millones por concepto de tierra, mano de obra y materiales para la construcción. Por su parte, Japón contribuiría con 1 000 millones de dólares. Los 500 millones restantes serían suministrados por firmas japonesas bajo el esquema del intercambio de deuda por inversiones. Del mismo modo, Japón se comprometería a aumentar sus importaciones cubanas y la isla utilizaría un 10% de los ingresos provenientes de estas ventas para el pago de su deuda con Japón. Hasta el momento, los oficiales nipones no han dado una respuesta a la propuesta cubana.

Para atraer mayores capitales españoles y portugueses a América Latina, la Cámara de Comercio de Cuba propuso a varios inversionistas latinoamericanos la creación de una organización

[129] "Amplias oportunidades de comercio para el mundo capitalista: Cuba", art. cit., pp. 2 y 19.

[130] La deuda con Japón asciende a 1.7 mil millones de dólares. Desde 1989, Cuba suspendió el pago de los intereses sobre la deuda con ese país. En los últimos años, las importaciones cubanas de Japón se han mantenido en un nivel aproximado de 100 millones de dólares anuales.

empresarial iberoamericana. Desde que comenzara la crisis cubana, Fidel Castro hizo llamados para atraer la inversión extranjera latinoamericana. El máximo líder hace hincapié en las oportunidades especiales que se concederán al capital proveniente de estas naciones, consideradas como el "mercado natural" de Cuba. Sin lugar a dudas, se reconoce y enfatiza la importancia del intercambio comercial con América Latina desde que se interrumpieron los vínculos con los países exsocialistas de Europa oriental.

Áreas potenciales para la inversión extranjera

La economía cubana posee una amplia gama de sectores atractivos para la inversión extranjera. Los treinta años de subsidios provenientes de la antigua URSS contribuyeron a la creación de un sector industrial que pocos países latinoamericanos poseen. La infraestructura de la nación incluye, por ejemplo, una considerable capacidad para la construcción de barcos, un programa de energía nuclear y la activa investigación en los sectores de la biotecnología y la farmacéutica. De tal modo, las oportunidades de modernización, reconstrucción y ampliación de la infraestructura local se perfilan como prometedoras para el inversionista extranjero. Se trata de un país que conserva una cierta capacidad industrial, agrícola y de servicios que bien puede ser aprovechada por el capital foráneo.

En este marco, consideramos que es necesario proceder al análisis de las áreas prioritarias para la inversión extranjera, sectores tales como el turismo, los productos farmacéuticos (biotecnología), las telecomunicaciones y la metalurgia (níquel). Más aún, existen compañías extranjeras que también se desempeñan en los sectores de la exploración petrolífera, las manufacturas, el tratamiento de alimentos, el transporte, la industria del azúcar, los productos textiles y la informática. El orden en que se presentan las áreas de inversión responde a dos factores fundamentales: por un lado, se atiende a la magnitud de la participación extranjera y, por otro, a la importancia del sector como fuente de divisas. Ambas cuestiones tienden a coincidir, por lo que se presentan con una intensidad similar en cada sector, según la importancia del mismo.

Turismo

Cuba posee el potencial necesario para resurgir en la década de los noventa como uno de los principales centros de atracción turística en el mundo. La isla cuenta con más de 3 500 kilómetros de costa y playas a lo largo del mar Caribe, con múltiples monumentos históricos y con una población que se caracteriza por su hospitalidad. A ello se debe que la mayoría de las empresas mixtas en Cuba se encuentren involucradas en este sector.

Tras el triunfo de la Revolución, la industria del turismo virtualmente desapareció. Esto se debió a que, por un lado, el turismo no fue considerado como una prioridad dentro de la política económica del nuevo régimen; por otro, la prohibición de Estados Unidos de viajar a la isla provocó una drástica disminución en el número de visitantes extranjeros, pues el mercado del turismo cubano estaba dominado por los estadunidenses.

A partir de la década de los ochenta, Cuba volvió a ser un importante destino para el turismo internacional. Las restricciones económicas que la isla comenzó a padecer en aquellos años obligaron al gobierno a redefinir su estrategia turística. Fue entonces cuando el régimen socialista adoptó ciertas medidas capitalistas al poner en práctica el Decreto Ley 50. La intención del régimen socialista es atraer al capital extranjero, así como el *know-how* necesario para mejorar la industria cubana del turismo.

El gobierno cubano considera que si el sector recibe un fuerte impulso, se obtendrán divisas que alivien la profunda crisis económica del país, por lo que el turismo ocupa un lugar prioritario en el desarrollo de Cuba, al grado de intentar que el sector ocupe el segundo o tercer renglón entre los generadores de divisas; el primero lo ocupa el azúcar y el segundo la biotecnología. Por el contrario, el periodista cubano Lázaro Barrueto señala que

> [...] en realidad Cuba no cimienta su desarrollo en el turismo, sino que lo utiliza como fuente rápida de liquidez financiera –para 1992 los ingresos se aproximarán a los 300 millones de dólares– con el fin de obtener recursos que permitan la reinversión y garanticen las necesidades básicas de la propia población, al tiempo que sirve como fuente

de empleo y un modo imprescindible para un incremento gradual de los servicios.[131]

Así, se planeó la construcción de nuevos polos turísticos al oriente del país, en las provincias de Holguín y Santiago de Cuba, así como en Trinidad, Cayo Largo, Camagüey y los cayos de la costa norte. La intención es satisfacer la demanda creciente de visitantes provenientes de 18 países, entre los que se incluyen Inglaterra, Holanda, Italia, Alemania, España, Francia, México, Argentina, Brasil, Chile, Ecuador y Venezuela.

La Villa Panamericana es otro polo turístico que INTUR empieza a explotar en el occidente de Cuba. Este complejo se ubica al este de la capital; tiene capacidad para 2 mil personas y está ubicado cerca de una zona de playa. Se compone de un hotel y del 33% de los departamentos de esa instalación, ya que el resto fue entregado a los constructores. En opinión de INTUR, estas instalaciones incrementarán el interés internacional por Cuba como una plaza turística.[132]

Cuba impulsa y desarrolla una variedad de subsectores especializados en esta rama: turismo médico, el cual brinda servicios sofisticados de salud a bajos precios y tratamientos especiales para los ojos, corazón, etc.; turismo político, para los visitantes que se interesan en la estructura sociopolítica del país; turismo deportivo, con áreas para la pesca y la cacería; turismo de convenciones, para recibir a numerosos grupos que organizan seminarios y ferias anuales; ecoturismo, con campamentos en zonas de reservas, etcétera.

Debido a que la cruzada cubana para atraer al capital extranjero estuvo en un inicio limitada a la industria del turismo, las primeras empresas mixtas que se consolidaron en Cuba lo hicieron en esta rama. En septiembre de 1991, la compañía estatal de turismo Cubanacan estableció ocho empresas mixtas con compañías europeas y canadienses en este sector. Esta iniciativa fue parte de una estrategia dirigida a recibir a más de un millón de turistas

[131] L. Barrueto, art. cit., p. 2.

[132] "Renovado el turismo en varias provincias", *Excélsior*, 22 de noviembre de 1991, Sección Financiera, p. 2.

en 1995 y en la cual participa capital foráneo en forma de asociaciones económicas.

Fue entonces cuando varias cadenas extranjeras, en particular españolas, comenzaron a construir hoteles en la isla. Las crecientes oportunidades ofrecidas por la corporación estatal Cubanacan propiciaron un incremento de la participación de corporaciones españolas en Cuba. Incluso, la primera inversión mixta que se instaló en Cuba desde el triunfo de la Revolución fue el hotel Sol Palmeras en Varadero. Este negocio conjunto se formó con la coparticipación española del Sol Meliá a mediados de 1990. La administración española posee el 50% de las acciones y goza de varias facilidades, como el derecho de contratar o despedir al personal. Las tasas de ocupación del hotel son del 80% y ambos socios comerciales esperan recuperar su inversión en 3.5 años.[133]

Más tarde, la asociación española Ibercusa firmó el protocolo final con Cubanacan, mediante el cual se constituyó la sociedad mixta Hocusa (Hoteles de Cuba, S.A.). Esta firma construirá dos hoteles en la capital con 900 habitaciones, participará en el desarrollo turístico de la playa Guardalavoca, en Holguín, y en el programa turístico del Atlántico Norte. Hocusa fue la segunda empresa mixta de este tipo que se estableció en Cuba para el auge turístico.

Otro grupo español, Oasis, se asoció con el Instituto Cubano de Turismo (INTUR) desde el año pasado, y en la actualidad administran algunos de los hoteles más importantes del balneario de Varadero, situado a unos 140 kilómetros de La Habana. Asimismo, el Grupo SOI, Gruesva e Ibercusa participan en la administración de centros turísticos cubanos. La firma española Imasa participa en la construcción de un hotel en La Habana. Así pues, varios hoteles recién construidos y otros más que en breve serán terminados están en coinversión con firmas españolas.

La operadora de viajes alemana LTI International & Hotel estableció un acuerdo con el gobierno cubano para arrendar y administrar el Hotel Tuxpan de esta playa. Por su parte, la subsi-

[133] G. Jenkins, art. cit., p. 11.

diaria mexicana de Otis Elevators vende equipo para un nuevo hotel que se construirá en La Habana.

Hay que destacar la presencia del grupo de turismo Gaviota, S.A., una sociedad anónima que reúne a empresarios cubanos. A cuatro años de su fundación, Gaviota, S.A. es uno de los principales complejos turísticos del país. Esta empresa privada cubana cuenta con tres hoteles en Varadero, otros en Topes de Collantes, Río Luna, La Habana y Pinar del Río. Hasta el momento esta empresa no tiene inversión extranjera; pero realizan los trámites necesarios para que capitales de España y Francia cooperen en las labores de su firma.[134]

La inversión extranjera en el sector turismo ha incrementado el número de visitantes extranjeros a Cuba y, por ende, se observa un aumento en los ingresos arrojados por el sector. Mientras que en 1984 se percibieron 75 millones de dólares, en 1992 se espera captar cerca de 300 millones.[135] El aumento del número de turistas y de los ingresos es continuo. Así pues, en 1985, 243 mil turistas viajaron a Cuba; en 1990 el número ascendió a 340 mil personas, arrojando ingresos por 200 millones dólares. Según cifras oficiales, alrededor de 500 mil turistas visitaron Cuba en 1991 y los ingresos fueron de 250 millones de dólares. Por último, las cifras calculadas para 1992 (medio millón de visitantes) permitirán a este sector ubicarse en el tercer lugar entre los principales generadores de divisas del país. Así pues, las autoridades cubanas captarán un 47% más de monedas convertibles con respecto a 1989 en este sector.[136]

Para 1995, Cuba espera atraer a más de un millón de turistas al año, lo que implica ganancias de 600-800 millones de dólares. Esto se logrará mediante la ejecución del proyecto que plantea la construcción de 50 mil cuartos de hotel con una inversión de 500 millones de dólares. Dentro de este proyecto, una firma española

[134] "En Cuba ensayan mecanismos para generar divisas sin intervención estatal desde 1988", art, cit., pp. 4 y 14.

[135] Business International Corporation, *Developing Business Strategies for Cuba*, *op. cit.*, p. 61.

[136] "El turismo, actividad clave en Cuba", *Excélsior*, 15 de enero de 1992, Sección Financiera, pp. 2 y 8.

invertirá 150 millones de dólares para construir tres hoteles y un centro comercial.[137]

Sin embargo, durante la XIII Convención de Turismo celebrada en La Habana en mayo de 1992, Rafael Sed Pérez, presidente de INTUR, indicó que en los últimos meses Cuba ha dejado de percibir varios miles de millones de dólares de inversión extranjera en el sector turístico debido a presiones estadunidenses sobre capitalistas occidentales. No obstante, Sed Pérez reconoció que la inversión en esta rama sobrepasará en 1992 los mil millones de dólares. Tan sólo en Cayo Coco se estima que la inversión extranjera será de 800 millones de dólares, donde se construirá el primer hotel en provincia de 450 habitaciones.[138]

Así pues, el desarrollo turístico en Cuba en los últimos años ha sido sorprendente. El impulso dado a nuevos polos turísticos permite confiar en el avance sostenido del sector. No obstante, resulta necesario señalar una cuestión que podría minar el éxito de la industria turística. Se trata de lo que algunos llaman el "turismo de enclave": como parte de la estrategia turística, el gobierno no permite el contacto entre los turistas y la población. Además, se excluyen a los ciudadanos cubanos de todas las facilidades proporcionadas al turista extranjero, con excepción de la élite gubernamental, de las instalaciones y facilidades turísticas.

Biotecnología

En la actualidad, el sector cubano más prometedor para diversificar la base de exportación cubana es el de los productos médicos, en particular aquellos que se elaboran en el sector de la biotecnología. Las autoridades cubanas confían en que las exportaciones de fármacos podrían generar mayores divisas que las exportaciones tradicionales de azúcar y tabaco. En este sentido, Castro señaló que "la biotecnología se tiene que convertir en uno de los pilares de desarrollo de nuestro país. Algún día

[137] José de Córdoba, "Cuba Tries to Woo Capitalists, But Trying the Knot is Difficult", *The Wall Street Journal*, Nueva York, 11 de septiembre de 1991, p. 11.

[138] "Por presiones de EUA, Cuba pierde millones de dólares en turismo", *Excélsior*, 28 de mayo de 1992, Sección A, pp. 2 y 14.

tendrá más valor e importancia que los ingresos provenientes de la industria azucarera".[139]

Cuba se ha convertido en el líder latinoamericano en el campo de la investigación biotecnológica. Desde 1981, el gobierno decidió desarrollar este sector como la vía fundamental de la actividad científico-tecnológica. Fue entonces cuando se produjeron espectaculares avances con la producción del interferón, un factor de crecimiento epidérmico que se utiliza en tratamientos contra el cáncer. En ese año de 1981, se estableció el Centro de Investigaciones Biológicas, institución que cuenta con grandes cantidades de recursos para la producción y comercialización de nuevos fármacos. A partir de entonces, se desarrollaron equipos de bajo costo para diagnosticar el SIDA y se adquirieron avanzados conocimientos sobre ingeniería genética, virología, cultivo de tejidos y fermentación. Con la creación, en julio de 1986, del Centro de Ingeniería Genética y Biotecnología, Cuba adquirió nuevas capacidades para aplicar las técnicas más avanzadas de la biología moderna, desde el laboratorio hasta la industria. Actualmente Cuba dispone de más de 170 centros de investigación científica, donde 400 científicos trabajan en la obtención de proteínas, anticuerpos, hormonas, enzimas, vacunas y fertilizantes.[140]

La aplicación de la biotecnología en la agricultura y la ganadería también tiene un gran porvenir. Se trata de vacunas obtenidas gracias a la ingeniería genética contra diversas enfermedades del ganado bovino; de los experimentos con bacterias estimuladoras del crecimiento de las plantas; de los biopesticidas y biofertilizantes que elevan el rendimiento de los cultivos agrícolas, y del cultivo de tejidos para producir diversas semillas de plantas.

Dentro de la biotecnología, existe un área en la que Cuba ha tenido un gran éxito. Se trata de la producción de la vacuna contra la meningitis B. Como resultado, en 1990 el país obtuvo ingresos en divisas por más de 80 millones de dólares al exportar grandes can-

[139] T. Borge, "Gorbachov no fue el asesino del socialismo: Fidel Castro", art. cit., p. 1.

[140] Tomás Borge, "Biotecnología, esperanza de Cuba", *Excélsior*, 4 de abril de 1992, Sección A,pp. 1 y 10.

tidades de la vacuna a Brasil.[141] Otros mercados para este producto son Colombia, Ecuador y Uruguay. Existen planes futuros para la construcción de una fábrica de productos médicos en Brasil, donde se cuente con la asesoría cubana.

Otro producto de origen cubano que genera grandes sumas de divisas es el zeolite, un mineral no metálico con propiedades de absorción. Se utiliza en la elaboración de medicinas y se exporta a Venezuela, Colombia, España, Italia y Canadá. Cuba posee alrededor de 210 millones de toneladas de depósitos de zeolite. La producción actual es de 600 mil toneladas anuales en las cuatro plantas procesadoras del mineral.[142]

Sin lugar a dudas, la capacidad farmacéutica de Cuba se desarrollará con la participación del capital extranjero. Compañías de biotecnología y de farmacéutica de origen británico, sueco y de otros países europeos están muy interesadas en este sector. Hasta el momento, existe una empresa mixta en coparticipación con la firma española Asturcoex que se dedica a la producción de equipo médico de rayos láser. Una firma venezolana formó una empresa mixta en Cuba para la producción de fertilizantes y fármacos. Además, recientemente se estableció una compañía que elabora vitaminas en colaboración con la firma alemana Scarpharm.

Níquel

Cuba posee reservas de níquel en cinturones de 150 kilómetros de longitud al norte de la provincia de Holguín, distribuidas en tres áreas principales: Moa, Nícaro y Pinares de Mayori. Según un reporte de 1986, existen 19 millones de toneladas del mineral en reservas, lo que alcanzaría para mantener una producción anual de 100 mil toneladas durante 200 años. La isla cuenta con cuatro plantas niqueladoras ubicadas en Moa, Nícaro, Punta Gorda y las Camariocas.[143]

[141] Susan Kaufman Purcell, "Collapsing Cuba", *Foreign Affairs*, vol. 71, núm. 1, 1992, p. 133.

[142] Business International Corporation, *Developiong Strategies for Cuba*, *op. cit.*, pp. 45 y 46.

[143] "Cuantiosas reservas de níquel", *Granma*, La Habana, 9 de julio de 1989, p. 6.

El gobierno considera que la industria del níquel es un sector prioritario en la economía cubana debido a las fuertes sumas de divisas que proporciona. Cuba exporta casi toda su producción de níquel. Así pues, en 1990 alrededor del 70% de estas exportaciones se destinaron a Occidente y un 30%, a precios más altos, a la URSS. Esta proporción es exactamente opuesta a la de años anteriores, pues durante mucho tiempo los países exsocialistas de Europa oriental pagaban el producto a precios preferenciales. Sin embargo, desde que los exaliados cubanos se negaron en 1990 a comprar el níquel a mayores precios que los del mercado mundial, Cuba incrementó sus ventas a Occidente.[144]

Por ello, Cuba está buscando aliados comerciales para completar las instalaciones de su cuarta planta de níquel que se construía con la asistencia del CAME. En principio, Las Camariocas entraría en operación a mediados de 1992, pero se requiere de tecnología y equipo por un valor de 70 millones de dólares.[145] De tal modo, la cooperación de socios extranjeros dentro del plan de desarrollo de la industria resulta fundamental.

La isla mantiene la esperanza de que el níquel, al igual que el azúcar, la industria del turismo y los productos biotecnológicos, capten las divisas suficientes para salir de la crisis económica actual. Walter Leo, presidente de la paraestatal Cuba-Níquel, señaló en 1991 que la producción del mineral se duplicará en los próximos cinco años debido a una inversión de 1.2 mil millones de dólares por parte de la compañía minera occidental Sheritt-Gordon. Con ello se rehabilitarán las tres plantas procesadoras del mineral al aplicar la tecnología necesaria para incrementar la producción de níquel, utilizar la energía en forma más eficiente y extraer más mineral de mayor calidad. Asimismo, la inversión sobre la industria también beneficiará a la planta de Punta Gorda, la cual utiliza sólo la tercera parte de su capacidad instalada. Por todo lo anterior, se espera que la producción anual del mineral en 1992 sea de 50 mil toneladas, que para 1996 ascienda a 80 mil

[144] Demian Fraser, "Cuba plans to double nickel output", *Financial Times*, International Companies and Finance Section, Londres, 26 de septiembre de 1991, p. 31.

[145] "Cuba Seeks Partners for Fourth Nickel Plant", *The Journal of Commerce*, 18 de mayo de 1992, p. 8.

toneladas y que para finales de la presente década se obtenga una producción de 100 mil toneladas.[146]

Cabe mencionar que, a pesar de la crisis, la industria del níquel ha mantenido una producción más o menos constante: en 1988 se registraron 44 mil toneladas; en 1989 y 1990 46 mil y en 1991, 40 mil toneladas.

La industria cubana del níquel mantiene relaciones con la compañía canadiense Sheritt-Gordon; pero todavía no se establece la cuestión de completar las instalaciones de Las Camariocas. La empresa minera canadiense tiene un programa de entrenamiento para los ingenieros cubanos. En 1991, Sheritt importó 5 mil toneladas de níquel concentrado cubano con un valor de 46 millones de dólares, a cambio de equipo y otros insumos; se espera que estas ventas aumenten para 1992.[147]

Por último, las oportunidades para el inversionista son atractivas debido a que la mayoría del níquel cubano está cerca de la superficie y por ello las condiciones para la extracción son bastante económicas. No obstante, un factor limitante es el hecho de que el embargo comercial de Estados Unidos a Cuba incluye la prohibición de importar productos que contengan níquel y cobalto.[148]

Comunicaciones

El sistema de comunicaciones en Cuba requiere de grandes inversiones de capital, ya que es necesario modernizar el equipo que fue instalado antes de la Revolución de 1959. Según cifras oficiales, mientras que en 1980 existían 40 teléfonos por cada mil personas, en 1989 el número ascendió a 52 aparatos por cada mil habitantes.[149] No obstante, la comunicación en el interior del país es bastante errática y pocos son los circuitos internacionales de la isla.

[146] "Mejora Cuba la venta de níquel. Duplicará su producción en ocho años", *Excélsior*, 26 de mayo de 1992, Sección Financiera, pp. 4 y 6.

[147] J. de Córdoba, art. cit., p. 11.

[148] D. Fraser, art. cit., p. 21.

[149] Business International Corporation, *Developing Business Strategies for Cuba*, *op. cit.*, p. 54.

Después del incendio del sistema telefónico en noviembre de 1988, el gobierno cubano reparó las instalaciones, pero fue imposible modernizar el sistema debido a la falta de recursos.

La compañía estatal italiana Italcable firmó un contrato por 65 millones de dólares para instalar nuevo cableado telefónico en la isla. El objetivo es modernizar el sistema de telecomunicaciones de la isla con el exterior. A finales de 1991, Italcable suscribió el acuerdo preliminar con Emtelcuba, la paraestatal cubana encargada de las telecomunicaciones, donde se establece que la compañía italiana obtendrá el 50% de las acciones de Emtelcuba. Italcable todavía está a la espera de un contrato firme.[150]

Con esta medida, Cuba puso fin a su negativa de permitir la participación de los inversionistas extranjeros en las áreas estratégicas de la economía.

Sector agrícola

Aun cuando el gobierno revolucionario ha destinado grandes inversiones de capital al sector, el país ahora debe encontrar la forma de corregir su antigua dependencia de importar alimentos soviéticos. Así pues, las compañías extranjeras tienen la oportunidad de participar en la expansión del sector agrícola, aumentando la producción para cubrir la demanda local así como las cuotas cubanas de exportación.[151] También pueden invertir en las áreas de almacenamiento y distribución de los productos agrícolas cubanos. Los siguientes subsectores están entre los más atractivos para la inversión extranjera: azúcar, cítricos, café, tabaco, alcohol, etcétera.

En lo que respecta a la industria azucarera, una firma canadiense reportó sus planes de invertir en el sector cubano con una cantidad de 50-60 millones de dólares. Asimismo, la comercializadora británica ED&F Man y la francesa Sucres et Denrees también mostraron interés de comerciar con la isla.[152] Estas iniciativas se

[150] John Pearson, "Mr. Castro Goes to Market", *Businessweek*, 20 de abril de 1992, pp. 14 y 15.

[151] Cabe mencionar que del territorio en su conjunto, el 23% de la tierra es cultivable (alrededor del 10% tiene riego), 6% se dedica a los sembrados permanentes, 23% a las pasturas, 17% son bosques y el 31% recibe otros usos.

[152] G. Jenkins, art. cit., p. 11.

manifestaron durante la Novena Feria Internacional del Comercio celebrada en La Habana en diciembre pasado.

Desde que comenzó la crisis económica en Cuba se han reducido las exportaciones del azúcar. Esto repercute profundamente sobre la capacidad cubana de importar productos provenientes de Occidente, ya que el azúcar es la fuente primordial de divisas en el país. No obstante, Juan Herrera Machado, ministro del Azúcar de Cuba, afirma que la isla mantendrá su posición como uno de los primeros exportadores de azúcar. Pese a las dificultades para disponer de combustible, se estima una cosecha de 5.5 y 6.5 millones de toneladas para 1992 frente a la producción del año pasado de 7.6 millones de toneladas.

Cuba posee más de 300 fábricas destinadas a la producción de alcoholes, levadura de torula, tableros, dextrana, gas carbónico rones y aguardientes. De tal forma, existe un amplio frente de inversión en el sector. La isla requiere de ese capital extranjero para ampliar su capacidad de refinación y de producción de los derivados del azúcar.[153]

En cuanto al subsector de los cítricos, cabe recordar que Cuba es el cuarto exportador mundial del producto con ventas de más de medio millón de toneladas de fruta al año. Sólo la superan España, con 2.4 millones de toneladas; Estados Unidos, con un millón y Marruecos con 600 mil toneladas.

Compañías italianas y británicas negocian la posibilidad de invertir en el sector de cítricos, así como en la producción de otros, frutas y vegetales. Por su parte, una firma chilena se ocupa de encontrar nuevos mercados para los cítricos cubanos y comercializa la producción de toronjas provenientes de Isla de la Juventud. Asimismo, reportes oficiales indican que la compañía italiana Fiat está interesada en invertir en la manufactura de maquinaria y equipo agrícola.

Petróleo

Ante la carencia de petróleo, la isla decidió realizar exploraciones en sus costas. Para ello, el gobierno cubano elaboró un mapa

[153] "Cuba no perderá mercados internacionales del azúcar", *Excélsior*, 9 de mayo de 1992, Sección Financiera, pp. 2 y 8.

geológico y dividió el territorio y los mares adyacentes en aproximadamente 20 zonas para la exploración del crudo. Ante la necesidad cubana de tecnología avanzada, aproximadamente nueve de estos lotes están abiertos a la inversión extranjera.[154]

Esta labor se asignó en su mayor parte a un consorcio integrado por dos firmas francesas –Total Petroleum y Compagnie Européene des Pétroles–, que obtuvo un contrato por seis años para explorar y desarrollar yacimientos localizados a cierta distancia de la costa. Este acuerdo es el primero en su tipo firmado entre compañías extranjeras y cubanas. Se permite al consorcio poseer más del 49% de la empresa mixta que se formó con la empresa estatal Unión del Petróleo de Cuba. La parte extranjera se comprometió a realizar un reconocimiento sísmico de 1 800 kilómetros, así como a explorar cuatro pozos. Asimismo, en caso de descubrir importantes yacimientos de petróleo, éstos se explotarán bajo una asociación de producción de 25 años con el gobierno cubano.[155]

Las investigaciones comenzaron en marzo de 1991 y los resultados estarán para finales de este año. Hasta el momento, los reportes indican que existen depósitos de un petróleo grueso difícil de refinar, por lo que en el mercado se cotizaría sólo a 6 dólares el barril. Según Carmelo Meza-Lago, esto es un gran golpe para Castro debido a que la gran esperanza del régimen es encontrar petróleo en la costa. Además, Cuba hubiera podido usar la evidencia de los yacimientos como una garantía para obtener créditos del exterior. En este sentido, "Total era la mejor carta política para Castro".[156]

Otro convenio de asociación para la prestación de servicios de exploración fue firmado en La Habana entre la sociedad francesa Compañía General de Geofísica y la empresa estatal CUPET (Cuba-Petróleo). La nueva asociación cubano-francesa prestará servicios a sociedades extranjeras que firmen acuerdos con Cuba en esta materia. La empresa francesa aportará personal calificado

[154] "Especulan sobre hallazgo de crudo en Cuba; sería el milagro que espera Fidel Castro", *Excélsior*, 22 de abril de 1992, Sección Financiera, pp. 2 y 15.

[155] José de Córdoba, "Cuba's Search for Offshore Oil to Replace Soviet Crude Supplies Appears to Falter", *The Wall Street Journal*, Nueva York, Economic Section, 15 de abril de 1992, p. 17.

[156] *Idem.*

y laboratorios especializados en evaluación sísmica y geológica; por su parte, CUPET contribuirá con apoyo logístico y recursos materiales.[157]

En abril de 1992, Cuba firmó un contrato con Petrobras, compañía estatal de petróleo en Brasil. El acuerdo abarca la exploración petrolífera en aguas cubanas y la modernización de la refinería de Cienfuegos construida por los soviéticos. Petrobras invierte en la exploración de yacimientos localizados fuera de Brasil, ya que su objetivo es importar crudo barato para reducir sus costos de producción. Así pues, en caso de encontrar petróleo en Cuba, la compañía brasileña pagará bajos precios por el crudo cubano. Por ello, Purcell afirma que la asociación con Petrobras no será de tanto provecho para Cuba.

Otras empresas extranjeras que realizan exploraciones petroleras en Cuba son British Petroleum, Shell Oil Co., Taurus Petroleum de Suecia, Nortwest Canadian y Sheritt-Gordon de Canadá. Esta última tiene tres contratos de exploración y producción de petróleo en Cuba.

La isla también ofrece a las compañías extranjeras atractivas facilidades para el refinamiento y almacenamiento de crudo, a cambio del hidrocarburo y sus derivados. Una de las plantas disponibles es la de Cienfuegos, la cual tiene la capacidad de procesar 3 millones de toneladas de petróleo al año, es decir, 600 mil barriles por día. Otras dos refinerías –una en La Habana y otra en Santiago de Cuba– tienen una capacidad anual para refinar 4 millones de toneladas. Hasta el momento, Irán, Venezuela, Colombia, Ecuador y México[158] han mostrado interés en refinar su petróleo a un costo bajo en las instalaciones cubanas.[159]

[157] "Iniciará Francia exploraciones petroleras en litoral cubano", *Excélsior*, 30 de abril de 1992, Sección Financiera, pp. 2 y 8.

[158] México intenta participar a través de la empresa Buffete Industrial, la cual integra junto con Pemex, Bancomext, ICA y el IMP, la corporación Mexpetrol. Esta última tiene ya actividad en el área petrolera en la Comunidad de Estados Independientes. De una cartera de 20 proyectos que presentó la Federación Rusa a Mexpetrol, seis de ellos, por un monto de 20 millones, se encuentran bajo análisis.

[159] "Rechaza el gobierno de Bogotá la supuesta venta de crudo para ser refinado en Cienfuegos, señala Camilo Restrepo", *Excélsior*, 1 de abril de 1992, Sección Financiera, pp. 2 y 18.

Energía

El sector energético cubano se ha visto fuertemente afectado por la escasez de petróleo a causa de la disminución en las entregas de crudo soviético. Debido a que la generación de electricidad en Cuba depende en gran medida del petróleo, el gobierno implementó desde 1990 estrictos controles de emergencia destinados al ahorro de energía, al tiempo que busca el desarrollo de nuevos métodos menos dependientes del petróleo para producir energía, por lo que la fuente principal de energía en el futuro es la atómica.

Con la nueva central nuclear localizada en Juragua, provincia de Cienfuegos, Cuba pretende aprovechar la generación de hidroelectricidad para reducir su dependencia petrolera en un 30% durante este decenio. Antes de que los soviéticos salieran de Cuba, se esperaba que el primero de los reactores estuviera terminado en 1994. Un año después, Cuba logaría un ahorro de petróleo de alrededor de 700 mil toneladas, lo que equivale al 15% menos de las necesidades actuales energéticas de la isla. El segundo reactor debería entrar en operación en 1996, para que un año más tarde la isla redujera su dependencia petrolera en otras 700 mil toneladas. En suma, para 1997 Cuba dejaría de consumir un total de 1.4 millones de toneladas de petróleo, o bien, registrarían una disminución del 30% en cuanto a las necesidades del crudo. Al mismo tiempo, para finales del decenio, el complejo nuclear generaría una quinta parte de la demanda de energía eléctrica en el país.[160]

Los rusos indicaron recientemente (mayo de 1992) que continuarán supervisando la construcción de la planta nuclear. Se calcula que la obra costará 2.5 mil millones de dólares, ya que se trata de un complejo nuclear de lo más avanzado, pero el gobierno de Castro tendrá que pagarlo en dólares y comprar a Italia o Alemania el equipo técnico de control.[161]

160 "Petróleo en Cuba, en términos comerciales", art. cit., p. 5; Business International Corporation, *Developing Business Strategies for Cuba*, *op. cit.*, p. 52.

161 "Rusia terminará la construcción de un reactor para Cuba", *Excélsior*, 10 de abril de 1992, Sección A, p. 2.

En busca de nuevos socios, Cuba e Irán firmaron en Teherán un acuerdo de cooperación científica para un periodo de dos años en el sector de la energía nuclear. El pacto se suscribió con la Organización de Energía Atómica de Irán en octubre de 1991, como resultado de la visita realizada por una delegación de cubanos encabezada por el hijo de Fidel Castro, Fidel Castro Díaz Balart, quien fungió como secretario ejecutivo de la Comisión Nacional de Energía Atómica hasta mayo de 1992.[162]

Por otra parte, la empresa española Miesa, una firma de ingeniería de Bilbao, tiene un 49% de las acciones de Cuvastec, compañía estatal de Cuba para la conservación de energía. El objetivo de la asociación es reducir el consumo de petróleo en la operación de la planta de níquel "Che Guevara" asentada en Moa.[163]

La crisis energética en Cuba abre grandes posibilidades de inversión en este sector. La isla necesita, más que nunca, servicios de ahorro de energía que resultan indispensables para la economía cubana.

Informática

Cuba ofrece grandes oportunidades a los inversionistas en el campo de la computación. El personal altamente capacitado en el sector recibió asesoría de la URSS. Se desarrollan programas para computadoras personales y se diseñan equipos de computación para el uso industrial. Cubaelectrónica ha vendido programas de computación a Italia, España y Brasil.

Transportes

La infraestrucutra del transporte en Cuba se ha visto perjudicada por los programas de austeridad para ahorrar energía, los cuales restringen el servicio de autobuses en la ciudad. El recorte de combustible y la falta de refacciones reducen todavía más el trans-

[162] "Cooperación Teherán-La Habana en energía nuclear", *Uno más Uno,* 2 de octubre de 1991, Sección Política Internacional, p. 12.

[163] J. Pearson, art. cit., p. 15.

porte urbano. Sin embargo, la red de carreteras es amplia y está en buen estado, por lo que requerirá de menores inversiones con respecto a otros sectores. Asimismo, Cuba cuenta con ocho puertos mayores, siete secundarios y 35 menores. También existen excelentes facilidades para el transporte aéreo.

Obstáculos para la inversión

A pesar de la campaña de promoción efectuada por la cúpula cubana para atraer al capital extranjero, se presentan obstáculos externos e internos que limitan el flujo de los recursos financieros de otros países a la isla.

Dentro de los factores externos, se encuentra la constante presión que Estados Unidos ejerce sobre compañías extranjeras para que no inviertan en Cuba. Washington amenaza con la suspensión del intercambio comercial con los países colaboradores, por lo que varias firmas internacionales se niegan a participar en el mercado cubano.

Tal es el caso del frustrado pacto comercial entre una firma brasileña y las autoridades cubanas. La línea aérea de Brasil VASP planeaba adquirir la mayor parte de las acciones de Cubana de Aviación, la cual requiere de inversiones para remplazar la anticuada flota soviética. Este acuerdo fue repentinamente cancelado. Los ejecutivos de VASP no explicaron las razones de su cambio de actitud, pero la amenaza de Washington de suspender la venta de aviones estadunidenses a la aerolínea brasileña ejerció mayor influencia sobre esta decisión.[164]

Estados Unidos aumenta también los obstáculos para que la tecnología proveniente de ese país no llegue a Cuba. Hace poco la Casa Blanca prohibió a la compañía alemana Siemen que vendiera a la isla un equipo médico de diagnóstico, el cual funciona con una microcomputadora de origen estadunidense.[165]

Según reportes oficiales cubanos, Tabacalera, la paraestatal española de tabaco, canceló sus planes de inversión en Cuba

[164] H. French, art. cit., p. 34.
[165] J. Pearson, art. cit., p. 15.

después de que el gobierno estadunidense amenazó con la suspensión de acuerdos comerciales futuros.[166]

Dentro de los factores externos que frenan la llegada de inversiones a Cuba, también se cuenta la amenaza del grupo de exiliados cubanos en Estados Unidos y Europa, quienes han señalado que nacionalizarán las inversiones en Cuba al momento en que Castro abandone el cargo. Por ende, los inversionistas potenciales se atemorizan ante la posibilidad de que sus acciones sean consideradas como propiedades del Estado.

Sin embargo, aun cuando los funcionarios cubanos aseguran que la presión estadunidense es la causante de que no lleguen mayores flujos de capital, existen otros motivos de índole interna que limitan la participación de los inversionistas extranjeros en Cuba, los cuales están íntimamente ligados al sistema político y económico cubano.

Por un lado, la renuencia de Castro a otorgar mayores concesiones políticas (tales como la institucionalización de la oposición, el pluripartidismo y las elecciones presidenciales) es un factor que impide la entrada masiva de los inversionistas extranjeros.

Por otro lado, la cúpula cubana no tiene una opinión unánime sobre el grado de apertura que se debe imprimir en la economía. Círculos políticos debaten sobre la conveniencia de reformar la economía en favor de la inversión extranjera, pero sin permitir que la liberalización se extienda a todos los ámbitos de la vida cubana y entonces se corra el riesgo de que el Partido Comunista pierda el control sobre la población. Así pues, mientras los líderes cubanos deciden hasta qué punto conviene abrirse al capitalismo, los inversionistas foráneos dudan sobre las crecientes oportunidades de comerciar con Cuba.

A su vez, el exiliado cubano que radica en España Carlos Alberto Montaner señala las posibles causas internas de la escasa inversión extranjera en Cuba. Por un lado, la crónica falta de organización por parte de las empresas proveedoras en Cuba; por otro, "la constante interferencia de los funcionarios cubanos que demuestran una absoluta ignorancia acerca de las normas del

[166] Business International Corporation, *Developing Strategies for Cuba*, *op. cit.*, p. 25.

manejo de mercado. La rígida burocracia cubana no entiende las libertades que debe tener el inversionista en cuanto a la contratación de personal, los mecanismos de promoción y el establecimiento de incentivos y sanciones".[167] Así pues, los gerentes de las empresas nacionales tienen poca noción de las prácticas empresariales de Occidente.

A pesar de que durante el IV Congreso se propusieron reformas económicas, éstas no cumplieron con las expectativas de los potenciales socios extranjeros. Esto se debió a que las propuestas de los reformistas cubanos en cuanto a la privatización de la pequeña manufactura, de los servicios y del mercado agrícola fueron postergadas hasta un próximo análisis. Más adelante, durante la Asamblea Nacional celebrada en julio de 1992, se aprobaron algunas enmiendas económicas a la Constitución de 1976. Si bien esto implica un gran avance, faltó precisar varios puntos en materia de inversiones extranjeras.

Otros dos aspectos poco favorables para la atracción de las inversiones extranjeras se encuentran en la misma legislación del Decreto Ley 50,[168] por cuanto el primero carece de garantías explícitas en contra de la expropiación. Este asunto es muy delicado debido a la política de las nacionalizaciones emprendida por el régimen de Castro a principios de los sesenta. Básicamente, la ley establece que si el gobierno cubano llegara a adoptar una decisión unilateral que ponga en riesgo a la inversión extranjera, entonces el Banco Nacional de Cuba "podría garantizar" al socio comercial la libre repatriación de su inversión, una vez que se liquide la empresa mixta.

La segunda cuestión del marco legal que atemoriza al inversionista es que la legislación establece que el gobierno cubano será el encargado de arbitrar las disputas entre los socios en alianza. Para la parte extranjera, resulta inconveniente que el gobierno de Cuba sea el árbitro de cualquier conflicto, pues es probable que se inclinara por la contraparte cubana de la asociación económica.

[167] "El autoritarismo estatal hace rigurosa la inversión de capitalistas en La Habana", *Excélsior*, 27 de mayo de 1992, Escena Mundial, pp. 1 y 4.

[168] Comité Ejecutivo del Consejo de Ministros (CECM), *op. cit.*, p. 17; Business International Corporation, *Developing Strategies for Cuba*, *op. cit.*, p. 24.

En este sentido, varias empresas internacionales han manifestado su temor de invertir en Cuba, ya que la consideran como un país problemático; añaden que el capital corre un gran riesgo en la isla caribeña, mientras que otros países latinoamericanos ofrecen mejores condiciones para el inversionista. Tal es el caso de algunas firmas extranjeras, como la japonesa Meiwa Trading Co., la cual se perjudicó al establecer negocios con Cuba, principalmente a causa de la escasez de divisas de la isla. La empresa nipona registró pérdidas fiscales y, además, el gobierno cubano no pagó la deuda que contrajo con esta empresa debido a su carencia de divisas.

Por su parte, una editorial británica que labora en Cuba y envía sus publicaciones al Reino Unido y a otros mercados europeos tuvo una producción menor debido a la falta de refacciones y al equipo obsoleto existente en la isla. En consecuencia, las ventas de la editorial decayeron. Esta empresa propuso a las imprentas cubanas realizar parte de sus pagos con refacciones y materiales ingleses que no existen en Cuba, pero las entregas de la imprenta siguen por debajo del nivel requerido.

De tal modo, compañías extranjeras con planes de inversión en Cuba se encuentran con el hecho de que existe una serie de trabas que obstaculizan la llegada de sus capitales. Recientemente, la empresa Italcable manifestó su decepción por la falta de precisión en los contratos que mantiene con Cuba. Un vocero de la compañía italiana se quejó de que los cubanos esquivan el contrato para formar una empresa mixta.

La frustración de Italcable es compartida por la Compañía de Telégrafos y Telefonía de Estados Unidos, la cual recibió autorización de Washington para modernizar la comunicación por cable entre Florida y Cuba. Sólo 500 mil de los 60 millones de llamadas logran realizarse cada año. Hasta la fecha, Castro no permite la modernización del sistema, pues sospecha que Washington desea expandir el contacto telefónico para desestabilizar a Cuba.[169]

Por último, y para concluir este capítulo, diremos que no obstante la crítica situación político-económica por la que atraviesa Cuba, la cual amenaza con agravarse, hay quienes se encuentran

[169] J. Pearson, art.cit., p. 1.

sorprendidos tanto en la isla como en el exterior del flujo de inversionistas que arriban o que están tratando de entrar al territorio cubano. Sin embargo, consideramos que el problema radica en el hecho de que a pesar de la importancia que ha cobrado la inversión extranjera en los últimos meses, se estima que las inversiones actuales sólo empezaran a dar frutos hasta dentro de dos o tres años. Luego entonces, la pregunta que nos viene a la mente es si la población, golpeada por la crisis económica, podrá resistir impasiblemente hasta el momento en que se empiecen a recibir los primeros beneficios de la nueva estrategia de desarrollo económico, la cual contempla entre otras cosas, aparte de diversificar el comercio exterior y aumentar las exportaciones con valor agregado, un cambio en la mentalidad de los cubanos, quienes se acostumbraron, tal vez en contra de su voluntad, a la ayuda que les brindaba el hoy desaparecido bloque socialista.

CONCLUSIONES

En esta investigación tomamos como punto de partida que para comprender el impulso otorgado por el gobierno cubano a su nueva estrategia de desarrollo, basada en la apertura económica y el impulso al turismo y la industria de la exportación (esta última a través de las inversiones extranjeras), era necesario ubicarse en los efectos de la profunda crisis económica de la isla.

Como ya vimos, la difícil situación por la que atraviesa la sociedad cubana[1] es el producto de la coyuntura de factores externos e internos, tanto económicos como políticos. Se trata pues del periodo de mayor cuestionamiento al régimen socialista una vez que transcurrieron más de treinta años de Revolución.

Este estudio nos permitió percibir que la historia de la Revolución cubana es, en gran parte, una historia de creciente dependencia económica y militar con respecto a la Unión Soviética.

En el primer capítulo, después de analizar las cuatro estrategias de desarrollo económico que implementó el gobierno cubano en la isla, concluimos que la dependencia económica de Cuba con respecto a la URSS se acentuó entre 1970 y 1985, precisamente durante los años de su industrialización con base en el modelo económico soviético de planificación centralizada. En estos tres lustros los países socialistas, y en especial la URSS, constituyeron una fuente segura de los suministros indispensables para el desarrollo de la nueva estrategia político-económica del régimen revolucionario, al tiempo que garantizaron un mercado preferencial y estable para las exportaciones cubanas.

Así pues, la inserción de Cuba al sistema de la división internacional socialista del trabajo propició que, durante la década pasada,

[1] Cada vez es más probable que ante el continuo deterioro de la economía cubana, el gobierno de Castro decida pasar del Programa Especial en Tiempos de Paz a la opción cero. Esto significará "cero energía, cero electricidad y cero transporte". Véase Gloria Analco, "Prepara el gobierno cubano a la población para la opción cero", *Excélsior*, 20 de mayo de 1993, Sección A, pp. 1, 19 y 20.

el 85% del total de su intercambio comercial se efectuara con la URSS –principalmente Rusia, Bielorrusia, Kasajstán, Ucrania– y Europa oriental.

En efecto, esta elevada proporción fue más allá de lo estimado como deseable por el gobierno cubano, que en diversas ocasiones se pronunció por una mayor diversificación de sus exportaciones y por un incremento de su comercio con países no socialistas. Estas intenciones comerciales de Castro se vieron limitadas por dos factores que produjeron un reforzamiento adicional de los vínculos con el campo socialista: el bloqueo estadunidense y la deuda externa. El primero de estos factores, además de restringir las relaciones económicas de la isla con Occidente, indujo pérdidas para el comercio exterior de Cuba, que alcanzan a lo largo de su historia revolucionaria más de 15 mil millones de dólares.

En cuanto a la deuda externa, cabe señalar que las dificultades financieras afrontadas por Cuba durante la pasada década responden a la negativa de sus acreedores de otorgar nuevos préstamos debido sobre todo al elevado monto de su deuda. Según cifras oficiales cubanas, la deuda externa en moneda libremente convertible con Occidente asciende a 8 mil millones de dólares, mientras que Cuba adeuda a la antigua URSS 25 mil millones de dólares. Estos datos contrastan de manera significativa con las recientes cifras provenientes de fuentes rusas, que afirman que los "exaliados comunistas adeudan a Moscú 140 mil millones de dólares, de los cuales 75 mil millones corresponden sólo a Cuba".[2]

La dependencia cubana con respecto a los subsidios soviéticos colocó a la isla caribeña en una situación de alta vulnerabilidad frente a los cambios económicos y políticos padecidos en el interior de la URSS. Las reformas económicas de Mijail Gorbachov, implementadas desde 1985, significaron una amenaza inmediata para este país. Conforme la toma de decisiones en la URSS se fue descentralizando, las empresas estatales que gozaban de mayor poder se mostraron renuentes a comerciar con la isla por causa de su falta de divisas. Asimismo la *Perestroika* también provocó desajustes en los procesos de producción y distribución soviéticos, causando el retardo en el envío de las exportaciones hacia Cuba.

[2] "Exaliados, en deuda con Moscú", art. cit., p. 10.

La escasez de bienes primarios en la isla comenzó a padecerse desde mediados de 1989, y para finales de 1991, ésta era muy aguda. Los cambios internos en la URSS, que también influyeron sobre la política exterior soviética, aceleraron el rompimiento del sistema económico del bloque socialista. Además, el "nuevo pensamiento" de la diplomacia en la URSS recomendó un acercamiento con los países industrializados de Occidente y un distanciamiento con las naciones subdesarrolladas, en particular con las de orientación socialista, y en especial con Cuba.

Además, al ser incapaz de absorber el impacto de los precios del mercado introducidos por los exaliados del CAME, la isla caribeña aceptó, no sin cierta renuencia, la disolución de los vínculos comerciales tradicionales establecidos con la URSS y con los países de Europa oriental. Ante la evidencia de los hechos, Castro reconoció la necesidad de emprender una nueva política económica orientada a disminuir la dependencia cubana con respecto al bloque socialista.

Es así como en 1986 instrumentó el proceso de rectificación y profundización del socialismo con el fin de atacar los problemas generados durante los 15 años de planificación centralizada de la economía cubana. Asimismo, como demostramos en el inciso de la rectificación, las autoridades cubanas procuraron incrementar los niveles de producción nacionales ante la amenaza del retiro de sus todavía aliados.

En el análisis de la tercera estrategia de desarrollo económico, "industrialización con base en el modelo soviético de planificación centralizada" (primer capítulo), constatamos que el crecimiento cubano se cimentó sobre un modelo de desarrollo con bases extensivas que poco tuvo que ver con el incremento de los niveles de productividad. Por una parte, el mercado del CAME fue poco exigente con las exportaciones cubanas en el sentido de que estas mercancías carecían de un alto valor agregado; a cambio adquirían todo tipo de productos, también la mayoría de ellos de baja calidad, en condiciones altamente favorables. Por otra parte, no hubo un desarrollo económico balanceado; mientras algunos sectores crecieron de manera exponencial, otros no tuvieron una evolución significativa. Podríamos afirmar que estas características se tradujeron en lo siguiente: la generación de una excesiva confianza en la estrategia cubana de desarrollo que contribuyó a inhibir el fomento de los principios de la efectividad, productividad y competitividad. Además, a pesar de la estrategia de la diversificación de la base agrícola y la reindustrialización implementada por el régimen revolucionario, la economía cubana continuó siendo una economía altamente dependiente del exterior.

En el terreno político existen también varios factores que inciden profundamente en el deterioro del proyecto nacional cubano. El aislamiento de Castro se debe en gran parte a los efectos de los cambios en el entorno internacional. Sin lugar a dudas, las transformaciones de la Europa socialista y particularmente en la Unión Soviética, las nuevas tendencias hacia la aplicación del proyecto neoliberal en América Latina y la agudización del embargo estadunidense, a través de la Ley Torricelli, son las principales causas del aislamiento cubano.

En este sentido y tras los abruptos sucesos ocurridos en Europa oriental, todo parece indicar que la Revolución cubana de más 33 años de existencia será la última presa de la *Perestroika*. Primero, en 1989, sucedió el colapso de las economías del este europeo. Cuba no tuvo otra alternativa más que iniciar la reorientación de su comercio hacia nuevos mercados. Luego, a finales de 1991, aconteció la desintegración de la otrora poderosa Unión Soviética. Con ello Cuba perdió su única alternativa de alianza y cooperación tanto a nivel económico como a nivel político-ideológico. Justo es resaltar el vacío ideológico y el desequilibrio político generados en naciones que durante largo tiempo recibieron el apoyo de la potencia socialista. Por ello, podemos comprender la inestable situación que enfrenta Cuba ante la desaparición del campo socialista, así como la imperante necesidad del régimen de Castro de reordenar sus estructuras y replantear sus aspiraciones.

Por otra parte el debilitamiento de las fuerzas de izquierda acentúa en América Latina el aislamiento de Cuba. El establecimiento de gobiernos electos y la instrumentación de políticas de libre mercado en Latinoamérica durante la década de los ochenta causaron la pérdida de aliados en la región. Durante muchos años, el reto que Castro representó para Washington se tradujo en prestigio frente a los vecinos latinoamericanos. Sin embargo, en la actualidad la postura castrista de línea dura ya no goza de la popularidad de antaño. La derrota electoral del grupo sandinista en Nicaragua en 1990, el ascenso al poder de las administraciones conservadoras en varios países de Centroamérica e incluso la política neoliberal adoptada por algunas naciones del Caribe significan una gran pérdida de influencia para Fidel Castro: ya no existen los principales canales hacia el exterior utilizados por el líder con el objetivo de difundir la ideología socialista.

A lo anterior se suma el hecho de que el embargo comercial de 30 años implantado por Estados Unidos continúa desestabilizando la economía cubana. Más aún, la presión de Washington sobre otros actores internacionales ha impedido el desarrollo de la economía cubana dentro del mercado occidental. Esto significa que los países de Occidente que mantienen vínculos comerciales con la isla se enfrentan a la constante amenaza de perder el beneplácito estadunidense, debido a que Estados Unidos se empeña en aislar a Cuba con el declarado propósito de destruir la Revolución cubana.

Así pues, en la actualidad, Cuba es presa de un doble bloqueo: el impuesto por la potencia del norte y la suspensión de los abastecimientos de las repúblicas exsoviéticas. El carácter súbito de la ruptura del sistema de las relaciones económicas previamente existentes entre Cuba y el exbloque socialista ha hecho imposible compensar las pérdidas que se producen a corto plazo. A pesar de las medidas que desde 1982 comenzaron a adoptarse en Cuba ante esta eventualidad, nunca pudieron preverse las consecuencias del rompimiento en toda su dramática magnitud. Ni siquiera el profundo programa de restructuración aplicado desde 1986 ha podido evitar los efectos negativos de esta problemática.

Desde hace varios meses, los niveles de vida de la población cubana están a la deriva. La deuda externa del país crece y la escasez de divisas, de alimentos y recursos energéticos es cada vez mayor. Cantidad de fábricas han cerrado y los obstáculos cotidianos se incrementan. No menos preocupante es el hecho de que los índices económicos se hayan deteriorado notablemente en cuestión de sólo dos años: en 1990, el PSG fue del –14% y en 1991 descendió hasta el –20%. Estos y otros aspectos de la agudización de la crisis económica cubana constituyeron nuestro foco de atención del tercer capítulo.

Castro emite constantes referencias a las penurias económicas que también padecen Moscú y sus exsatélites. Parecería que su objetivo fuera mostrar a la población el sufrimiento que conlleva la transición hacia el capitalismo. Esto sugiere que la crisis económica por la cual atraviesan las naciones exsocialistas se ha convertido en una herramienta de propaganda local del gobierno cubano.

Sin lugar a dudas, Cuba está empeñada en su desarrollo económico aunque menos de lo que su líder lo está por la conservación del poder. La pérdida de los mercados tradicionales cubanos y la difícil situación económica obligaron al régimen a poner en práctica una serie de medidas de carácter emergente. Se procedió a la redefinición de prioridades, donde cobraron vital importancia los siguientes rubros: el programa alimentario, el impulso de aquellos sectores que garantizan el desarrollo del país, la diversificación de socios comerciales y el fomento de la inversión extranjera.

En este marco y partiendo de la secular sensibilidad de la economía cubana frente a la coyuntura internacional, resulta de vital importancia el esfuerzo de Castro por salvar al enclave socialista a través de la atracción de capitales extranjeros, en particular latinoamericanos, introduciendo nuevas formas de asociación económica con otros países. Cuba necesita recursos financieros frescos, eso es un hecho. En el inciso B del tercer capítulo consideramos cómo esta apremiante necesidad ha convertido a la inversión extranjera en un componente determinante para el desarrollo y la revitalización de su deteriorada economía. Ahí quedó claro que el gobierno de Castro tuvo que introducir un mayor nivel de apertura y como ello supuso un cambio en la mentalidad del régimen.

Para aquellos que apoyan la viabilidad del socialismo real, la estrategia económica actual resulta antagónica a los postulados tradicionales de la revolución socialista cubana. Recordemos que en 1959 el gobierno de Castro procuró la socialización de los medios de producción y la economía se convirtió al modelo de la centralización planificada. Asimismo, se procedió a las nacionalizaciones masivas y a la casi total abolición de la propiedad privada. 30 años después, el régimen revolucionario se enfrenta a una crisis económica interna de tan grandes magnitudes que se ve obligado a fomentar la atracción de los capitales extranjeros. Sin embargo, los máximos líderes de la isla aseguran que los fundamentos del socialismo continúan intactos.

Así pues, constatamos que en Cuba existe hoy una apertura económica tendiente a favorecer la capitalización de la isla. Sin embargo, en el terreno ideológico se mantienen intactos los fundamentos que prevalecieron en el pasado en el resto de las naciones socialista. Lo anterior quedó muy claro en las pasadas elecciones de diputados a las asambleas municipales, regionales y nacional del poder popular que se realizaron el 20 y 27 de diciembre y el 29 de febrero respectivamente, en las cuales sólo participaron los miembros del Partido Comunista Cubano.[3]

En vísperas de las elecciones, Fidel Castro reiteró su negativa de aceptar la participación de algún candidato de algún otro partido o grupo político que no fuera del PCC. "Nosotros, dijo Castro a la prensa nacional e internacional, no vamos a caer jamás en el error del pluripartidismo, porque eso significaría fragmentar al país en pedazos".[4]

Así, el gobierno de Castro manipuló, una vez más, el voto ciudadano en Cuba a pesar de que ya estaba en vigor la nueva ley electoral aprobada por la Asamblea del Poder Popular. Con esto se cuestionaron fuertemente dentro y fuera del país caribeño las palabras de Fidel Castro, quien en plena campaña de los candidatos del Partido Comunista insisitió en el hecho de que la isla contaba con el "sistema electoral más democrático del mundo" (*Uno más Uno*, 7 de diciembre de 1992, p. 21).

Sin embargo, como ya lo señalamos, si en política hay cerrazón, en economía se da una apertura casi total. El cubanólogo Haroldo Dilla Alfonso reconoce que hace unos cuantos años, convocar a la inversión extranjera hubiera sido una actitud inimaginable de la cúpula cubana. La simple noción de atraer el capital foráneo se oponía al concepto básico del socialismo. Pero al retirarse los países exsocialistas, el discurso de Castro adquirió

[3] R. Miguel García, "Democracia y elecciones en Cuba", "Página Uno", suplemento de *Uno más Uno,* 4 de diciembre de 1992, pp. 14 y 15.

[4] *Ibid.*, p. 14.

una clara connotación de búsqueda de divisas: aseguró que es perfectamente posible para el sistema socialista colaborar con el sistema capitalista, además de que Cuba era el mejor socio comercial.

Asimismo, la participación del líder en eventos como la I Cumbre Iberoamericana de Guadalajara, la Reunión del Medio Ambiente y la II Cumbre Iberoamericana en Madrid tuvo un doble propósito: por un lado, manifestar el apoyo cubano hacia la integración latinoamericana con el fin de estrechar los vínculos comerciales de la región, su mercado natural con miras a sobrevivir el embate económico y político de Estados Unidos; por otro lado, es evidente que Castro intenta cubrir el enorme vacío causado por el retiro de sus socios comerciales del este europeo.

Lo anterior no significa que Castro haya abandonado su determinación por respetar los principios tradicionales del socialismo. Por el contrario, percibimos la forma en que mantiene su firme postura frente a las fórmulas socialistas e incluso las vías por las cuales las refuerza con conceptos nacionalistas. Un claro ejemplo es la definición marxista-leninista-martiana del espíritu político cubano, introducida en el último congreso del PCC. En forma simultánea, Castro lanzó una fuerte campaña para atraer a la inversión extranjera; admitió la necesidad de permitir ciertas desviaciones en el socialismo que faciliten la inserción de los capitalistas en la economía nacional, sin que ello implique una rotunda contradicción entre la política económica actual y el discurso inaugurado en 1959. Ciertamente, tras la elaboración del último capítulo, es notable que Fidel Castro reconoce que para lograr los objetivos inmediatos de sobrevivencia, desarrollo y justicia social en Cuba, resulta imprescindible ajustar la doctrina a los hechos y tendencias contemporáneos, en vez de procurar que la realidad se ajuste a la doctrina.

En la actualidad, Cuba está atrayendo al capital europeo, japonés, canadiense y latinoamericano que esté dispuesto a participar en una etapa creadora de economía mixta que, sin abandonar el proyecto socialista, requiere de la redefinición de sus planteamientos tanto en el tiempo como en el espacio mundial.

En este sentido, nos parece congruente el planteamiento de Pablo González Casanova, quien afirma: "por lo pronto, Cuba asume un riesgo creador de socialismo con empresas públicas, sociales y privadas en una etapa histórica –la de hoy y en una isla de 10 millones de habitantes".[5]

Luego entonces, resulta evidente que la isla caribeña está preocupada por su reubicación dentro del contexto internacional. El fomento de la inversión extranjera pone de manifiesto el esfuerzo del régimen cubano por modificar su concepción de desarrollo vinculada a los países exsocialistas, con el fin de integrarse al mercado mundial capitalista.

A lo largo del trabajo, se pudo observar que el comercio exterior cubano busca intensamente la forma de diversificarse ante lo imperativo de las realidades económicas. En este sentido, resulta sorprendente que asimismo se hayan incrementado las relaciones comerciales con las subsidiarias estadunidenses localizadas fuera del territorio de ese país.

En lo que respecta a la estrategia de atraer inversiones extranjeras, corroboramos el hecho de que el gobierno cubano ofrece innumerables oportunidades para los socios comerciales actuales y potenciales. La actualización del Decreto Ley Número 50 recientemente aprobado en la Asamblea Nacional del Poder Popular celebrada en julio de 1991 comprueba la afirmación anterior. Este marco jurídico es aún más flexible con respecto a otras legislaciones vigentes en otros países, incluidos los capitalistas. De hecho, la visión activa del régimen castrista sobre las nuevas posibilidades de inversión arroja datos precisos: se han consolidado 50 empresas mixtas, al tiempo que se negocia con más de 150 compañías extranjeras sobre futuros proyectos conjuntos.

En este sentido, se aprecia una gran flexibilidad del gobierno de Castro en lo que se refiere a la apertura de la economía. El problema es que esto no es suficiente. La comunidad internacional reclama una mayor democratización política (democracia electoral), lo que lleva a sugerir que gran parte del éxito de la nueva estrategia de desarrollo económico dependerá de las actitudes cubanas en este ámbito.

[5] Pablo González Casanova, "Pensar en Cuba", *Estrategia*, vol. 6, núm. 102, México, Publicaciones Sociales Mexicanas, noviembre-diciembre de 1991, p. 4.

Sin embargo, y a pesar de que los líderes cubanos son conscientes de la necesidad de flexibilizar el sistema político, el régimen de Castro acentúa su control político sobre la isla. Importantes acontecimientos acaecidos recientemente aclaran este punto: *1)* el fusilamiento del general Arnaldo Ochoa en 1989, acusado de estar vinculado al narcotráfico internacional, pero que según otros analistas representaba un enemigo potencial a la figura de Castro; *2)* la celebración de la Asamblea Nacional en julio de 1992 en la cual el líder cubano se dotó de poderes especiales para gobernar Cuba en caso de emergencia nacional (desastres naturales o levantamientos sociales);[6] *3)* la sustitución, en septiembre de 1992, de Carlos Aldana, encargado del Departamento de Ideología en el PCC, por José Ramón Balaguer, exembajador cubano en la Federación Rusa; *4)* los nombramientos de algunos protegidos de Castro en puestos de gran importancia en la cúpula gobernante, quienes le cuidarán la espalda al líder septuagenario en caso de que abandone el poder. Estas designaciones tienen el doble papel de dar continuidad, a través de estos jóvenes políticos, al pensamiento de Fidel y de demostrar en el exterior que es "real" su voluntad de cambio en Cuba en el terreno político.

Entre los nombramientos de los delfines de Castro destacan el de Carlos Lage, tercer hombre en importancia en la dirigencia cubana –después de los hermanos Fidel y Raúl Castro–, en el puesto de secretario del Consejo de Ministros y del Comité Ejecutivo del mismo, en remplazo de Osmany Cienfuegos; el de Roberto Robaina en el cargo de canciller, y el de Ricardo Alarcón, exministro de Relaciones Exteriores en el puesto de presidente de la Asamblea Nacional del Poder Popular.[7]

[6] En cuanto a la Asamblea Nacional del Poder Popular, las medidas acordadas evidencian un incremento de la rigidez política del gobierno de Fidel Castro: se aumentaron las prerrogativas del líder en cuanto a que ahora posee la facultad de convocar al estado de emergencia en caso de agresión o su inminencia, catástrofes naturales o sucesos que "afecten el orden interior, la seguridad y la estabilidad del Estado"; también adquirió la jefatura suprema de todas las instituciones armadas, así como la autoridad de llevar a cabo la organización general de las fuerzas castrenses. Así pues, el mayor control político se presenta, ante los ojos de los potenciales inversionistas, como un obstáculo para el flujo de capitales foráneos hacia la isla.

[7] Posiblemente, y según los deseos del líder cubano, Alarcón podrá ser el próximo primer ministro, en sustitución de Fidel Castro quien ostenta ese cargo

Sin lugar a dudas, la posición que adopta Castro ante una deseable apertura política actúa como una limitante para la actual estrategia económica del gobierno cubano. Por ejemplo, a principios de diciembre pasado, el Grupo de Río notificó a Castro que el acercamiento político-económico entre la región y Cuba depende, en gran medida, de los avances en la isla hacia la competencia real por el poder democrático. Asimismo, durante la primera y segunda Cumbre Iberoamericana, los participantes recomendaron al líder ampliar la participación de la oposición en el juego político cubano.

Otro gran obstáculo de la política económica inversionista se presenta en la forma misma de poner en práctica dicha estrategia. En particular, esto se manifiesta en el sector turismo, el cual recibe un gran impulso debido al enorme volumen de divisas que inyecta a la economía cubana. Los resultados económicos de este proyecto se aprecian en el aumento de los ingresos en este sector, que en 1991 ascendieron a 500 millones de dólares.

Sin embargo, el hecho de que se discrimine a la población local con el llamado "turismo de enclave" erosiona la base del proyecto mismo, que paradójicamente fue diseñado para el bienestar de los cubanos. Así pues, el proyecto turístico no garantiza la identificación de la población con los planes para mover el turismo internacional debido a que ésta —con excepción de la élite gubernamental— es excluida de todas las facilidades e instalaciones proporcionadas al extranjero. El descontento de la población podría convertirse en la peor de las limitantes para el actual régimen.

A pesar del análisis económico efectuado a los largo de la presente investigación, no podemos olvidar que existe un factor político externo determinante del futuro de las inversiones extranjeras. Se trata de la presión de Washington sobre aquellos empresarios que desean colaborar con la isla. La visión del "lobby conservador" estadunidense asegura que la respuesta positiva de los inversionistas frente a la flexibilización del marco legal cubano impide la profunda restructuración del régimen político; afirman

---

junto con los de jefe del consejo de Estado y secretario general del PCC. Esto podría suceder si Estados Unidos responde de manera positiva a las propuestas de La Habana de acabar con el actual estado de confrontación.

que el capital estadunidense generaría divisas para La Habana, con lo cual se ampliaría el margen de maniobra de Castro y, por ende, los cambios se retrasarían. De tal forma, apoyan el desgaste económico de la isla.

También existe la postura de aquellos empresarios estadunidenses que están en favor de la inmediata inversión en Cuba. Su argumento radica en que cuando llegue el "cambio" o la llamada era "posterior a Castro", ellos ya estarán posesionados del mercado cubano: piensan que el ingreso a este mercado estará más limitado una vez que los empresarios europeos hayan tomado las mejores oportunidades de inversión.[8]

Es un hecho que la visión conservadora es la de mayor peso en Estados Unidos. Así pues, para el periodo "post-Castro" existen múltiples empresas que desean invertir en Cuba y que ahora se ciñen a investigar las características de este mercado. En este sentido, la perspectiva de que el capital extranjero llegue a manos llenas es viable cuando se habla de la era "posterior a Castro".

Finalmente consideramos que si la nueva estrategia de desarrollo implementada por Castro a finales de los ochenta no coadyuva a la recuperación económica, entonces es factible el colapso total de la economía cubana. Con las inversiones extranjeras, aumentaría la producción nacional; luego, habría más productos para la exportación; en forma subsecuente, el país incrementaría sus reservas de divisas y entonces podría pagar importaciones de productos básicos y de bienes de capital.

En caso de que no fructifiquen los esfuerzos del gobierno cubano para atraer la inversión extranjera, sin duda se acentuaría la escasez de divisas; la producción continuaría a la baja y entonces disminuirían las exportaciones. El país tendría una mínima capacidad de importación de productos básicos y las consecuencias sociales tomarían dimensiones inesperadas.

Si esto llegara a suceder, entonces triunfaría la estrategia estadunidense que procura el desgaste político, económico y social del gobierno de Fidel Castro. Luego entonces, serían proféticas las palábaras del mandatario cubano, quien señaló durante los traba-

[8] "En crecimiento, el flujo de inversión extranjera en la República de Cuba", art. cit., p. 34.

jos del IV Congreso del PCC: "puede pasar que la Revolución caiga, y entonces todos caeremos con ella".

No obstante, consideramos que el régimen político imperante en la isla no será un obstáculo para el flujo de las inversiones extranjeras. Sin embargo, creemos que la situación podría mejorar si las autoridades cubanas se deciden por fin a extraer del Estado cubano al Partido Comunista y lo colocan en la sociedad, desde donde podrá luchar por el poder, en igualdad de circunstancias con otras fuerzas políticas, que hoy en día son reprimidas.

De igual manera, insistimos en que el capital foráneo cumplirá con su papel de motor dinamizador de la economía, con o sin la presencia de Fidel Castro en el poder. La descapitalización de la economía cubana, como en el caso de otras naciones socialistas, exsocialistas o capitalistas subdesarrolladas, exige de recursos financieros y tecnológicos externos, en particular las economías nacionales del este europeo que ya procedieron a su reubicación dentro del mercado mundial capitalista; por su parte, Cuba sostiene el proyecto del socialismo real, a pesar de que el ideal socialista fue concebido para su difusión mundial, no sólo para una isla. Confiamos en la capacidad cubana de no aislarse, sino de reubicarse dentro del nuevo contexto internacional.

Finalmente, el propósito de la presente investigación fue realizar una revisión sobre los últimos acontecimientos político-económicos en Cuba. Consideraremos haber cumplido con parte, de nuestro objetivo si este esfuerzo logra motivar la ejecucion de futuros trabajos que permitan comprender la realidad de la problemática cubana. La velocidad de nuestros tiempos obliga al atento seguimiento cotidiano de los hechos. Vivimos un periodo de transición, en continuo movimiento. Como protagonistas de este acontecer, seremos testigos del devenir del pueblo cubano en su constante búsqueda de libertad.

BIBLIOGRAFÍA

Agencia Central de Inteligencia de Estados Unidos, Washington, *Handbook of Economics Statistics, 1984.*

Arbator, Georgi, "Las relaciones soviético-latinoamericanas bajo la hegemonía regional de los Estados Unidos" en *América Latina y la Unión Soviética: una nueva relación,* Buenos Aires, GEL/Flacso/RIAL, 1987 (Colección Estudios Internacionales).

Becerra Ramírez, Manuel, *El CAME: estructura, funciones y significación política,* México, Grandes Tendencias Contemporáneas, UNAM, 1985, 24 pp.

Bekarevich, Alexander y Nikolai Kujarev, *Unión Soviética y Cuba: cooperación económica (1970-1980),* Moscú, Instituto de América Latina, Editorial Nauka, 1990, 235 pp.

Blasier, Cole y Carmelo Meza-Lago, (eds.), *Cuba in the World,* Pittsburgh, University of Pittsburgh Press, 1979, 343 pp.

Business International Corporation: *Cuba: At the Turning Point,* Nueva York, Business International Corp., julio de 1977, pp. 15-27.

——, *Developing Business Strategies for Cuba,* Nueva York, Business International Corp., marzo de 1992, 84 pp.

Castro Ruz, Fidel, "Lo único que no tendrá perspectiva es si se pierde la patria, la revolución y el socialismo", discurso pronunciado por el comandante en jefe Fidel Castro Ruz en la inauguración del IV Congreso del PCC, La Habana, octubre de 1991, p. 9.

CEPAL, *Cuba: estilo de desarrollo y políticas sociales,* México, Siglo XXI, 1980, 193 pp.

Comité Ejecutivo del Consejo de Ministros (CECM), *Posibilidad de negocios conjuntos en Cuba,* La Habana, CECM, marzo de 1991, 26 pp.

Comité Estatal de Estadísticas (CEE), *Cuba en cifras 1989,* La Habana, CEE, 1990, 120 pp.

——, *Anuario Estadístico de Cuba 1989,* La Habana, CEE, 549 pp.

Díaz Vázquez, Julio A., *Cuba y el CAME,* La Habana, Editorial Ciencias Sociales, 1988, 197 pp.

Direction of Trade Statistics. A Yearbook, International Monetary Fund, 1992, Washington, DC, p. 928.

Dobb, Maurice, *El desarrollo de la economía soviética desde 1971.*

Doxey, Margaret, *Economic Sanctions and International Enforcement,* 2a. ed., Nueva York, Oxford University Press, 1980, 120 pp.

Duncan, W. Raymond, "Moscow and Habana in the Third World", en *Power Projection in Third World Settings,* Washington, Edit. Laser, 1990, pp. 115-143.

——, *The Soviet Union and Cuba: Interests and Influence*, Nueva York, Praeger, 1985.

—— y Ekedahl McGiffert, *Moscow and the Third World Under Gorbachov*, Boulder, Co., Westview Press, 1990.

Este es el Congreso más democrático, 10-14 de octubre de 1991, La Habana, Editora Política, 1991, 186 pp.

Fauriol, Georges y Eva Loser (eds.), *Cuba:The International Dimension*, Nueva Jersey, Transaction Publishers, 1990, 449 pp.

García, R. Miguel, *De la Unión Soviética a la Comunidad de Estados Independientes: la transición hacia una economía de mercado*, El Colegio de México, 1994 (en prensa).

García, Ángel y Priot Moronchuk, *Raíces de las relaciones cubano- soviéticas*, La Habana, Editorial de Ciencias Sociales, 1988, p. 139.

Garza Elizondo, Humberto, La política exterior de la Unión Soviética, reporte de investigación del Centro de Estudios Internacionales de El Colegio de México, abril de 1978 (inédito).

González, Gerardo, "Cuba frente a los cambios del sistema internacional" en *El Caribe hacia el 2000*, Venezuela, Editorial Nueva Sociedad, 1991, pp. 39-154.

Grater Miami Chamber of Commerce, *The Trade Impact of a Free Cuba*, Miami, Grater Miami Chamber of Commerce, New Opportunities Committee, abril de 1991, 24 pp.

Insulsa, José Miguel, "Las relaciones entre Cuba y la Unión Soviética en el nuevo contexto internacional" en *América Latina y la Unión Soviética: una nueva relación*, Buenos Aires, GEL/Flacso/RIAL, 1987 (Colección Estudios Internacionales), pp. 79-90.

Kennedy, F. Robert, *Trece días: la crisis de Cuba*, Madrid, Plaza & Janés Editores, 1978.

Koslov, Igor, *Came: Programa para el futuro Moscú*, Editorial Progreso, 1989, 215 pp.

Kurian, George Thomas, *Encyclopedia of the Third World*, vol. 1, 3a. ed., Nueva York, Facts on File Inc., 1987, 798 pp.

——, "La construcción del socialismo y del comunismo es una tarea política y una tarea revolucionaria" en Fidel Castro en la clausura de la sesión diferida del III Congreso del PCC, La Habana, noviembre de 1986.

Lavrentev, Vladimir, *Nuevas naciones industrializadas:* Perestroyka *de las estructuras industriales*, Moscú, Editorial Nauka, Academia de Ciencias de la URSS, Instituto de Estudios Orientales, 1990, 190 pp. (en ruso).

Lineamientos económicos y sociales para el quinquenio 1981-1985, La Habana, Editora Política, 1981.

Lineamientos económicos y sociales para el quinquenio 1986-1990, La Habana, Editora Política, 1986.

Martínez Heredia, Fernando, *Rectificación y profundización del socialismo en Cuba*, La Habana, Centro de Estudios sobre América, agosto de 1988 (Cuadernos CEA, núm. 3), 49 pp.

Meza-Lago, Carmelo, *La economía en Cuba socialista*, Madrid, Editorial Playor, 1983, 320 pp.
Naufal Tuena, Georgina, *La construcción económica del socialismo en Cuba*, México, UNAM, Instituto de Investigaciones Económicas, 1987, 130 pp.
Petras, James y Morris Morley, *El socialismo cubano: la rectificación y el nuevo modelo de acumulación*, núm. 52, México, Instituto Matías Romero de Estudios Diplomáticos, SRE, junio de 1990, 50 pp.
Pino Santos, Óscar y Osvaldo Martínez, *Relaciones económicas de Cuba con los países miembros del CAME*, Proyecto CEPAL/UNCTAD, noviembre de 1979, 115 pp.
Recarte, Alberto, *Cuba: economía y poder (1959-1980)*, Madrid, Alianza Editorial, 1980, 231 pp.
Rodríguez García, José Luis, *Desarrollo económico de Cuba 1959-1988*, México, Editorial Nuestro Tiempo, 1990, 223 pp.
——, *Dos ensayos sobre la economía cubana*, La Habana, Editorial Ciencias Sociales, 1984, 143 pp.
Rudolph, James, *Cuba, a Country Study*, 3a. ed., Washington, American University Press, 1987, 216 pp.
Ruminska, Ewa, *The CMEA-Integration of Planned Economies*, Warsaw, Research Institute for Developing Countries, 1982, 133 pp.
Sánchez Lara, Carlos, "Negocios México-Cuba: una oportunidad para aprovecharse", ponencia presentada al Seminario sobre oportunidades de negocios entre México y los países de la Cuenca del Caribe, Cancún, Banco Nacional de Comercio Exterior, 27-28 de junio de 1991, 16 pp.
Shearman, Peter John, *Cuba: Soviet Surrogate or Maverick Ally?*, University of Kansas, 1987, UMI, Dissertation Information Service, Ann Arbor, Michigan.
The Economist Intelligence Unit, *Cuba, Country Profile 1990-1991*, Londres, The Economist Intelligence Unit, noviembre de 1990, 36 pp.
——, *Cuba, Dominican Republic, Haiti, Puerto Rico, Country Report 1989*, núm. 1, Londres, The Economist Intelligence Unit, febrero de 1989, 34 pp.
——, *Quarterly Economic Review of Cuba*, Londres, The Economist Intelligence Unit, mayo de 1989, 32 pp.
——, *The Military Balance*, 1991-1992, Londres, The International Institute for Strategic Studies.
——, *The Economy of the USSR. Summary and Recommendations*, Washington, D.C., IMF, WB, Organization for Economic Cooperation and Development, European Bank for Reconstruction and Development, 1990.
Torres Ramírez, Blanca, *Las relaciones cubano-soviéticas (1959-1968)*, México, El Colegio de México, 1969, 154 pp.
Valenta, Jiri, "Cuba in the Soviet Alliance System", en *Cuba: the International Dimension*, Laser, 1990, pp. 3-39.
Yablinskogo, G., "*Economía de la URSS: consecuencias de un sistema totalitario*". *Short Report of the Leader of the Oficial Delegation of the* USSR *at the*

Annual Combined Meeting of the Executive Councils of the International Monetary Fund and the World Bank, octubre 15-17, 1991, p. 18.

Yopo, Boris, "Asistencia militar soviética a Cuba y Nicaragua" en *América Latina y la Unión Soviética: una nueva relación*, Buenos Aires, GLE/Flacso/RIAL, 1987 (Colección Estudios Internacionales), pp. 67-68.

Zamora, María Cristina (ed.), *Rectificación. Fidel Castro (selección temática 1986-1990)*, La Habana, Editora Política, 1990, 388 pp.

Zimbalist, Andrew, *Cuban Political Economy*, Colorado, Westview Press, 1988, 240 pp.

—— y Claes Brundenuis, *The Cuban Economy*, Baltimore, The Johns Hopkins University Press, 1989, 216 pp.

HEMEROGRAFÍA

Revistas

Abalkin, Leonid, "Entrevista con el jefe de la delegación soviética", *América Latina*, núm. 8, Moscú, Editorial Progreso, 1990, pp. 58-61.

"Azúcar que sabe amargo o respuesta a Andrei Kortunov", *América Latina*, núm. 4, Editorial Progreso, 1990, pp. 31-32.

Adams, Jan, "Cambio y continuidad en la política soviética centroamericana", *Problemas Internacionales*, vol. XXXVIII, núm. 2, Washington, US Information Agency, marzo-junio de 1989, pp.116-125.

Ballesta, Julio, "La dinámica del cambio social en Cuba en los últimos 30 años", *América Latina*, núm. 9, Moscú, Editorial Progreso, septiembre de 1991, pp 75-83.

Beliat, Mijail, "Descubrimiento de Miami: una delegación parlamentaria soviética en el sur de Estados Unidos", *Tiempos Nuevos*, núm. 28, 1990, p. 26.

Boudreaux, Richard, "Nous n'avons pas le droit de laisser tomber Cuba", *Courrier International*, París, núm. 76, 20 de abril de 1992, p. 5.

Blasier, Cole, "Moscow's Retreat from Cuba", *Problemas Internacionales*, vol. XL, núm. 6, Washington, US Information Agency, noviembre-diciembre de 1991, pp. 91-106.

Castro Martínez, Pedro, "El CAME: economía y política", *Comercio Exterior*, vol. 40, núm. 5, México, mayo de 1990, pp. 395-405.

Clement, Peter, "Moscú y África Meridional", *Problemas Internacionales*, Washington, US Information Agency, marzo-abril de 1985, vol. XXXIV, pp. 31-52.

Chernichenko, Yuri, "He visto los jardines colgantes Semiramis", *América Latina*, núm. 1, 1990, Editorial Progreso, pp. 25-39.

Díaz Corral, María, "Algunas consideraciones para la aplicación de reglamentación de normación del trabajo", *Economía y Desarrollo*, núm. 85, marzo-abril de 1985, pp. 215-232.

Domínguez, Jorge, "Cuba: comunismo carismático", *Problemas Internacionales*, Washington, US Information Agency, septiembre-octubre de 1985, pp. 103- 107.
Domínguez Reyes, Edme, "La Unión Soviética y América Latina a finales de los ochenta", *América Latina*, núm. 7, Moscú, Editorial Progreso, 1991, pp. 21-30.
Duncan, W. Raymond, "Castro y Gorbachov: política de acomodamiento", *Problemas Internacionales*, vol. XXXV, núm. 2, Washington, US Information Agency, marzo-abril de 1986, pp. 46-58.
Farber, Samuel, "Castro Under Siege", *World Policy Journal*, vol. IX, núm. 2, primavera de 1992, pp. 329-347.
Figueras, A. Miguel, "La producción de bienes de capital en Cuba: retos y opciones", *Comercio Exterior*, vol. 42, núm. 12, México, diciembre de 1992, pp. 1149-1155.
Fitzgerald, Frank, "The Reform of the Cuban Economy, 1976-1986: Organization, Incentives and Patterns of Behaviour", *Journal of Latin American Studies*, vol. 21, part 2, Cambridge, Cambridge University Press, mayo de 1989, pp. 283-310.
Fukuyama, Francis, "Pautas de la política soviética en el Tercer Mundo", *Problemas Internacionales*, Washington, US Information Agency, septiembre-octubre de 1987, p. 6.
García, R. Miguel, "La nueva estrategia económica en Cuba: ¿Un esfuerzo del gobierno de Fidel Castro para modernizar el socialismo?", *México Internacional*, mayo de 1992, pp. 16-18.
——, "De la industria militar soviética a la industria civil de la CEI", *México Internacional*, julio de 1992, pp. 4-7.
García, R. Miguel y Tatiana Sidorenko, "La inversión extranjera y la apertura económica en la Unión Soviética", *Comercio Exterior*, vol. 41, núm. 8, México, agosto de 1991, pp. 733-741.
González Casanova, Pablo, "Pensar en Cuba", *Estrategia*, vol. 6, núm. 102, México, Publicaciones Sociales Mexicanas, noviembre-diciembre de 1991, pp. 1-5.
Hackin, Claude, "La inversión extranjera en Cuba", *Enfoques*, La Habana, Inter Press Service (IPS), diciembre de 1991, 28 pp.
Hanratty, Dennis, "Perspectivas discrepantes sobre la Cuba de Castro", *Problemas Internacionales*, vol. XXXVIII, núm. 5, Washington, US Information Agency, septiembre-octubre de 1987, pp. 113-120.
Intervención de Mijail Gorgachov en la Asamblea Nacional de Cuba, La Habana, 4 de abril de 1989, suplemento núm. 4 de la revista *URSS*, abril de 1989.
Kaufman Purcell, Susan, "Collapsing Cuba", *Foreign Affairs*, vol. 71, núm. 1, 1992, pp. 130-145.
Kormilistin, Piotr, "¿Cómo interesar a las empresas soviéticas en colaborar con Cuba?", *América Latina*, núm. 5, Moscú, Editorial Progreso, 1990, pp. 54-57.

Kortunov, Andrei, "Azúcar que sabe amargo", *América Latina*, núm. 4, Moscú, Editorial Progreso, 1990, pp. 30-36.

——, "¿Generosidad o despilfarro?", *Novedades de Moscú*, Moscú, núm. 49, 1989.

Kovaliov, Alexander, "Zonas económicas libres: experiencias extranjeras y perspectivas de su creación en la URSS", *Comercio Exterior*, Moscú, enero de 1990.

——, "Zona de la actividad empresarial conjunta en la URSS (concepción de creación y funcionamiento)", *Comercio Exterior*, diciembre de 1989, pp. 2-7.

Meza-Lago, Carmelo, "Economic Effects of the Soviet/Eastern European Crisis on Cuba", *Paper for the Andrew W. Mellon Project on Eastern Europe and Cuba*, University of Pittsburgh, abril de 1992.

Mikoyan, Sergo, "La URSS y América Latina", *América Latina*, núm. 7, Moscú, Editorial Progreso, 1991, pp. 4-20.

Mutaquirov, Dzhamal, "El anticubanismo en la URSS", *América Latina*, núm. 6, 1991, Moscú, Editorial Progreso.

Olmo, Susana, "El nuevo pensamiento soviético y el Tercer Mundo", *América Latina*, núm. 8, Moscú, Editorial Progreso, 1990, pp. 58-61.

Orozco, Román, "Cuba busca su integración en la nueva Iberoamérica unida", *Cambio 16*, Madrid, 22 de julio de 1991, p. 66.

Pearson, John, "Mr. Castro Goes to Market", en *Businessweek*, 20 de abril 1992, pp. 14 y 15.

Pérez-López, Jorge, "La economía cubana en los ochenta", *Problemas Internacionales*, Washington, US Information Agency, septiembre-octubre de 1986, pp. 18 y 38.

Reiss, Spencer, "After Fidel, a Deluge of Deals", *Newsweek*, World Affairs, 29 de junio de 1992, p. 42.

——, "Autumn of the Patriarch", en *Newsweek*, World Affairs, 10 de agosto de 1992, p. 24.

Rodríguez, José Luis, "La economía de Cuba ante la cambiante coyuntura internacional", *Boletín de información sobre economía cubana*, vol. 1, núm. 1, La Habana, Centro de Investigaciones de la Economía Mundial, enero de 1992, pp. 5-15.

Rodríguez, Rafael Carlos, "Rectificación en Cuba y *Perestroyka* en la URSS van en la misma dirección", *América Latina*, núm. 4, Editorial Progreso, Moscú, 1990, pp. 15-20.

Sergeiev, Boris, "URSS-Cuba: ¿Ayuda unilateral o colaboración equilibrada?, *Moscow Business*, núm. 4, Moscú, 1990, pp. 5-10.

Shmeliov, Nikolai, "Creo en el país, creo en el pueblo", *América Latina*, núm. 7, Editorial Progreso, julio de 1990, pp. 41-44.

"Si hay dificultades, errores y problemas, provinieron de nosotros mismos", *América Latina*, núm. 12, 1990, Editorial Progreso, pp 62-64, Moscú.

Suárez, Andrés, *Problemas del Comunismo*, vol. X, núms. 4-5, julio-octubre de 1963, Washington, United States Information Agency.

Sujostat, Alexander, "Panorama cubano", *América Latina*, núm. 1, Moscú, Editorial Progreso, 1990, pp. 30-38.
Wiarda, Howard J., "Is Cuba Next? Crises of the Castro Regime", *Problemas Internacionales*, vol. XL, núm. 1, Washington, US Information Agency, enero-abril de 1991, pp. 84-92.
Zaitzev, Nikolai, "*Perestroyka* and Perspectives on Soviet-Latin American Relations", *Latinskaya Amerika*, Moscú, núm. 7, 1990, pp. 20-22.
Zorina, Irina, "El otoño del patriarca: no ha preparado Fidel un espléndido funeral para su gente", *Megapolis-Express*, 30 de agosto de 1990, p. 2.
——, "Simple Question to Fallen Angels, or Difficult Discussion with the Latin American Left", *New Times*, Moscú, 1990, núm. 26, p. 27.

Periódicos

"Acusa Cuba a EUA de genocidio económico contra su pueblo", *Excélsior*, 9 de junio de 1992, pp. 2 y 20.
"Amplias oportunidades de Comercio para el mundo capitalista: Cuba", *Excélsior*, 11 de junio de 1992, pp. 2 y 19.
"Analizará una delegación militar rusa el retiro de tropas exsoviéticas en Cuba", *Excélsior*, 9 de septiembre de 1992, p. 2.
Analco, Gloria, "Cuba vive ya en la órbita del dólar", *Excélsior*, 26 de marzo de 1992, pp. 1 y 29.
——, "Transporte y alimentos insuficientes en Cuba", *Excélsior*, 28 de marzo de 1992, pp. 1 y 28.
——, "Legislan en Cuba para atraer inversiones", *Excélsior*, 29 de marzo de 1992, pp. 1 y 28.
——, "Ni retroceso ni vuelta al pasado: Cuba", *Excélsior*, 11 de junio de 1992, pp. 1 y 28.
——, "Prepara el gobierno cubano a la población para la opción cero", *Excélsior*, 20 de mayo de 1993, pp. 1, 19 y 20.
——, "Zafra de 7 millones de toneladas", *Excélsior*, 6 de septiembre de 1992, pp. 1 y 10.
"Aun sin ayuda soviética, Cuba sobrevivirá", *Excélsior*, Escena Mundial, 9 de septiembre de 1991, p. 1, 3 y 4.
Bai, Evgueni, "El comercio entre Cuba y Rusia se realiza a precios mundiales", *Izvestia*, Moscú, 20 de junio de 1992, p. 4.
Bai Evgueni y Kamorin Andrei, "Moscú recibe disidentes cubanos", *Izvestia*, 4 de mayo de 1992, p. 5.
Barrueto, Lázaro, "Será 1992 el año más duro de la Revolución", *Excélsior*, 8 de mayo de 1992, Sección Ideas, p. 2.
Batista, Carlos, "La estructura económica de Cuba", *Excélsior*, 20 de julio de 1991, Escena Mundial, p. 3.

Blitz, James, "COMECON is Struck by Typhoon *Perestroika*", *Financial Times*, Londres, Financial Times Survey: East-West Trade, 8 de diciembre de 1989, p. 33.

Bogomolov, Piotr, "Una etapa difícil", *Pravda*, Moscú, 5 de junio de 1988.

Borge, Tomás, "Gorbachov no fue el asesino del socialismo: Fidel Castro", *Excélsior*, 30 de mayo de 1992, p. 10.

——, "Biotecnología, esperanza de Cuba", *Excélsior*, 4 de abril de 1992, pp. 1 y 10.

——, "La *Perestroyka* llegó muy tarde", *Excélsior*, 1 de septiembre de 1991, pp. 1 y 10.

"Buscan soluciones Cuba y la URSS a conflictos de la isla con EU", *Excélsior*, 8 de junio de 1992, pp. 2 y 32.

"Caerá Castro cuando el hambre llegue a la élite", *Excélsior*, 18 de abril de 1992, Escena Mundial, pp. 1 y 3.

Castro Ruz, Fidel, "Discurso por el presidente del Consejo de Estado y del Gobierno de la República de Cuba, Fidel Castro Ruz, en ocasión de la Primera Cumbre Iberoamericana", Guadalajara, 18 de julio de 1991.

Castro, Fidel, "Reporte Central al Tercer Congreso del Partido Comunista de Cuba", *Granma Reporte Semanal*, La Habana, 16 de febrero de 1986, p. 5.

—— "La construcción del socialismo y del comunismo es una tarea política y una tarea revolucionaria", discurso en la clausura de la sesión diferida del III Congreso del PCC, noviembre de 1986.

—— "Lo único que no tendría perspectiva es si se pierde la patria, la revolucion y el socialismo", discurso pronunciado en el IV Congreso del PCC, octubre de 1991, p. 6.

"Castro Says Cuba Hopes to Continue Trading Sugar for Oil From Soviets", *The Journal of Commerce*, 2 de diciembre de 1991, p. 6.

"Castro crea una sociedad doble al atraer capital externo", *Excélsior*, Escena Mundial, 4 de enero de 1992, p. 1.

"Cómo perdemos divisas", *Robochaya Tribuna*, 10 de noviembre de 1990, Moscú, p. 1.

Coone, Tim, "Cuba Falls Prey to *Perestroika*", *Financial Times*, Londres, World Trade News, 16 de octubre de 1990, p. 20.

"Cooperación entre Moscú y La Habana", *Granma*, 14 de febrero de 1988, p. 2.

"Cooperación Teherán-La Habana en energía nuclear", *Uno más Uno*, 2 de octubre de 1991, p. 12.

"Convenio entre México y Cuba para ampliar relaciones", *Excélsior*, 6 de noviembre de 1992, p. 4.

"Crean primera empresa conjunta cubano-china", *Excélsior*, 9 de junio de 1992, pp. 3 y 23.

"Crece la inversión en la isla; tarde o temprano habrá cambios", *Excélsior*, 23 de abril de 1992, Escena Mundial, pp. 1 y 6.

"Cuantiosas reservas de níquel", *Granma*, 9 de julio de 1989, p. 6.

"Cuba, Belarus Sign 5-Year Trade Pact", *The Journal of Commerce*, 12 de febrero de 1992, p. 5.

"Cuba cansada de la miseria que padece", *Excélsior*, 1 de septiembre de 1991, p. 28.

"Cuba, con vías adicionales para ingreso de divisas: AIN", *Excélsior*, 8 de marzo de 1992, pp. 2 y 46.

"Cuba debe cambiar; el socialismo fracasó, afirmó G. Starovoitova", *Excélsior*, 14 de septiembre de 1991, pp. 3 y 5.

"Cuba está bajo restricciones de una economía de guerra: Roberto Robaina", *Excélsior*, 2 de enero de 1992, Sección A, p. 1.

"Cuba no está aislada: múltiples visitas comerciales a la isla", *Excélsior*, 18 de septiembre de 1991, Sección Financiera, p. 2.

"Cuba no perderá mercados internacionales del azúcar", *Excélsior*, Sección Financiera, 9 de mayo de 1992, pp. 2 y 8.

"Cuba Presses for Restart to Talks with Creditors", *Financial Times*, Londres, World Trade News, 7 de agosto de 1990, p. 4.

"Cuba Shifts to High Gear To Finish Sugar Harvest", *The Journal of Commerce*, 16 de abril de 1992, p. 6.

"Cuba, South Korea Ink First Sugar Agreement", *The Journal of Commerce*, 29 de abril de 1992, p. 12.

"Cuba Seeks Partners for Fourth Nickel Plant", *The Journal of Commerce*, 18 de mayo de 1992, p. 8.

"Cuban Radio Chides US For Tightening Embargo", *Journal of Commerce*, 22 de abril de 1992, p. 5.

"Cuba Woos Joint Venture Allies", *Latin American Weekly Report*, Londres, 26 de diciembre de 1991, p. 11.

De Córdoba, José, "Cuba's Search for Offshore Oil to Replace Soviet Crude Supplies Appears to Falter", *The Wall Street Journal*, 15 de abril de 1992, p. 17.

——, "Cuba Tries to Woo Capitalists, But Trying the Knot is Difficult", *The Wall Street Journal*, 11 de septiembre de 1991, p. 11.

"Demandó EU que presionen a Castro para que se efectúen elecciones auténticamente libres en Cuba", *Uno más Uno*, 24 de octubre de 1991, p. 22.

"Desea un importante sector del Congreso del Pueblo de la URSS suspender su ayuda a Cuba", *Uno más Uno*, 16 de enero de 1990.

Díaz Redondo, Regino, "Vientos del siglo XXI soplan en las velas de México", *Excélsior*, 2 de julio de 1991, pp. 1 y 10.

"El autoritarismo estatal hace rigurosa la inversión de capitalistas en La Habana", *Excélsior*, 27 de mayo de 1992, Escena Mundial, pp. 1 y 4.

"El campo socialista virtualmente ya no existe, señala Fidel Castro", *Uno más Uno*, México, 8 de diciembre de 1990.

"El embargo comercial de EUA contra Cuba ha hecho perder grandes ingresos a empresas estadounidenses", *Uno más Uno*, 3 de marzo de 1991, p. 16.

"El fallido golpe en la URSS puede acelerar el desplome de Cuba", *Excélsior*, 28 de agosto de 1991, Sección Financiera, pp. 1 y 6.
"El turismo, actividad clave en Cuba", *Excélsior*, 15 de enero de 1992, Sección Financiera, pp. 2 y 8.
"Empeora la situación en el transporte de Cuba", *Excélsior*, 4 de enero de 1992, Sección Financiera, p. 2.
"Empresarios españoles no temen invertir en Cuba", *Granma*, 15 de enero de 1989, p. 15.
"En crecimiento, el flujo de inversión extranjera en la República de Cuba", *El Financiero*, 20 de abril de 1992, p. 34.
"En Cuba ensayan mecanismos para generar divisas sin intervención estatal desde 1988", *Excélsior*, 6 de junio de 1992, pp. 4 y 14.
Escobar, Andrés, "Cuba ha pagado muy caro el embargo estadunidense", *La Jornada*, 7 de julio de 1991, Economía, p. 27.
"Especulan sobre hallazgo de crudo en Cuba; sería el milagro que espera Fidel Castro", *Excélsior*, 22 de abril de 1992, Sección Financiera, pp. 2 y 15.
"Espera Moscú menos presencia militar de EU en Cuba", *Excélsior*, 14 de septiembre de 1991, p. 1.
"Estados Unidos no es ningún peligro para la isla", *Excélsior*, 1 de julio de 1991, pp. 1 y 10.
"Estados Unidos, sin derecho a pedir que cese la ayuda a Cuba: Pavlov", *Excélsior*, 3 de agosto de 1991, pp. 1 y 22.
"Estamos atrincherados en el socialismo", *Excélsior*, 13 de julio de 1992, pp. 1 y 28.
"Exaliados, en deuda con Moscú", *Excélsior*, 29 de julio de 1992, pp. 1 y 10.
Fidler, Stephen, "Castro Searches for New Economic Allies", *Financial Times*, Londres, World Trade News, 1 de noviembre de 1991, p. 3.
French, Howard, "Cuba, Long Forbidden, Wins Major Attention Abroad", *The New York Times*, 19 de abril de 1992, p. 5.
Fraser, Demian, "Cuba Plans to Double Nickel Output", *Financial Times*, Londres, 26 de septiembre de 1991, p. 31.
"Garantiza Fidel Castro seguridad para las inversiones en empresas mixtas: Canacintra", *Excélsior*, 1 de noviembre de 1991, Sección A, p. 5.
García R., Miguel, "Democracia y elecciones en Cuba", *Página Uno. Suplemento de Uno más Uno*, 14 de diciembre de 1992, pp. 14 y 15.
García, R. Miguel, "La industria petrolera soviética, una mina de oro para Occidente", *Excélsior*, 10 de agosto de 1991, Escena Mundial, pp. 1 y 6.
——, "Los programas económicos en la ex Unión Soviética, hoy Comunidad de Estados Independientes", *El Financiero*, Sección Enfoques, 20 de febrero de 1992.
"Hay descontento en Cuba por la prohibición de periódicos de la URSS", *Uno más Uno*, México, 6 de agosto de 1990.
Hockstader, Lee, "Castro's Tenacious Art of Survival", *Washington Post*, 9 de mayo de 1992, p. 1.

"Hungría aumenta el precio de los vehículos para el transporte público", *Granma*, 1 de octubre de 1989, p. 6.
"Impulsará Cuba la exportación, inversión y el turismo", *Excélsior*, 15 de octubre de 1991, Sección Financiera, p. 2.
"Inicia Cuba su III revolución económica, la pragmática", *Excélsior*, 2 de noviembre de 1991, p. 2.
"Inicia Cuba un proceso de economía capitalista", *Excélsior*, 6 de noviembre de 1992, p. 4.
"Iniciará Francia exploraciones petroleras en litoral cubano", *Excélsior*, 30 de abril de 1992, Sección Financiera, pp. 2 y 8.
Intervención de Mijail Gorbachov en la Asamblea Nacional de Cuba, La Habana, 4 de abril de 1989, suplemento núm. 4 de la revista URSS, abril de 1989, p. 8.
"Inversión, clave del cambio en Cuba", *Excélsior*, 15 de junio de 1992, Sección Financiera, pp. 1 y 41.
"Inversión externa y aislamiento minan al comunismo cubano", *Excélsior*, 21 noviembre de 1991, Escena Mundial, pp. 1 y 5.
"Invierno inclemente en Cuba", *Excélsior*, 17 de diciembre de 1991, Sección Financiera, p. 2.
Jenkins, Gareth, "Cuba, in Need of Cash Throws Open Doors to Investors", *The Journal of Commerce*, 2 de diciembre de 1991, p. 11.
Kapralov, Alexander, "Renovación radical", *Izvestia*, 12 de enero de 1990, p. 4.
Kunelsi, Leonid, "URSS-Cuba: sobre el azúcar", *Ekonomika y Shisn*, núm. 52, Moscú, diciembre de 1990.
"La caída de Fidel no es previsible ni a mediano plazo", *Excélsior*, 3 de junio de 1992, Sección A, pp. 2 y 20.
"La crisis rusa impide romper vínculos militares con Cuba", *Excélsior*, 23 de abril de 1992, Escena Mundial, pp. 1 y 6.
"La dictadura y no el hambre, causa de la Revolución cubana", *Excélsior*, 3 de febrero de 1992, Escena Mundial, pp. 2 y 6.
"La inversión directa de México en Cuba es mínima: Secofi", *La Jornada*, 10 de mayo de 1993, p. 38.
"La presencia militar soviética tiene un carácter simbólico para nuestra defensa", *Excélsior*, 13 de septiembre de 1991, p. 2.
Lamb, Christina, "Brazilian Oil Group to Explore in Cuba" *Financial Times*, Londres, 3 de abril de 1992, p. 21.
"La represión política acabará por hundir la economía cubana", *Excélsior*, 6 de enero de 1992, Escena Mundial, pp. 2 y 3.
"La situación internacional es diferente", *Excélsior*, 12 de septiembre de 1991, p. 1.
Le Pennec-Escarpit, François, "Cuba face a l'adversité", *L'Humanité*, París, 8 de mayo de 1992, p. 7.
Linares, Francisco, "Debates sobre la rectificación de errores y tendencias negativas en varias esferas de la sociedad", *Granma Reporte Semanal*, La Habana, 4 de diciembre de 1986, p. 2.

"Listo el proyecto económico para cuando se vaya Castro. Preparado por exiliados cubanos", *Excélsior*, 13 de mayo de 1992, Sección Financiera, pp. 2 y 15.

"Los capitales, atraídos por el prestigio de la Revolución", *Excélsior*, 28 de enero de 1992, Sección Financiera, pp. 2 y 18.

"Los intereses de Moscú en América Latina, *Izvestia*, 13 de agosto de 1990, p. 1.

"Mantendrá EU su base naval en la Bahía de Guantánamo", *Excélsior*, 14 de septiembre de 1991, pp. 1 y 27.

"Mejora Cuba la venta de níquel. Duplicará su producción en 8 años", *Excélsior*, 26 de mayo de 1992, Sección Financiera, pp. 4 y 6.

"México no alterará relaciones con Cuba por lo que diga otra nación", *Excélsior*, 13 de mayo de 1992, Sección A, pp. 1 y 27.

Montaner, Alberto Carlos, "Moscow's Perspective on Fidel Castro's Cuba", *The Wall Street Journal Europe*, 10 de diciembre de 1991, p. 11.

"Ningún libre comercio que dé ayuda a Cuba, dice Estados Unidos", *Excélsior*, 19 de abril de 1992, pp. 1 y 10.

"No intervendrá la URSS en el proceso político cubano", *Uno más Uno*, 29 de noviembre de 1988.

Novikov, Alexander, "Esposas, villas, guardias y otros detalles: de la vida personal de Fidel", *Komsomolskaya Pravda*, 18 de octubre de 1990.

"Opina Gorbachov sobre el significado de su visita a Cuba", *Granma, Resumen Semanal/Edición Internacional*, 9 de abril de 1989, p. 1.

Oppenheimer, Andrés, "Cuba Will Create Free-Trade Zones To Lure Investors", *The Journal of Commerce*, 11 de diciembre de 1991, p. 4.

"Para la URSS y Cuba la paz tiene un sentido diferente, dice Castro", *Uno más Uno*, 6 de diciembre de 1988.

"Pese a no ser rentable, la URSS no disminuirá su ayuda a Cuba: Yuri Petrov", *Uno más Uno*, 31 de marzo de 1989.

Pethel, Blair, "Ex USSR's Demand for Cuban Sugar Forecast at 4 Million Tons in 1993", *The Journal of Commerce*, 8 de mayo de 1992, p. 10.

"Petróleo en Cuba, en términos comerciales", Excélsior, 29 de octubre de 1991, Sección A, p. 5.

"Poderes especiales para el Comité Central del PC de Cuba", *El Financiero*, 15 de octubre de 1991, p. 31.

"Por presiones de EU Cuba pierde millones de dólares en turismo", *Excélsior*, 28 de mayo de 1992, pp. 2 y 14.

"Posible complot contra Fidel la detención de su hijo", en *Excélsior*, 15 de agosto de 1992, pp. 2 y 20.

"Preguntas sin respuestas en Cuba: Robaina", en *Excélsior*, 24 de enero de 1992, pp. 1 y 40.

"Pretende Cuba atraer los capitales foráneos", en *Excélsior*, 11 de junio de 1992, Sección Financiera, pp. 4 y 16.

"Prohíben en Cuba dos revistas soviéticas que hacen una apología de la democracia burguesa", *Uno más Uno*, 5 de agosto de 1990.

"Propone Castro elecciones municipales: Juan Escalona", *Excélsior*, 10 de julio de 1992, Sección A, pp. 2 y 21.
"Reconsideraremos los nexos con el gobierno de Cuba: B. Pankin", en *Excélsior*, 6 de septiembre de 1991, pp. 1 y 23.
"Recurre Cuba a la coinversión para evitar una parálisis económica", *Exélsior*, 14 de febrero de 1992, Sección Financiera, pp. 2 y 15.
"Rechaza el gobierno de Bogotá la supuesta venta de crudo para ser refinado en Cienfuegos, señala Camilo Restrepo", en *Excélsior*, 1 de abril de 1992, Sección Financiera, pp. 2 y 18.
"Rechaza el gobierno de Cuba que haya divergencias con la URSS", *Uno más Uno*, 5 de diciembre de 1988.
"Rechazo a presiones para bajar ayuda a Cuba: Primakov", en *Excélsior*, 15 de julio de 1991, pp. 1 y 26.
"Reduce la URSS subsidios comerciales a La Habana", *La Jornada*, 28 de enero de 1991.
"Reducirá la URSS drásticamente la venta de equipo militar a Cuba", *Excélsior*, 27 de noviembre de 1991, Sección A, p. 2.
"Renovado el turismo en varias provincias", *Excélsior*, 22 de noviembre de 1991, Sección Financiera, p. 2.
"Renueva cuadros el PCC; 4 líderes históricos fuera del Buró Político, *La Jornada*, 15 de octubre de 1991, p. 23.
"Resumen de las resoluciones sobre el desarrollo económico de Cuba", *Granma*, La Habana, 17 de octubre de 1991, p. 2.
"Reunión Nacional de los Departamentos Económicos del Partido", *Granma Reporte Semanal*, La Habana, 15 de febrero de 1987, p. 1.
Rivero, Nicolás, "Cuba's Sugar Markets Go Sour", *The Journal of Commerce*, 7 de mayo de 1992, p. 6.
Roca, Sergio, "Empresas estatales en Cuba bajo el SDPE", *Granma*, La Habana, 11 de febrero de 1985, p. 12.
"Rusia terminará la construcción de un reactor para Cuba", *Excélsior*, 10 de abril de 1992, p. 2.
"Rusia busca una relación pareja con Cuba, afirma Oleg Darusenkov", *Excélsior*, 5 de marzo de 1992, p. 4.
"Rusia no subsidiará a Cuba, afirma Yeltsin. Significaba 85% de sus importaciones", *Excélsior*, 28 de enero de 1992, Sección Financiera, pp. 2 y 11.
Scott, David, "In Bid To Save Sinking Economy, Cuba Invites Foreign Investors", *The Christian Science Monitor*, Miami, 9 de enero de 1992, p. 1.
"Se encarecen los alimentos en Cuba", *Excélsior*, 31 de enero de 1992, pp. 21 y 23.
"Se intensifican en Cuba las inversiones extranjeras", *La Jornada*, 13 de abril de 1992, pp. 22 y 36.
Senzek, Alva, "Mexicans, Cubans Ink Investment Agreements", *The Journal of Commerce*, 6 de noviembre de 1991.

"Se recupera la economía cubana", *Excélsior*, 5 de mayo de 1992, pp. 2 y 19.

"Shmeliov se opone a la cooperación económica", *Granma*, La Habana, 9 de julio de 1989, p. 3.

"Socialismo o muerte: Barton", *Excélsior*, 14 de septiembre de 1991, Escena Mundial, p. 1.

"Soviet Economic Aid to Developing Countries", *Bussiness in the USSR*, Moscú, septiembre de 1990, p. 63.

Suárez, Luis, "Diálogo Cuba-EUA en un plano de igualdad", *Excélsior*, 17 de noviembre de 1991, Sección A, p. 1.

"Suscriben Cuba y la URSS protocolo de intercambio por 9 mil millones de rublos", *Granma*, 2 de abril de 1989.

"Telefonía celular en Cuba con capital mexicano", *Proceso*, núm. 849, 8 de febrero de 1993.

"Tendrán una clara repercusión para Cuba los sucesos de la URSS, afirman", *Excélsior*, 27 de agosto de 1991, p. 3.

Thurston, Charles, "Cuba Courts Hemispheric Trade as Soviets Demand Cash Payments", *The Journal of Commerce*, 22 de mayo de 1991, pp. 1 y 2.

"Transfieren plazas laborales y planean nuevos reajustes en el transporte en Cuba", *Excélsior*, 4 de febrero de 1992, Sección Financiera, pp. 2 y 15.

"URSS-Cuba: Tratado de Amistad y Cooperación", *Uno más Uno*, México, 5 de abril de 1989.

"Valladares y Mas Canosa brindan en Moscú por la caída de Castro", *Excélsior*, 15 de septiembre de 1991, pp. 1 y 30.

"Viajará a Cuba una misión de empresarios mexicanos este mes", *La Jornada*, 15 de octubre de 1991, p. 27.

"Ya negocian con Moscú los banqueros cubano-estadunidenses", *Excélsior*, 18 de septiembre de 1991, Escena Mundial, pp. 1 y 8.

"Zafra de 7 millones de toneladas", *Excélsior*, 6 de septiembre de 1992, Sección A, pp. 1 y 10.

Zaldúa, José, "Confía Cuba en superar todos los problemas a fines de esta década", *La Jornada*, 21 de septiembre de 1991, p. 1.

Zorina, Irina, "El otoño del patriarca: no ha preparado Fidel un espléndido funeral para su gente", *Megapolis-Express*, 30 de agosto de 1990, p. 20.

Este facsimilar de
Cuba después de la era soviética
es propiedad de El Colegio de México
y se terminó de imprimir en Librántida bajo el
modelo de distribución bajo demanda.
www.librantida.com